JN117415

国際経済紛争解決手続法
－WTOと投資仲裁－

編著 ： 柳 赫秀

著 ： 柳 赫秀
和田 洋典
末 啓一郎
川島 富士雄
張 博一
関根 豪政
小林 友彦
玉田 大
濱本 正太郎
猪瀬 貴道

博英社

はしがき

　本書は、国際経済紛争の解決について主に手続法の側面から考察
したものである。

　ある紛争が解決されるためには、実体法と手続法（訴訟法ともい
う）の両方が必要である。元々実体法と手続法の区分は裁判（訴訟）
を前提とする分類で、前者は裁判における内容的な基準を与える法
で、後者は、狭義では裁判の手続規制を担当する法を、広義では裁
判機構の規制のための組織法を含む。西欧における法の歴史を辿る
と、法による規制の重点が、法が規律しようとする社会生活の実質
的な内容よりも、裁判（訴訟）手続の規制におかれ、手続（法）こ
そが実体法を生み出す母体であったと言われる。近代法に大きな影
響を与えたローマ法においては、権利とか義務とかという観念がま
だ明確に自覚されていない中で、裁判所に訴え出る権利である *actio*
（訴権）を法の基本概念として発展した。言い換えれば、実体法の面
からでなく、手続法の面から裁判手続に上程され処理されることで
法の発展が行われたのである[1]。

　もちろん主権国家からなる国際社会においては事情が大きく違う。
詳細は本文の記述に委ねるが、「司法的解決」より「外交的解決」が
優先されがちで、第3者の介在する前者の方法による解決が図られ

1　三ケ月章『法学入門』（弘文堂、1981年）217-219頁。

るためには当事国間の合意が必要である国際社会においては、国内社会における法の発展、特に手続法の立ち位置は自ずと異ならざるを得ない。しかし、20世紀に入って国際社会の組織化が進むにつれて、国際社会における紛争解決にも量的、質的に変化が見られた。第1次世界大戦以後国際連盟という普遍的な国際組織による国際紛争解決への関与と常設国際司法裁判所 (PCIJ) の設立、そして、第2次世界大戦後の国際連合体制で、国際関係における武力の行使や武力による威嚇が原則禁止されるとともに、「紛争の平和的解決の原則」が国連憲章に明記された。さらに、国際社会における紛争解決の新しい展開は、冷戦の終結した1990年代以降にある種の強制管轄権を備えたさまざまな国際裁判所の設立とその裁判所を利用した訴訟数の増加として現れた。

　特に、本書の対象である国際通商と国際投資分野における紛争解決の発展には特記すべきものがある。国際通商と投資分野においては、紛争解決の量的成長だけでなく、多くの紛争がWTO紛争解決手続と投資仲裁に基づいて、準司法的機関により法準則に基づいて「司法的に」解決されることが多くなったのである。国際通商と投資分野における「司法的」解決の発展は、両分野における紛争解決の手続法的側面における発展につながり、それに伴い国際経済紛争解決の手続的論点の正確な把握が必要になってきた。それに伴い、それぞれの分野における手続法的な展開に焦点を合わせた日本語による先行研究が出現したのも驚きでない[2]。しかし、それらの多くは両分野

---

[2]　最近のものとしては、阿部克則・関根豪政編著『国際貿易紛争処理の法的課題』（信山社、2019年）。

国際経済紛争解決手続法

の専門家や実務家向けの専門的な内容のもので、学部生や一般の読者には難解である難点があった。本書はこのような間隙を縫って学部生や一般の読者が手に取りやすいものとして企画された。国際法、国際経済法や国際関係論授業の（準）教科書、あるいは、参考書として、通商の部や投資の部を一まとめにみても、あるいは、興味のある章ごとにみても構わないと思う。

　本書を手に取って、紛争解決を手続的観点から見ること—訴訟の開始（申出）・進行（調査・審理）・帰結（効果・履行）という円環的な流れ—を通じて、思わぬ法的思考や法の展開に出会ってほしい。たとえば、一連の訴訟プロセスのどこに注目するか。負けた相手が判決に従わないときには何ができるか。訴訟の費用はどちらが負担するのか。あるいは、市民社会のアミカス・キュリイ (amicus curiae) の要求は WTO 紛争解決制度や投資仲裁の透明性や説明責任にどのような帰結をもたらしたか。現在の WTO 紛争解決の行き詰まりにどのような手続法的論点が絡んでいるのか、などなど。このように問いかけながら紛争の解決について考えることで、手続と実体の不可分性、手続こそ社会において実体を形作り、影響する（潜在）力を有していることが、そして、（国際）社会における紛争解決を通じた法による社会統制の意味に気づくきっかけになれば、本書の執筆者一同の法外の喜びである。

　本書の刊行は、編著者が 2 年前にひょんなことから博英社の宋（中嶋）社長から教科書刊行を励行され、最終的には執筆に加わらなかった元同僚荒木一郎教授と「手続から」国際経済紛争解決を改めて照明することで意気投合し、手分けして執筆陣を集めたことによる。

幸い私を除いて国際関係論1名、通商専門5名、そして、投資専門3人の計9名の方々からほぼ二つ返事で執筆の承諾をいただいた。

　本書の構成は、編著者の国際（経済）紛争を理解するための入門的記述としての「国際経済紛争の法的解決の歴史的展開と現状」（第1章）と国際関係専門家による「国際レジーム論の視覚からの国際紛争解決」（第2章）で第1部総論を構成し、続く第2部の通商は、WTO紛争解決手続の訴訟法的な観点からの概説した「パネル・上級委員会の手続概要」（第3章）をスタートに、履行確保の問題を扱った「勧告・裁定の実施」（第4章）、「パネル・上級委員会以外の紛争解決手続」（第5章）、「WTO紛争解決手続における透明性と説明責任」（第6章）、最後にRTA（Regional Trade Agreements）における紛争解決を取り扱った「地域貿易協定における紛争解決の新展開」（第7章）の5つの章でなっている。第3部の投資部門は、「仲裁規則の選択と仲裁廷の構成」（第8章）、「仲裁廷構成後から本案判断まで」（第9章）、そして、「本案判断とその後および国家間手続」（第10章）の3つの章で投資仲裁手続の流れ全体が見事に記述・分析されている。

　いくつか断っておく。まず、基本用語はできるだけ統一したが、紛争解決と紛争処理のように各執筆者に委ねたものもある。次に、各章の注は文末注を原則にしたが、当該頁で条文を紹介したり用語解説をつけて可読性を確保する必要がある場合には脚注をつけることにした。最後に、教科書類の判例・事例索引には判例や事例ごとに頁数をふるのが普通であるが、今回は刊行時期を早めることを優先し省いた。「玉に瑕」として寛容に見ていただければ幸いである。第2版の折に補いたい。

最後に、第6章執筆者の関根豪政さんには本書を貫く用語の統一作業をやっていただいただけでなく、第10章執筆者の猪瀬貴道さんとともに通商・投資紛争事例のリストを作っていただいた。そして、第9章執筆の濱本正太郎さんは投資の部の3本の原稿を細かくチェックし、一つの見事な投資仲裁概説へ仕上げていただいた。この場を借りてすべての皆様に心から感謝の言葉を申し上げる。最後の最後になったが、本書の出版を励行し、引き受けていただいた博英社中嶋啓太社長、そして、最初から最後まで編集の労を尽くし本書を世にもたらしてくださった博英社編集担当金善敬氏に心から感謝申し上げる。

2022年12月

編著者　柳赫秀

目次

第1部　総論　　　　　　　　　　　　　　　　　　　　　　　　1

第1章　国際経済紛争の法的解決の歴史的展開と現状　　　　　　3

　　I　国際社会における紛争解決　　　　　　　　　　　　　　4

　　II　国際社会における紛争の平和的解決　　　　　　　　　　7

　　　　1　紛争の外交的解決と司法的解決　　　　　　　　　　7

　　　　2　司法的解決の長短と評価　　　　　　　　　　　　　8

　　III　国際経済紛争の解決　　　　　　　　　　　　　　　　10

　　　　1　国際経済法規の特徴　　　　　　　　　　　　　　　10

　　　　2　国際経済紛争の性格　　　　　　　　　　　　　　　11

　　　　3　国際経済紛争の解決の特徴　　　　　　　　　　　　13

　　IV　GATT・WTO の紛争解決手続　　　　　　　　　　　　16

　　　　1　GATT における紛争解決の進化　　　　　　　　　　17

　　　　2　WTO における紛争解決手続の改革　　　　　　　　20

　　　　3　WTO における「司法化」の衝撃と評価　　　　　　21

　　　　4　WTO 紛争解決手続の性格づけ　　　　　　　　　　23

　　　　5　WTO 紛争解決手続の行き詰りと展望　　　　　　　24

　　V　国際投資紛争の解決　　　　　　　　　　　　　　　　29

　　　　1　国際投資法の歴史的発展　　　　　　　　　　　　30

　　　　2　投資紛争解決の「非国家（法）化」　　　　　　　31

　　　　3　IIA 及び投資仲裁への反動と展望　　　　　　　　33

　　Ⅵ　結びに代えて　　　　　　　　　　　　　　　　　35

第2章　国際レジーム論からみた国際経済紛争解決　　　41

　　Ⅰ　はじめに　　　　　　　　　　　　　　　　　　42

　　Ⅱ　国際レジーム論の視角　　　　　　　　　　　　　44

　　Ⅲ　国際レジームとしての WTO 紛争解決手続　　　　50

　　Ⅳ　まとめ　　　　　　　　　　　　　　　　　　　　57

第2部　国際通商紛争の解決　　　　　　　　　　　　　63

第3章　パネル・上級委員会の手続概要　　　　　　　　65

　　Ⅰ　総論　　　　　　　　　　　　　　　　　　　　66

　　　　1　WTO 紛争解決システム構築の歴史　　　　　66

　　　　2　GATT 及び WTO における紛争の司法的解決の特徴　　70

　　　　3　紛争解決における「ルール志向」　　　　　　77

　　Ⅱ　WTO 紛争解決制度における手続の概要　　　　80

　　　　1　協議　　　　　　　　　　　　　　　　　　83

　　　　2　パネルによる審理手続　　　　　　　　　　87

　　　　3　上級委員会による審理手続　　　　　　　106

第4章　勧告・裁定の実施　　　　　　　　　　　　　113

　　Ⅰ　勧告及び裁定の実施監視　　　　　　　　　　114

　　　　1　実施のための妥当な期間　　　　　　　　114

　　　　2　勧告実施監視　　　　　　　　　　　　　116

　　　　3　実施確認手続　　　　　　　　　　　　　117

　II　代償と対抗措置　119

　　1　代償　119

　　2　対抗措置　120

　　3　DSU21 条 5 項と同 22 条の関係（シークエンス問題）　126

　III　評価と改革案　127

　　＜コラム＞　勧告実施は対抗措置のリスクのためか？　129

第 5 章　パネル・上級委員会以外の紛争解決手続　135

　I　裁判手続と非裁判手続　136

　II　相互に合意された解決　138

　　1　DSU4 条　協議　138

　　2　DSU5 条　あっせん、調停、仲介　140

　III　仲裁制度　142

　　1　DSU25 条　仲裁　142

　　2　多数国間暫定上訴仲裁制度　146

　IV　「その他の手続」の役割　153

第 6 章　WTO 紛争解決手続における透明性と説明責任　163

　I　WTO 紛争解決手続における透明性や説明責任への
　　注目度の高まり　164

　II　WTO 紛争解決手続における透明性　166

　　1　パネル、上級委員会手続の公開　166

　　2　上級委員の選定プロセス　170

　III　説明責任の問題　175

国際経済紛争解決手続法

	1	差戻し制度の不在	175
	2	上級委員会における個別意見	180
IV		さいごに	186

第7章 地域貿易協定における新展開　**191**

I		はじめに	192
II		特徴的な紛争処理制度	195
	1	争訟的手続	195
	2	非訟的手続	198
	3	WTO 紛争処理手続との関係	201
III		注目される具体的事例	203
	1	NAFTA/USMCA	203
	2	メルコスル	205
	3	NAFTA/USMCA 以外で米国が一方当事者であるもの	206
	4	EU が一方当事者であるもの	207
IV		終わりに	209

第3部 投資仲裁　**219**

第8章 仲裁規則の選択と仲裁廷の構成　**221**

I		投資仲裁の全体像	222
	1	条約仲裁と契約仲裁	222
	2	投資実体法と投資手続法	222
II		仲裁機関と仲裁規則の選択	224
	1	機関仲裁とアドホック仲裁	224

		2	ICSID 仲裁	226
		3	UNCITRAL 仲裁規則	228
	III	仲裁廷の構成		229
		1	仲裁人任命手続	229
		2	仲裁人失格提案（ICSID 仲裁）	231
		3	仲裁人忌避（UNCITRAL 仲裁）	233
		4	仲裁人の多様性	235
	IV	代理人・補佐人・弁護人・鑑定人の任命と忌避		238
		1	任命	238
		2	仲裁廷任命鑑定人	240
		3	忌避	241
	V	非紛争当事者の関与		243
		1	アミカス・キュリイ（非当事者）	243
		2	アミカス・ブリーフ	244
		3	アミカス・ブリーフの受理要件	246
		4	その他の関与	247
	VI	事務局の役割		248
		1	投資仲裁事務	248
		2	ICSID 事務局	249
		3	ICSID 事務局長	250
		4	PCA 事務局	251

| **第 9 章** | **仲裁廷構成後から本案判断まで** | | **255** |
| | I | 仲裁廷の管轄権 | 256 |

　　　1　仲裁合意の根拠　　　　　　　　　　　　　256

　　　2　事項的管轄権　　　　　　　　　　　　　257

　　　3　人的管轄権　　　　　　　　　　　　　　261

　　　4　時間的管轄権　　　　　　　　　　　　　267

　　　5　地理的管轄権　　　　　　　　　　　　　270

　　　6　国内裁判前置・冷却期間　　　　　　　　272

　　　7　申立人の行為の不当性を根拠とする管轄権の否定　　273

　　　8　最恵国待遇条項による他 IIA の紛争処理規定の援用　　275

　II　受理可能性　　　　　　　　　　　　　　　276

　III　適用法　　　　　　　　　　　　　　　　　278

　IV　手続の進行（仲裁廷構成後、仲裁判断まで）　　279

　　　1　第一手続命令　　　　　　　　　　　　　279

　　　2　迅速棄却手続（ICSID 仲裁規則）　　　　280

　　　3　暫定措置（仮保全措置）　　　　　　　　281

　　　4　手続分岐（bifurcation/trifurcation）　　284

　　　5　反対請求　　　　　　　　　　　　　　　287

　V　証明責任・証拠　　　　　　　　　　　　　289

　VI　複数の手続間の関係　　　　　　　　　　　291

　　　1　並行手続　　　　　　　　　　　　　　　291

　　　2　時間的に前後する手続　　　　　　　　　297

　　　3　多重回収の防止　　　　　　　　　　　　300

第 10 章　本案判断とその後および国家間手続　　　305

　I　救済内容　　　　　　　　　　　　　　　　306

1	総論	306
2	非金銭的救済	308
3	損害賠償および算定	309
II	費用	312
1	仲裁における費用	312
2	費用配分	315
3	課題など	318
III	仲裁判断の承認・執行	319
1	ICDIS 手続による仲裁判断の承認・執行	319
2	非 ICDIS 手続による仲裁判断の承認・執行	321
3	強制執行（execution）	322
4	主権免除	323
IV	解釈・再審・取消し	325
1	ICDIS 条約上の手続	325
2	非 ICDIS 仲裁判断の取消し	330
	＜コラム＞　投資仲裁への批判と改革案	331
V	国家間紛争処理	333
1	総論	333
2	手続の類型	334
3	紛争の類型	334
4	ICDIS 手続との関係	336
付録 1	WTO 事例	345
付録 2	投資仲裁（投資家対国家）事例リスト	365

略語

AfCFTA	African Continental Free Trade Area	アフリカ大陸自由貿易圏
AD	Anti-dumping	アンチダンピング
BIT	Bilateral Investment Treaty	二国間投資条約
CAFTA-DR	Dominican Republic-Central America-United States Free Trade Agreement	中米・米国 FTA
CVD	Countervailing duty	相殺関税
DSB	Dispute Settlement Body	紛争解決機関
DSU	Dispute Settlement Understanding	紛争解決に係る規則及び手続に関する了解
EC	European Communities	欧州共同体
ECC	Extraordinary Challenge Committee	非常抗告委員会
ECE	Evaluation Committee of Experts	専門家諮問委員会
EPA	Economic Partnership Agreement	経済連携協定
EU	European Union	欧州連合
FET	Fair and Equitable Treatment	公正衡平待遇
FTA	Free trade agreement	自由貿易協定

GATT	General Agreement on Tariff and Trade	関税及びと貿易に関する一般協定
GATS	General Agreement on Trade in Services	サービスの貿易に関する一般協定
ICC	International Chamber of Commerce	国際商工会議所
ICJ	International Court of Justice	国際司法裁判所
ICSID	International Centre for Settlement of Investment Disputes	国際投資紛争解決センター
IIA	International Investment Agreement	国際投資協定
IMF	International Monetary Fund	国際通貨基金
ISDS	Investor-State Dispute Settlement	投資家と国との間の紛争解決
NAAEC	North American Agreement on Environmental Cooperation	北米環境協力協定
NAALC	North American Agreement on Labor Cooperation	北米労働協力協定
PCA	Permanent Court of Arbitration	常設仲裁裁判所
RCEP	Regional Comprehensive Economic Partnership	地域的な包括的経済連携
RPT	Reasonable period of time	妥当な期間
RRLM	Facility-Specific Rapid Response Labor Mechanism	労働問題迅速対応メカニズム

国際経済紛争解決手続法

RTA	Regional trade agreement	地域貿易協定
SACU	Southern African Customs Union	南部アフリカ関税同盟
SADC	Southern African Development Community	南部アフリカ開発共同体
SCC	Stockholm Chamber of Commerce	ストックホルム商工会議所
SPS	Agreement on the Application of Sanitary and Phytosanitary Measures	衛生植物検疫措置の適用に関する協定
TPP	Trans-Pacific Partnership	環太平洋パートナーシップ
TPP11/ CPTPP	Comprehensive and Progressive Agreement for the Trans-Pacific Partnership	環太平洋パートナーシップに関する包括的及び先進的な協定
UNCITRAL	United Nations Commission on International Trade Law	国連国際商取引法委員会
USMCA	United States-Mexico-Canada Agreement	米国・メキシコ・カナダ協定
USTR	Office of the United States Trade Representative	米国通商代表部
TRIPS	Trade-Related Aspects of Intellectual Property Rights	知的所有権の貿易関連の側面に関する協定
WTO	World Trade Organization	世界貿易機関

第 1 部

総論

第1章 国際経済紛争の法的解決の歴史的展開と現状

❖ 柳赫秀[1] ❖

I	国際社会における紛争解決
II	国際社会における紛争の平和的解決
III	国際経済紛争の解決
IV	GATT・WTO の紛争解決手続
V	国際投資紛争の解決
VI	結びに代えて

[1] 神奈川大学

国際社会における紛争解決（dispute settlement）

　あらゆる社会には、暴力に対する安全の確保、合意・約束の遵守及び所有（権）の安定（不可侵）という、3つの基本目標の実現に必要な秩序 (order) がなければならない[1]。秩序の維持のためには、通常一定の行為規範とその履行如何をめぐる紛争を解決する制度の確立が必要である。すなわち、紛争解決は秩序の主要な構成要素を成す。

　社会に秩序が必要なことに国内社会と国際社会の区別があるわけではないが、後者の場合は前者の場合にない特徴がある。国際社会における3つの基本目標の実現には、国際社会が主として主権国家からなる特徴がいろんな形で投影されている。まず、暴力に対する安全の確保という目標は、国家が暴力を使用する自己権利に対する制限を受け入れなければ実現が不可能であり、次に、合意・約束の遵守及び所有の安定においても、独立と対外主権の維持を最優先する主権国家が主要な主体であることが反映されている。

　国際社会における秩序のあり方は紛争解決のあり方に投影され、国際社会における紛争解決もやはり、国内社会とは異なる、いくつかの特徴を持っている。例えば、国内社会においては所有をめぐる紛争が生じた場合に、通常当事者間の話し合いで解決が図られ、それによって解決できない時には、一方の当事者は最終的に裁判所に裁定を求めることができるが、その時には他方の当事者の同意如何にかかわらず、裁判所による公的処置が進むことになる。国際社会においても紛争が生じた場合には、国内社会と同様に、まず紛争当

事国間の話し合いによって解決が図られる。さらに、第3国や国際機構などが何らかの形で当事国の間に入って紛争解決を促進する制度も存在する。しかし、第3者による解決はあくまでも紛争当事国がそれを自発的に受け入れること、すなわち紛争当事国の同意がなければならない。紛争当事者による解決、あるいは第3者による解決について当事者の間で合意が成立しない場合には、一方の当事者の実力による強制的解決が図られることもしばしばである。

　もっとも国際社会にも法的に拘束力のある決定を下すことのできる国際裁判（所）が存在しないわけではない。しかし、2つの点で国内裁判と異なる。第1に、紛争当事者の事前または事後の同意や合意がない限り、裁判所は事件を取り上げることができない。その意味で、国内裁判所と異なり、裁判所はいわゆる強制管轄権を有しない。第2に、仮に裁判所の管轄権が設定され裁判所が判決を下したとしても、国際社会にはその執行を実力で担保する制度的保障が十分でない。判決の履行の場合も、裁判の開始と同様に、多くの場合紛争当事者の自発的な履行に依存する。

　このように国際社会においては、紛争が最終的に社会の手によって確実に解決される保証が存在しない。しかし、国際社会の組織化が進むにつれて、第1次世界大戦以降、国際社会における紛争解決にも量的、質的に変化が見られた。まず、第1次世界大戦以後国際連盟という普遍的な国際組織による国際紛争解決への関与と常設国際司法裁判所 (PCIJ) の設立は、国際社会における紛争解決のあり方における一つの転機を画した。そして、第2次世界大戦後の国際連合においては、国際関係における武力の行使や武力による威嚇を一般的に

禁止するとともに、すべての加盟国に紛争を平和的手段で解決することを要求する「紛争の平和的解決の原則」が国連憲章に明記された。さらに、国際社会における紛争解決の新しい展開は、冷戦の終結した 1990 年代以降ある種の強制管轄権を備えたさまざまな国際裁判所の設立とその裁判所を利用した訴訟数の増加として現れた。特に、本書の対象である国際通商と投資分野における紛争解決の発展には特記すべきものがある。

　国際社会における紛争解決の発展が阻害されて来たのは、何よりも前述した国際社会の構造が第一義的要因であるが、それに加えて国際関係を規律する実体規範の発達が遅れたことが第二義的要因である。国際紛争の法的解決が行われるには、紛争解決機関や手続の整備だけでなく、当事者間の紛争解決に適用可能な実体規範の存在が前提になる。実体規範の発達が十分でなかった 19 世紀までの仲裁において「法の一般原則」が重要な役割を担っていたことがそれを物語っている。今日の仲裁と 19 世紀の仲裁が似て非なるものであるといわれるのはそのためである。1995 年に GATT を引きづいで WTO が設立されてから紛争解決手続の機能が格段と進展し、紛争解決件数が著しく増大したことには、従来実体規範が曖昧で諸国の合意が欠如していた農業、補助金（相殺関税）などの分野において実体規範が整備され、サービス貿易、知的財産権など新しい分野に規律対象が拡大したことを抜きにして考えることはできない[2]。

Ⅱ
国際社会における紛争の平和的解決

1 - 紛争の外交的 (diplomatic) 解決と司法的 (judicial) 解決

　国際社会における「紛争 (dispute)」は、「二主体間の法的または事実上の論点に関する不一致、法的見解または利益の対立」（マヴロマティス・パレスタイン特許事件管轄権判決）と定義されている。国際社会では、いかなる手段を使って紛争の解決を図るかは、紛争当事者の自由な選択に委ねられているが（「手段選択の自由」）、紛争の平和的解決の方法には、大別して、外交的手段で解決する方法と法的な手段による司法的解決がある＊。

　外交的手段による解決とは、紛争の直接的解決を紛争当事者に委ねる方式である。紛争当事者が直接話し合って解決を図る交渉 (negotiation) や、何らかの形で第3者が関与して解決を促進する周旋 (good office)、仲介 (mediation)、審査 (inquiry)、調停 (conciliation) がある。周旋は、第3者が会場や交通・連絡手段などの便宜を提供して交渉を促進するもので、仲介は、第3者がさらに進んで紛争の解決案を提示する場合である。審査は、当事国間で争われる事実問題を明らかにすることで紛争解決に寄与する解決手段で、調停は、審査により必要な情報と事実関係の解明を行うとともに、紛争の全局面を検討しその解決案を提示するものである。これらの外交的手段の場合

＊　日本の教科書では非裁判的手続と裁判的手続という表現が一般的である。本書でも、どちらの表現を使うかは各執筆者に委ねている。

は、第3者が関与したとしても、その提示した解決策は勧告的なものにとどまり、紛争当事国を法的に拘束しない。それを受け入れるかどうかも最終的には紛争当事国の自由である。

　他方、法的な手段による司法的解決とは、第3者が示した解決案（判決）が紛争当事者を拘束する解決のことである。たとえ一方当事者が提示した解決案に不満があっても、法的にはそれに従う義務がある。仲裁 (arbitration) と司法的解決 (adjudication) の2つがある。前者は紛争ごとにアドホックに設立されるのに対して、後者は常設的な性格を持つ。前者は、後者と比べて、より緩やかで迅速な手続を許容し、裁判官の選任や裁判の準則に関しても、当事者の意思が反映される。「衡平と善」といった、実定法以外の基準に基づいて裁判を行うことも可能である。これに対して、司法的解決の場合は、あらかじめ定められた手続規則に基づき裁判が行われ、裁判の基準も一般的に国際法に従うべきものとされる。

2 - 司法的解決の長短と評価

　今日では海洋法分野における国際海洋法裁判所 (ITLOS)、人道法分野における国際刑事裁判所 (ICC)、WTO 紛争解決機関など、特定分野において独自の裁判機関が設けられて活動している。投資分野では、1990 年代以降国際投資協定に基づく投資仲裁が著しく活用されて、改めてその意義と機能をめぐる論争が起きているほどである。

　このように今日の国際秩序においては、特定の分野において多く

の国際裁判所が設けられ、条約規定により他方の当事国の同意なしに仲裁や裁判手続に訴えることが許される司法的解決の制度化の進展がみられる。このような現象をいかに考えるべきか。これは外交的手段による解決の居場所が狭まることを意味するのか。結論を先取りすると、外交的手段の重要性に変わりはないといえる。

　まず、国際裁判所の増加や司法的解決の制度化にかかわらず、国際関係において司法的解決はまだ限られた場面でしか活用されていない。国家の「手段選択の自由」に加えて、依然として「（司）法的解決」の機能する余地には限りがある。戦間期にロータパクトは「実定国際法の中に義務的仲裁が取り込まれたことに現れる法の支配 (the reign of law) は、諸国間の平和の確保や維持のための唯一の手段ではないが、平和のための基本条件である。」と司法的解決の重要性を讃えた[3]。それに対して、ロー教授は、ロータパクトの言明は、裁判に付しえない (non-justiciable) 国際紛争は存在しないことと、国際紛争の司法的解決は奨励されるべきであるという２つの命題を前提としているといい、それぞれについて丁寧に反論している[4]。

　次に、紛争の司法的解決を考える際に何よりも重要な視点は、国際裁判（所）が政治過程の一連の文脈において機能していることである。というのは、通常国際裁判に持ち込まれるまでには、当事者間の交渉が行われる場合が多く、場合によっては地域的あるいは普遍的な国際組織の下でやりとりがなされた結果である。強力な法的手続以上に、構成国の政治的意志 (political will) こそが重要であるという故ヒュデック教授の指摘も同じ文脈で見ることができる。

　最後に、紛争の司法的解決には、紛争を確実に終了させるとともに、

弱者（弱小国）の武器となる長所がある反面、白黒がつけられてしまう (a winner/loser solution) 欠点がある。事案が重要であればあるほど、司法的解決はかえって葛藤を助長しかねないとして忌避されてしまい、外交的手段が採用されることもしばしばである。

Ⅲ
国際経済紛争の解決

　以上のような国際社会における紛争の解決は、国際経済関係の分野にもそのまま当てはまるのか、あるいは、国際経済紛争の解決には国際社会一般には存在しない、あるいはそれだけでは捉えら切れない特徴があるのか。

1 - 国際経済法規の特徴

　国際経済法という分野が一般国際法とは異なる独自の分野であるのかについては議論があるが、国際経済分野における国際法規に一定の特徴が見られることについては一定のコンセンサスがある。
　国際経済分野における国際法規の特徴として真っ先に指摘されることは、規制対象である経済現象につきまとう変わりやすさと予測不可能性に由来する、国際経済法規の柔軟性と可鍛性である。言い

替えれば、移り変わる経済状況のもたらす予測不可能性に対して事前事後的に柔軟に対応できる法的内容が求められるのである。いわゆる「経済現象の動態性と法的安定性の維持の二律背反」である。

　通常経済法規の可鍛性の代表例として引き合いに出されるのが、ほとんどの貿易自由化のための通商協定と国際通商レジームに含まれるセーフガード、またはエスケープ・クローズと呼ばれる条項の存在である。セーフガートとは、予測できない緊急事態の際に、一時的または恒常的に協定上の義務から逸脱を許容することによって、締約国が協定に違反することなしに、不測の事態に適合できるようにする。それとともに締約国によるセーフガード援用を、締約国全体の関心事とし監視の下に置くことによって、レジームの安定的維持を図る制度である。そして、セーフガードは、締約国の貿易自由化が国内的要因によって制約されることを制度的に承認することによって、諸国が貿易自由化レジームへ参加することを容易にする機能を果たす。

2 - 国際経済紛争の性格

　国際経済紛争はいつも法律に基づく主張の形として現れるのでない。通商分野においては、紛争解決手続は、ある締約国が違法な措置を取ったこと (violation) がその開始のための必要条件ではなく、その措置によって協定上期待される利益が「無効化又は侵害 (nullification and impairment)」されること、すなわち損害 (injury) の発生が必要である。「無効化又は侵害」の概念が紛争解決の請求原

因の中核をなすことで、紛争手続は、締約国の協定義務違反により損害が発生した場合だけでなく、その締約国が（協定違反でない）何らかの措置を発動した結果協定上期待される利益が侵害された場合にも援用が可能である。言い替えれば、協定上期待される利益の侵害は、「その原因が何であれ」義務の調整を申し出る正当な事由となるのである。

　1920 年代から 30 年代前半までの一連の国際連盟主催の世界経済会議においては、国際経済関係における規範と紛争解決について、経済事実のダイナミズムのために経済法規に柔軟性が要求されることと、法律専門家による司法的解決について懐疑的な見方が支配的であったとされる。「無効化又は侵害」の概念は、「生ける」国際経済規範の要請と経済関係の安定性を調和するために考案され、特に国際通商レジームにおける紛争解決の中核に据えられた。そして、同時代に締結された二国間通商協定に取り入れられ、後ほど多角的通商枠組みである GATT に引き継がれた。GATT23 条 1 項の「請求原因」はその代表的な事例である。

　「無効化又は侵害」の概念が考案された背後には、1920 年代から 30 年代に締結された二国間通商協定における「相互主義 (reciprocity)」の確保というもう一つの要請があった。貿易自由化のための二国間通商協定の推進には、国内で政治的支持を確保することが必要であるが、そのためには通商協定がバランスの取れた利益の交換、すなわち、相互主義が確保されることの保証が不可欠であった。関税が通商政策の唯一の手段であった時代に、関税の削減による商業の機会が害されないために、単なる関税の引下げだけで

なく、数量制限や差別の禁止などその他の通商政策の使用を禁止ないし規律する「通商政策条項」といわれる行為規範が置かれた。しかし、協定上の利益の侵害は、協定上の行為規範の違反だけから生じるのでなく、消費者保護といった純粋な国内政策の結果からも生じる。しかし、その可能性を網羅し規律を設けることは困難であり政府間で合意が得られるとも限らないので、最終的に「無効化又は侵害」の概念の導入になった。後述するように、GATT・WTO レジームにおいて実体規範の拡大と協定義務違反を中心とする紛争解決手続の発展により、「無効化又は侵害」の概念の存在意義が問われるようになったものの、根本的な否定には至っていない。

3 – 国際経済紛争の解決の特徴

かつて国際経済機構における紛争解決について比較考察を行なったマリンベルニは[5]、一概に国際経済紛争の解決に裁判手続が適していないと決めつけてはならないとしながらも、経済現象に対する法律家の不向き、裁判手続の長期化傾向及び国家や産業界の裁判手続への拒否反応から、通常外部裁判所の利用が避けられ、当該機構の内部で解決を図る「内部化」と「多辺化」の傾向を指摘した。

マリンベルニの主張を筆者なりに紐解いてみると、紛争解決の「内部化」とは、国際経済機構における紛争解決が、司法手続が活用される一部の地域的経済統合組織を除いて、多くの場合紛争解決を専門としない内部機関に付託され、政治的に解決され、法的解決はあ

くまでも補助的であることを表す。多くの国際経済機構においては、内部機関の間の機能が未分化で、しばしば組織の事業の一般的運用についてのすべての権限が特定の機関に集中している。国際金融機構のように、紛争解決について明示的な条項が置かれていない場合も多くて、紛争解決は通常の業務の一部分をなす機能とされ、同じ機関が同じの条項の下で裁定機能を果たす。IMF理事会が典型で、GATT25条に基づく初期のGATT締約国団についても同じことが言える。例えば、IMFは、解釈についての29条以外、紛争解決についての条項を置いていないが、IMF総務会は29条に基づいて紛争解決機能を果たしており、その解釈は加盟国を拘束する。

　留意すべきは、国際レジームの中の、機構と加盟国、あるいは、加盟国間の関係は、孤立しているのではなく、そして、単なる二国間関係の束でなく、権利義務関係が「共通利益」の下で相互的な連結環をなしていることである。紛争は最初は二国間のものであっても、最後には多辺的な性格を持つ「多辺化」現象が起きることである。紛争当事国は他の紛争当事国と協議を始めるに際して、当該機構や紛争当事国以外の加盟国にその事実を通知する。それを受け直接紛争当事国でないけれども、利害関係を有する第3の加盟国の紛争参加がありうる上、レジーム自ら進んで介入する場合もある。紛争解決を求める請求原因に、GATTの23条1項 (c) のように、組織の目的の実現が妨げられている場合が掲げられることが稀でないことも、同じ文脈で理解すべきである。

　最後に、マリンベルニは、国際経済機構における政治的・外交的解決への傾斜のもたらす不都合さを和らげるために、一部の国際経

済機構においてはある種の法の復権、すなわち、機構の中でのある種の訴訟手続の活用現象を指摘する。特定の機関による調査機能や調停委員会の役割、そして、機構の決定に不満のある国による申立の道が事例として挙げられている。

　このような組織内部で紛争解決の「内部化」と「多辺化」現象は、「国際コントロール論」でも説明可能である。「国際コントロール」とは、わかりやすくいえば、国際レジームにおいて、個別国家の権利・利益をこえ、レジーム全体で統一的に充足されるべき義務や基準の履行を確保するための監視機能 (supervision) をいう[6]。日本では故小寺教授が WTO 紛争解決手続を国際レジーム論に基づいて「国際コントロール」として捉えた[7]。小寺は、国際コントロールを「国際組織等の多数国間の機関が特定の多数国間条約体制を守る、具体的には条約当事国に条約上の義務・基準を遵守させるために、義務の実施に関する事実を確定し、また義務を解釈適用し、必要な場合には条約当事国に是正措置を勧告する機能である」と定義している。この定義の含蓄していることは、国際レジームにおいては、2 国相互の対抗関係において保護・充足される利益とは別個に、固有の共通利益の保護のために設定される義務は客観的な性質を持つこと、そのためにたとえある紛争当事国の協定上の利益が侵害される場合でも、条約上の義務実施のあり方が関係国間の取引に完全に吸収されないことである。そして、WTO 紛争解決手続は、厳格な法準拠性を有し、紛争解決機関が採択した報告書の法的拘束力が強い効果を持っている点で、一般的な国際コントロール機関とは異なると評価する。

GATT・WTO の紛争解決手続

　GATT・WTO の紛争解決手続には、経済現象の動態性と法的安定性の維持という相反する要請が強く投影される国際経済レジームにおける紛争解決のディレンマを刻印された。すなわち、戦間期の関税削減中心の二国間通商協定の洗礼と多数国間条約体制の規律客観化への自己生成的圧力との緊張関係を背負いながら、締約国及び締約国団の「後からの慣行 (subsequent practice)」に基づき、今や国際社会で類比のみない強力で「司法化」した紛争解決制度に進化してきた。GATT・WTO の紛争解決手続は、時期により多少の違いはあるものの、1995 年の WTO 発足から 2020 年 12 月末まで、612 件（協議要請数）の紛争案件が提起された。この数字を、1947 年から 2017 年までの 70 年間 170 件（管轄権＋本案）の採決を行った、世界裁判所 (World Court) と呼ばれる国際司法裁判所のそれと比べたら一目瞭然である。（図表 1-1）以下では、現行の WTO の紛争解決手続の詳細は第 2 部の各章に委ね、そのような進化の過程を簡単に整理し、GATT・WTO の紛争解決手続の性格を中心に述べたい。

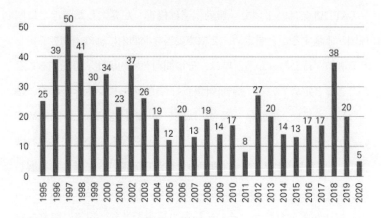

図1　協議要請件数 (1995-2020)

（出典 WTO ホーム・ページ）

1 - GATT における紛争解決の進化

　第 2 次世界大戦後、國際貿易機構 (ITO) の流産という「歴史的偶然」によって、ITO 発足までの暫定的制度である GATT が恒久化した。GATT は、基本的に戦間期の二国間通商協定における通商の自由化の仕組みを実質的に引き継いだが、形式的には二国間条約の束でなく多数国間条約であるために、前者とは異なる部分や可能性を潜めていた。GATT・WTO 紛争解決手続の発展は、二国間通商協定の継承者としての側面と客観的な多数国間条約体制としての側面の拮坑の歴史であった。

(1) パネル中心の発展

GATT23条は、1項で「無効化又は侵害」が発生した時などに関係国が協議することを定め、2項で妥当な期間内に締約国間で満足しうる調整が行われなかった時は、その問題を締約国団に付託することができると定めている。締約国団は「問題を直ちに調査し、かつ…適当な勧告を行い、または…適当に決定しなければならない」と定めているが、それをどのように行うかについては規定していない。それはGATT 出帆後締約国及び締約国団の「後からの慣行」に基づき発展した。GATT 設立当初の事件に関しては締約国団議長の裁定によって紛争の解決が図られたが、その後紛争当事国を含む、紛争に関心を有する締約国から構成される「作業部会 (working party)」が用いられた。その後「パネル（panel、紛争処理小委員会と呼ばれる）」方式が導入され定着し、今日に至っている。

パネル方式は、紛争当事国を含む締約国から構成され、当事国間の交渉を助けながら合意を図る「作業部会」と異なり、独立した個人から構成され、その役割は事実認定及び法律的観点から判断を下すことである。その意味で、作業部会からパネルへの発展は「外交交渉」的手続から「裁判」的手続への転換を意味すると評価されている[8]。

準司法的段階であるパネル手続の前後には、パネル設置と付託事項についての合意の段階と、締約国団による報告書の採択という2つの政治的段階があるが、ウルグアイ・ラウンドにおける紛争解決手続の改革によって、パネル手続前後の2つの段階は「自動化」された。

国際経済紛争解決手続法

(2)「違反申立」中心の発展

GATT 第 23 条の 2 項に基づいて申立を行うための要件（請求原因）であるが、(a) 他の締約国がこの協定に基づく義務の履行を怠ったこと、(b) 他の締約国が、この協定に抵触するかどうかを問わず、なんらかの措置を適用したこと、(c) その他のなんらかの状態が存在することによって、①この協定に基づき直接若しくは間接に自国に与えられた利益が無効にされ、若しくは利益が侵害され、②又はこの協定の目的の達成が妨げられている結果になったことである。要するに、(a)(b)(c) の 3 つの原因によって①②の 2 つの結果が発生するという 6 つの申立が可能である。上記の (a) による申立は「違反申立 (violation complaint)」、(b) による申立は「非違反申立 (non-violation complaint)」、そして、(c) による申立は「状態申立 (situation complaint)」と呼ばれる。

このように 6 つの請求原因が存在するが、実際の紛争解決手続は、違反申立と非違反申立によって「利益の無効化又は侵害」が生じた時の 2 つの請求原因に集中した。特に、1962 年ウルグアイ事件を転機に違反申立を中心に展開した。ウルグアイ事件報告は、GATT 違反が認定されれば利益の無効化が推定されるという考え方を打ち出し、「一応の (*prima facie*) 推定」の原則が確立した。*Prima facie* とは、「一見したところで」の意味であるが、GATT 違反が認められれば、利益の無効化が「一応」推定され、被申立国が反証の責任を負う。それに対して、非違反申立の場合は、申立国は利益の無効化の存在を詳細に論じることが求められる。このように挙証責任が転換され、事実上反証が困難になったことで、その後 GATT の申立の大部分は違

反申立になった。岩沢は、「ガットにおいて確立した「一応の推定」の原則は、ガットが不明確な利益の無効化の概念ではなく、より明確なガットの実体規則を紛争処理の判断基準とすることを望んだことを示している」と評価した。そして、これによって GATT の紛争処理制度は、「ガット違反の有無に関わりなく締約国間の義務の均衡を図る調整制度」から、「実際には WTO 協定の履行確保の制度として機能する」ことになったと評する[9]。

2 – WTO における紛争解決手続の改革

ウルグアイ・ラウンドにおいては以下の6点について GATT 紛争解決手続の改革が行われた。

第1にに、締約国団の決定に「ネガティブ・コンセンサス」方式を導入し、小委員会の設置・小委員会報告の採択・対抗措置の許可の3つの場面で手続がほぼ自動化された。第2に、常設の上訴機関である上級委員会が設置され、小委員会の報告に対する控訴を可能にした。上級委員会は、小委員会の法的な認定及び結論を支持し、修正または取り消すことができる。第3に、「違反申立」を中心に展開してきた実績を踏まえ、「違反申立」に詳しい規定を置き、「非違反申立」と「状態申立」については別に規定した。第4に、加盟国が対象協定に基づく義務の違反その他の利益の無効化若しくは侵害又は対象協定の目的の達成を妨げる障害について是正を求める場合には、DSU に定める規則及び手続に沿ってのみ行うことを約束さ

せて、一方的措置を禁止した。第5に、紛争解決手続の各段階ごと
に明確な時間的枠組みを設け、紛争解決の迅速化を期した。第6に、
GATT その他の諸協定の紛争解決手続を統合し、WTO の機関である
紛争解決機関 (Dispute Settlement Body, DSD) が統合された紛争解決
制度を運用することにした。

　以上の改革によって、GATT 紛争解決手続は、自動化、迅速化、
そして、「司法化」したのである。

3 - WTO における「司法化」の衝撃と評価

　WTO 紛争解決において実現した「司法化」はほとんど革命的で
あったと言われている。今や紛争当事国は、自分の意思に関わりなく、
手続が始まることと、拘束力の伴う結果を受け入れることが要求さ
れる。それに加えて上級委員会が設立された。ワイラーは、「司法化」
で外交官の情緒 (the ethos of diplomats) から法律家の支配 (the rule
of lawyers) へパラダイムシフトが起きたと表現した。新しい3点セッ
トによって、加盟国間の力関係、協定遵守への牽引、強制的な裁決、
拘束力を伴う結果及び上級委員会の創設という明確な紛争解決、こ
れまでの曖昧な条項の権威的な解釈へのインパクトだけでなく、規
範、実践及び慣行という法文化がもたらされたという [10]。そして、上
級委員会の設立は、WTO における紛争解決の主役（権力）が従来の
事務局から上級委員会へ移動したことを意味した [11]。

　WTO における「司法化」は、国際関係論者たちによって「法制度

化 (legalization)」という概念で説明されたが、日本では川島が、手続開始、解釈・適用及び執行という３つの側面における委任内容に着目して法制度化の内容を詳しく分析し、「司法化」の質的な把握を試みた。その結果、WTO 体制の 10 年間で紛争解決は大きな実績を達成し、かつ「司法化」の諸相の複合的な作用により大きなモメントが生じたと結論づけた [12]。

　米国の国内政治との連動という視点から WTO における司法的解決の発展の背景についての研究も存在する。デイビスは、通商分野における紛争の司法的解決への傾斜を行政府と立法府の緊張関係を生み出す民主主義との関連から見ているのに対して [13]、アイケンベリーは多角主義と司法的解決の基盤を米国のシビック・ナショナリズムに基づく民主主義の伝統に求めている [14]。これらの研究は、WTO紛争解決制度の機能や発展がいかに覇権国米国と関連が深いかを示唆している。

　最後に、WTO 紛争解決の「司法化」についてのヒュデックの分析は、やや古くはなったが、依然として傾聴に値する [15]。ヒュテックは、WTO 出帆後３年を評価する論考で、WTO 紛争解決の「司法化」は、1980 年代前後始まった GATT 体制の変化──外交官の法理 (a diplomat's jurispudence) から法的義務に基づく制度へ──の連続線上にあること、GATT 変身の原動力は（主要）加盟国の政治的意志 (political will) であるが、残念ながら WTO 紛争解決の「司法化」に対する加盟国の政治的意志がどれだけ強いかについては予断を許さないと警告した。そして、ウルグアイラウンドにおける締約国間の「司法化」合意は、最終段階のわずか１年の間の出来事であること、時

間が経つにつれて上級委員会がより積極的に (assertive) になっていくと予測するなど、今日の WTO 紛争解決に対する米国の「乱」の到来を仄めかしていた。

4 – WTO 紛争解決手続の性格づけ

　それでは現在の WTO 紛争解決手続はどのように評価することができるか。前述したように、GATT・WTO の紛争解決手続の発展は、経済現象の動態性と法的安定性の維持という相反する要請が強く投影される国際経済レジームにおける紛争解決のディレンマを刻印され、戦間期の関税削減中心の二国間通商協定の継承者としての側面と客観的な多数国間条約体制としての側面の拮坑の歴史であった。

　岩沢は、WTO 紛争解決手続の性格は、今のところは、迅速に紛争を処理し加盟国間の利益の均衡を回復することを主目的とする民事司法的な制度であるとしながら、実際には GATT 違反の有無に関わりなく締約国間の義務の均衡を図る調整制度から WTO 協定の履行確保の制度としての側面が出てきたことを指摘する。そして、刑事司法的制度としての性格を強めるために、協定違反に対して職権で手続を発動できる検察官的機関の設置を提案する[16]。それに対して、小寺は、東京ラウンド以後の GATT・WTO 体制の発展から、WTO 体制における規律の客観化の流れを読み取り、WTO 紛争解決手続が、単なる加盟国間の利益のバランスを維持する仕組みから、客観的な法遵守の仕組みに姿を変えようとしていることを指摘し、この新しい

流れを条約上の義務実施のあり方が関係国間の取引に完全には委ねられない国際コントロールとして捉える[17]。

　ただし、岩沢は、WTO 紛争処理の性格を裁判と調停の両方の特徴を併せ持つ独特な (sui generis) 紛争解決方式であると捉えながらも、和解（外交）志向主義と裁判志向主義のどちらかを選択すべきかという二者択一の問題でないと言っていることに留意すべきである。従来から和解指向主義の EC と日本が、ウルグアイ・ラウンドで司法化改革に乗った直接的な理由は、米国の単独行動主義 (unilateralism) を抑えるためであったという。そして、小寺も客観的な法遵守の仕組みへ姿を変えつつも、二国間通商協定の影が完全に消えさっていないことを指摘している。国際社会だけでなく、国内社会においてすら、和解（外交）志向主義と裁判志向主義、そして、プラグマティズムとリーガリズムは、そのうちどちらかを選ぶかの問題ではなく、両者は常に併存している（すべき）ことを忘れてはならない。

5 – WTO 紛争解決手続の行き詰りと展望 [18]

(1) 米国の異議申立て

　裁判と調停の両方の特徴を刻印されながらも、WTO 出帆後ほぼ 20 年の間 WTO 紛争解決手続は、図 1 が示しているように、国際社会の歴史上類例を見ることのできないほどの実績を上げながら、上級委員会を中心に徐々に「司法化」へ道程を歩んでいった。時間が経つにつれて上級委員会がより積極的にになっていくだろうという

国際経済紛争解決手続法

ヒュテックの予測は外れていなかったのである。

　WTO 紛争解決手続のあり方に対する異議申立が WTO 体制の立役者であり、紛争解決手続を最も頻繁に活用してきた米国によって提起されたのはアイロニーとしかいいようがない。米国は、2016 年 5 月に 1 期目の任期満了を迎えた韓国の張勝和上級委員の再任を拒否してから、任期満了を迎えた上級委員の後任指名に続々と反対した。その結果、2019 年 12 月 10 日に新たに 2 人の委員（ウジャル・シン・バティア委員長、トーマス・R・グラハム委員）が辞めたことで、残る委員は中国出身のホン・ジャオ氏 1 人となったが、ジャオ氏も 2020 年 11 月 30 日付けで 4 年間の任期を終え、とうとう上級委員は一人もいなくなり、上級委員会はその機能を停止した。

　米国は、2018 年 3 月に公表した「大統領通商政策議題 (The President Trade Policy Agenda)」において、「最大の懸念は、パネル及び上級委員会が、協定に定められた（加盟国の）権利・義務を加重・縮減していることである」と指摘した。そして、パネル及び上級委員会に、加盟国によって交渉・合意された条文の文言に従って忠実に協定を適用することを求めている。その上で、懸念を示す具体例として、①上級委員会への上訴申立から原則 60 日以内、最長でも 90 日以内の報告書発出期限が無視されていること、②上級委員の任期後にも任期中割り当てられた上訴の処理を完了するために業務の継続を許していること、③問題の満足すべき解決を図ることを目的とする WTO 紛争解決に必要のない勧告的意見の発出、④上級委員会による加盟国の国内法及び事実認定の新規の (de novo) 審査、⑤本来先例拘束性のない以前の上級委員会報告書を先例のように取扱うこ

と、の5点を挙げた[19]。

　そして、2020年2月にUSTRは「WTO上級委員会報告書 (REPORT ON THE APPELLATE BODY OF THE WORLD TRADE ORGANIZATION)」を刊行して、2018年「大統領通商政策議題」で示された懸念について極めて詳細に述べている。もちろん論旨は、前者同様、上級委員会は長い間間違った解釈 (erroneous interpretations) を通じていかに協定に定められた（加盟国の）権利・義務が加重・縮減されてきたかに置かれている。すなわち、上級委員会は米国や他の加盟国が合意したことのない権利義務を読み込むことによって諸協定の隙間を埋めようとしてきたというのである。この過ちによって、市場経済国を犠牲に非市場経済国が有利に取り扱われ、貿易救済法の有効な利用が妨げられ、そして、加盟国の正当な政策的空間が侵害されたと声を荒げる。

　2つの報告書に貫かれているのは、WTO紛争解決手続の目的は、あくまでもGATT時代の長引きがちで非効率的な紛争解決の弊害を糺して迅速に当事国間の紛争解決に資することであって、紛争解決了解上与えられた（限られた）権限を踰越して法の形成を行うことではないという主張である。

　この2つの文書が強調するもう一つのことは、米国による上級委員会ウォッチングが今に始まったことでない点である。2018年「大統領通商政策議題」では、米国議会は、2002年と2015年に行政府に対して、紛争解決報告書がWTO協定の文言通りに適用されないことによって米国の権利・義務が加重・縮減してきたことについて注意を促したこと、そして、2015年には米国が加盟国にWTO紛争解

決機関が上記の点を間違わないように確保するためのガイドライン作りを提案したと記している。歴代米国政権と議会がWTO発足後間もない時期から米国の懸念をWTO及び加盟国に伝えてきたと強調しているのである。

　確かに、WTO紛争解決制度は、上級委員会の存在により、GATT時代とは似て非なるものになった。パネルは自らの審議が上級委員会でどのように受け止められるかを気にしながら審理を行うし、実務・学会ともに事実上の先例拘束性を前提に評釈を行ってきた。米国は、上級委員会の権限逸脱が紛争処理システムのみならず、WTO全体の効率・機能を阻害しており、WTO紛争解決制度の再建には、上級委員会の失敗に関してWTO加盟国全体で取り組むべきであると主張している。どうやら米国は上級委員会の行過ぎにとどまらす、WTOの紛争解決制度そのもののあり方を問題にしているように思われる。

(2) 他国の対応と今後の展望

　WTO紛争解決の機能停止の間、WTO加盟国から、あるいは、元・前上級委員による現状を打破するための夥しい改善案が提案されてきた。つい最近である2022年5月31日にWTO紛争解決部会でメキシコが123カ国を代理して上級委員選定プロセスの開始を提案した。それに対して、米国代表は「WTO紛争解決手続がすべての加盟国の真の利益になるという観点から改革の議論をすることが我々の長年の関心事である」と反論し、平行線を辿ったままである。

　EUや中国をはじめとする17ヵ国・地域は、2020年4月に上訴

を可能にするための緊急措置として、DSU 第 25 条に基づく仲裁手続を利用した多数国間暫定上訴仲裁制度 (Multi-party Interin Appeal Arrangement, MPIA) を立ち上げ、DSB に通報した。同年 8 月に仲裁人 10 名が選任され、現在参加国は EU、中国以外 25 か国である。EU の主導している暫定上訴仲裁制度であるが、これまで両当事国が合意した案件は 4 件であるが、パネル手続中であるか、DSB でパネル報告書が採択されたために、未だ実際に利用されるには至っていない。

　依然として米国の究極的な狙いが何であるか明らかになっていないが、最近の USTR の K. Tai の発言を見ると米国の考えの一端を垣間見ることができる。Tai は、最近やっと WTO 加盟国の間で我々の思っていることについての理解が深まっていくようで嬉しいといいつつも、我々のフォーカスは WTO 紛争解決制度そのものの改革であり、上級委員会の機能復活はその象徴的な一部でしかないこと、そして、問題は紛争解決が訴訟 (litigation) と同義と用いられ、WTO 加盟国が交渉のプロセスよりも、訴訟によってルールを形成する認定を得ている事態であると強調する [20]。

　WTO 紛争解決手続は、個別の紛争案件の解決を通じて、加盟国の協定遵守の確保を期することで、多角的自由貿易体制である WTO 体制を支えている。紛争解決手続が加盟国の義務履行を確保する国際コントロールとしての働きをしている WTO において現在の事態がどんなに深刻なものであるについては今さら強調するまでもない。その反面、米国にとって、WTO 紛争解決手続が円滑に機能することは、米国行政府が議会（≒諸利益集団の集合体）から受諾された権限に基づいて貿易自由化を着実かつ有効に推進していることの成績

表である。2020 年報告書の次の句りがそれを物語っている。「我々がWTO 協定をめぐる貿易紛争を解決する公正で実効的なメカニズムの導入にこだわったのは、ウルグアイラウンドの交渉で取引された諸利益を完全に享受できるよう確保するためである。」このことはWTO 体制の下でも変わりようのない米国憲法体制上の前提なのである。今日 WTO 体制とその紛争解決制度の置かれている事態の深刻性の一端がここにも現れている。

国際投資紛争の解決

　国際投資分野は、1990 年代以降国際投資協定 (international investment agreement, IIA) の膨大な増加とそれと連動した仲裁事例の蓄積によって「条約に基づく基準」の形成が進んできたが、国際通商における WTO、国際通貨における IMF のような多角的で一般的な国際機構が設立されておらず、依然として二国間、地域的、複数国間協定、そして、多角的なものでも分野限定的か、法的拘束力のない取極からなるパッチワーク状態である。その中で、投資紛争の解決が 1990 年代以降 IIA に基づく投資協定仲裁に集中している。

1 - 国際投資法の歴史的発展

　国際（外国）投資法の主な対象である直接投資は、投資先におい
て子会社・支店の設立等を行い、その経営を支配しまたは参加する
ことを目的とする長期的で継続的な活動で、投資の受入、投資の待遇、
投資の保護及び投資紛争解決の 4 つの側面にわたる、多種多様の法
律事項が含まれる。すなわち、投資受入国の経済主権の一環という
側面を持つのに対して、投資家から見れば、その活動や財産に対す
る不断の適正な保護が要請される。ところが、通商の場合と異なって、
長らく国際投資が投資受入国や投資母国のそれぞれの国民経済にい
かなる利益をもたらすかについて合意が存在しなかった。しかも、
投資受入国は、多国籍企業を自らの主権を脅かす存在、あるいは投
資母国の経済的支配の先兵と見做してきた。実際 19 世紀半ば以後投
資保護は資本輸出国である欧米諸国と資本輸入国である非欧米諸国
の間の長くて根深い確執の歴史であった。1960 年代に入ってドイツ
をはじめとする先進国の一部が二国間投資条約 (bilateral investment
treaty, BIT) の締結に目を転ずることで、国際投資法の新しいトレン
ドが開かれ、1980 年代以後自由主義が勝利を収め冷戦が終結した結
果、途上国や移行経済国において多国籍企業や外国投資についての
認識や態度が変化するとともに、従来の投資母国が同時に投資受入
国になる投資の相互流入現象が生じ、今日的な国際投資法の舞台が
整った。

　国際投資法の新しい展開の背景には 1990 年代に入って IIA の急
激な増加と、それと連動した投資（協定）仲裁の発展がある。IIA

国際経済紛争解決手続法

は、締約国の間で投資の保護と促進を図る BIT と投資条項（章）を含んでいる自由貿易協定のような投資条項付き条約 (treaties with investment provisions, TIP) に大別されるが、2020 年末日現在 2646 の IIA が発効している。IIA の数以上に重要なのは、多くの IIA に規定されている外国投資家と投資受入国の間の紛争解決 (Investor-State Dispute Settlement, ISDS) のための仲裁手続が活発に利用されていることである。投資協定仲裁は、IIA の規定に基づいて、外国投資家が、投資受入国との紛争について、投資受入国を相手とって訴える仲裁のことであるが、それが実際に使われたのは 1987 年からである。そして、1990 年代に入って急増し始め、2020 年までの投資仲裁仲裁ケースは 1,104 件に登る。（第 8 章図 1 を参照）

2 – 投資紛争解決の「非国家（法）化」

　伝統的に投資紛争の解決は、そもそも数は多くなかったが、主に国家間で行われた。19 世紀半ば以来外国投資家と投資受入国の紛争を国際的な場面で解決するために、アドホックに混合委員会や一般請求委員会が頻繁に用いられたが、第 2 次世界大戦以後ラテン・アメリカ諸国をはじめとする多くの途上国は、投資紛争は受入国の国内裁判所で解決すべきであるとの立場をとってきた。

　そもそも外国投資家と投資受入国が結ぶ、コンセッション、合弁事業、生産分与取極、管理契約及び国際ローン協定など多岐にわたる契約は、従来から国家契約 (state contracts) と呼ばれる。国家契約

の法的性格及びその拘束力の基礎をめぐっては、国内法説、国際法説及び（当事国間の合意自体が独自の法秩序を構成するという）第3の法説が争われてきたが、国家契約は、それが結ばれて、履行される国の国内法によって規律されるるというのが通説である。もちろん契約の両当事者が、国際私法上の当事者自治原則に基づいて、契約を規律する法（準拠法）を指定することは可能で、その結果一方の当事者の国内法の排他的規律から切り離され、「国際化される」ことはあり得る。しかし、その場合でも一方の当事者である国による契約の一方的破棄が直ちに国際法違反を構成するわけではないというのが大方の味方である[21]。

　その後徐々に「投資家対国家の仲裁」が使われようになったが、1960年代までには外国投資家が投資受入国を国際投資法廷に引き出すためには、後者の事前同意が必要であった。しかし、1969年チャド・イタリア BIT に国家の同意が無条件得られる投資家と投資受入国間仲裁が含まれるようになり、投資家と投資受入国間の契約なしに仲裁が始まることになった。いわゆる「契約なしの仲裁 (arbitration without privity)、あるいは「一方的仲裁 (unilateral arbitration)」の幕開けである。まさに、国際投資紛争解決史上画期的な出来事がもたらされたのである。その後、多くの IIA に、国際投資紛争解決センター (ICSID) が「傘条項 (umbrella clause)」と名付けた、外国投資家との契約に基づく活動を含む外国投資全般を包括的に保護する条項が含まれ、外国投資家との契約の違反が直ちに条約違反を構成することになった。いわゆる一方の当事者の国内法の排他的規律から投資契約の切り離し（「非国家（法）化」）が投資協定仲裁という別の

形で実現されたのである。

　多くの IIA は、外国投資家に投資受入国の国内裁判所を利用するか、仲裁を利用するかの選択を認めるか、あるいは、両方を認めている。どちらかの利用しか認めない選択条項 (fork-in-the-road clause) が置かれることもあるが、両方を認める際に国内救済手段を尽くすことを要求する場合はあまりないようである。多くの場合、ICSID 仲裁、UNCITRAL 仲裁、国際商事仲裁の３つが仲裁廷として提示される [22]。仲裁廷の多くは３人の仲裁人で構成され、仲裁廷の判断は終局性を持ち上訴は認められない。「法定の友」(amicus curiae) は通常認められない。IIA の当事国は仲裁裁定を条約上の義務として遵守することが要求される。仲裁判断が順守されない場合には、ICSID 加盟国は ICSID の手続が利用されるが、最終的には世界中の国々が加盟している「仲裁判決の執行に関するニューヨーク条約」に基づいて執行が求められることになる。2020 年末まで 740 件の ISDS が終結したが、そのうち 37％は投資受入国に、29％は外国投資家に軍配があった。本案判決まで行った場合の 57％で違反及び損害賠償の判断がなされた [23]。

3 – IIA 及び投資仲裁への反動と展望

　IIA が隆盛したのはわずか 30 年余りの出来事であるが、その解釈を第３者の仲裁者が行うことによって、IIA は強い規制力を発揮した。他方で、新自由主義の行き過ぎに対する反省を背景に、仲裁と結びつ

いた IIA の規制力に対して投資受入国や研究者の間で強い批判の声が上がった。一部の国は、新たな IIA の締結を控えたり、既存のものを終了させ、あるいは ICSID 脱退という極端な選択をする国も現れた。そのために、UNCTAD は、現在の IIA の圧倒的な部分を占める旧世代（2010 年以前）IIA を改革するための調査及び提言をまとめている[24]。

　批判の中核は、IIA や投資仲裁協定において、投資受入国の公共目的に基づく規制の権限より、新自由主義の市場重視に基づく投資家の既得権益及び期待利益の保護が優先されているのではないかという疑念である。改革の主な矛先は、投資受入国の規制権限の回復、ISDS の行き過ぎの是正、非経済的価値との調和等である。ISDS については、仲裁のアドホック性、仲裁人の利益相反の危険、誤った仲裁判断を是正するメカニズムの欠如、訴訟手続の非公開性などの手続的な問題から投資受入国の国内救済手続をパスすることの是非まで多岐にわたる。そのような批判に応える形で、2020 年に締結された 9 つの IIA のうち 8 つの IIA が ISDS を制限するか、含んでいないと言われる[25]。現在 ISDS の改善をめぐっては、WTO の上級委員会に匹敵する「二審制」の導入から常設投資裁判所に至るまで様々な提案や改善策が提唱されたり、いくつかの IIA に規定されたりしているが、いずれも実施には至っていない[26]。

　現在 IIA と投資協定仲裁を中心とする国際投資をめぐる法的状況は、①外国投資家の（期待）利益と国家の正当な規制権限のバランスをいかに保つか、② 1990 年代に入ってから蓄積され膨大な規制力を発揮してきた ISDS のあり方、③非経済的価値との両立可能性および④企業の社会的責任の負担、の 4 つに集約することができる。

国際経済紛争解決手続法

IIA という特別法と投資仲裁を通じて展開してきた国際投資の規律が、「投資受入国と投資家の利益」、「投資と非経済的価値」および「規制権限と投資企業の責任」の均衡を構築しながら、現在の国際投資規範のパッチ・ワーク状態を脱し、真の法典 (corpus juris) へ向かうことができるか問われている[27]。

VI

結びに代えて

　本文で紹介したように、ほぼ 80 年前にロータパクトは平和の基本条件として「法の支配 (the reign of law)」と司法的解決の重要性を強調したが、ローは、望ましいのは、司法的解決の利用増加でなく、必要な場合には紛争当事国に法廷を蹴って出ることを許すか、紛争解決のための代案や補完的なアプローチができるような時間を与える手続を発達させることであると反論する。ローの「法律家は一件の国際訴訟が終われば帰宅できるが、紛争当事国（者）は今後も共存していかなければならない。共存のスベを見つけるよう手助けすることが国際訴訟を有用なものにする唯一の方法である」というくだりは含蓄的である[28]。

　次のエバンスの指摘も同じ文脈で理解できよう。「紛争を解決することは単なる『紛争解決』ではない。それはまた（紛争の対象となっている）イッシュがどのように取り上げられ、規律され、そして取り扱わ

れるかがかかっている問題である。そして、どのように法が生成され、どのような法が作られ、どのように取り扱われ、応えられていくかについての問題である。[29]」

　現在「司法化」が進み客観的な法遵守枠組みとなりつつあったWTO紛争解決手続が米国による厳しい問題提起に直面し上級委員会の機能が停止する危機に直面しており、IIAと投資仲裁も様々な批判に直面して改革のあり方をめぐる議論が続いている。さらに、国際経済秩序の抱える経済的価値と非経済的価値、特に安全保障との葛藤が各国の通商措置による報復の連鎖をもたらし、セーフガードのような貿易救済措置およびICSID手続の「非政治化」機能が動揺している。いわば国際経済秩序とその中の国際経済紛争解決の制度全般に及ぶ危機的状況と言っていいだろう。前述したローやエバンスの指摘は、今日のような現状へ対処するには、国際社会における紛争解決の原点を見つめ直しながら、これまで積み重ねて来たことを生かしていくこと以外ないと仄めかしているようである。

1　ヘドリー・ブル、臼杵英一訳『国際社会論：アナーキカル・ソサイエティ』（岩波書店、2000年）3-8頁。

2　Robert E. Hudec, "The New WTO Dispute Settlement Procedure: An Overview of the First Three Years", *Minnesota Journal of Internationl Law* Vol.8:1 (1999), p.17.

3　E. Lauterpacht, *The Function of Law in the International Community* (Oxford 1933), p. 437.

4　Vaughan Lowe, "The Function of Litigation in International Society" *International and Comparative Law Quarterly* Vol. 61 (anuary 2012), pp.209-222.

5　G. Malinverni, *Le reglement des differends dans les organisations internationales economique* (Leiden,1974). それに対して、ウェーレンは、国際司法裁判所にかかった経済紛争の分析を通じて、経済紛争の解決に裁判手続が適さないという主張に反論している。Karel Wellens, *Economic Conflicts and Disputes before the World Court (1922-1995)*, (Klewer Law International, 1996).

6　森田章夫『国際コントロールの理論と実行』（東京大学出版会、2000年）。

7　小寺　彰『WTO体制の法構造』（東京大学出版会、2000年）第4章。

8　岩沢雄司『WTO の紛争処理』（三星堂、1995 年）19 頁。

9　同上、81 頁。

10　J. H. H. Weiler,"The Rule of Lawyers and the Ethos of Diplomats: Reflections on WTO Dispute Settlement', in Roger B. Porter et al eds, *Efficiency, Equity, Legitimacy: The Multilateral Trading System at the Millennium* (Brookings Institute Press, 2001), p.334, p. 339.

11　Hudec, supra note 2, p.27.

12　川島富士雄「WTO 紛争解決手続における司法化の諸想」『日本国際経済法学会年報』第 14 号 106 頁。

13　C. L. Davis, *Why Adjudicate?：Enforcing Trade Rules in the WTO* (Princeton University Press, 2012).

14　G. John Ikenberry,"Is American Multilateralism in Decline?", *Perspectives on Politics*, p. 543. at https//www.apsanet.org.

15　Hudec, supra note 2, p.3.

16　岩沢『前掲書』（注 8）204 頁。

17　小寺『前掲書』（注 7）153 頁。

18　この部分は、柳赫秀「国際経済秩序の変動と国際通商・投資法」『横浜法学』第 29 号第 2 号 55-59 頁に多くを依拠している。なお、最近の WTO 紛争解決手続の現状についてご教示いただいた外務省国際貿易課石本曉広さんに感謝申し上げる。

19　2019 年『不公正貿易報告書』391-398 頁に簡潔な要約がある。

20　https://www.wto.org/english/news_e/news22_e/dsb_31may22_e.htm

21　柳赫秀「第 15 章国際経済法」小寺　彰他編『講義国際法』（有斐閣、2013 年）、411 頁、432 頁。

22 石川知子「第 11 章投資仲裁」柳赫秀編著『講義国際経済法』（東信堂、2018 年）381 頁。ICSID による紛争解決は、外国投資家と投資受入国間の紛争を外交的保護の文脈から切り離し、いわば投資関係のトランスナショナル化に寄与する反面、投資受入国の排他的管轄権から投資紛争を切り離したとの批判に遭い、1987 年 BIT に基づく最初の仲裁判断請求がなされるまで冬眠を余儀なくされた。

23 UNCTAD, INVESTOR–STATE DISPUTE SETTLEMENT CASES: FACTS AND FIGURES 2020 (Sepember 2021)p.4.

24 UNCTAD, INTERNATIONAL INVESTMENT AGREEMENTS REFORM ACCELERATOR (2020).

25 UNCTAD, RECENT DEVELOPMENTS IN THE IIA REGIME: ACCELERATING IIA REFORM (August 2021)p.9.；石川『前掲書』（注 22）404 頁。

26 常設投資裁判所については、石川『前掲書』（注 22）、404 頁。

27 柳赫秀「第 10 章国際投資と法」柳赫秀編著『講義国際経済法』（東信堂、2018 年）345 頁、371 頁。

28 Lowe, supra note 4, p. 222.

29 J. H. Merrills, *International Dispute Settlement* 6th ed. (Cambridge University Press, 2017), p.328.

参考文献

岩沢雄司『WTO の紛争処理』（三星堂、1995 年）。

小寺　彰『WTO 体制の法構造』（東京大学出版会、2000 年）。

小寺　彰編著『国際投資協定：仲裁による法的保護』（三省堂、2010 年）。

小寺　彰他編『講義国際法』（有斐閣、2013 年）。

柳赫秀編著『講義国際経済法』（東信堂、2018 年）。

阿部克則・關根豪政編著『国際貿易紛争処理の法的課題』（信山社、2019 年）

柳赫秀「国際経済秩序の変動と国際通商・投資法」『横浜法学』第 29 号第 2 号
（2020 年）、1-80 頁。

G. Malinverni, *Le reglement des differends dans les organisations internationales
economique* (Leiden,1974).

Robert E. Hudec, *Adjudication of International Trade Dispute* (Trade Policy
Research Centre, 1978), *The GATT Legal System and World Trade
Diplomacy* (Lexus Pub., 1990).

Paola Gaeta et al., *Cassese's International Law* (Oxford University Press,
2020).

J. H. Merrills, *International Dispute Settlement* 6th ed. (Cambridge University
Press, 2017).

国際経済紛争解決手続法

第 2 章

国際レジーム論からみた国際経済紛争解決

❖ 和田洋典[1] ❖

I　はじめに

II　国際レジーム論の視角

III　国際レジームとしての WTO 紛争解決手続

IV　まとめ

1　青山学院大学

はじめに

　本章の目的は国際社会における法的な紛争解決の進展について、WTO の紛争解決手続を事例に国際レジーム論の視点から考察することである。リアリズムと呼ばれる伝統的な国際関係論の理解では国際政治は主権国家を越える上位の権威が存在しないアナーキー（無政府状態）を常態とし、いわば力（パワー）が物を言う弱肉強食の世界とみなされてきた。それに対し、リベラリズムを中心に、たとえ主権国家を上位から統治する権威は存在しないにしても、諸国家が一定のルールや規範を受け入れることで、分野ごとに安定的な秩序が生まれうるとする国際レジーム論が唱えられた。国際レジーム論をめぐる代表的な論集である S・クラズナー編の『国際レジーム』が公刊されたのは 1980 年代初頭であるが、その後およそ 40 年が経過したのちもレジーム概念は国際関係論における主要な分析用具として広く浸透している。そして近年は国際レジームよりも参加アクターに多様性があり、包括的、複合的な分野を対象とするグローバル・ガバナンスに関する研究や複数のレジーム相互の関係をめぐるレジーム・コンプレックスなど、さまざまな後継理論も展開されるに至っている[1]。

　WTO の紛争解決手続は、リベラリズムの観点からはいわば国際レジームとして究極の発展を遂げた状態にあると位置づけられる。とりわけ紛争解決手続の画期性は、アメリカ、EU、中国といった国際政治経済で最も力を有するアクターであっても、相互の争いにおい

て紛争解決手続を活用し、なおかつ自らに不利な報告が出た際にも、多くの場合それに従ってきた点にある。そのことは、あたかも国際社会のうち貿易紛争の領域ではリアリズム的な力がものを言う状況からの脱却が進み、法化ないしは法的制度化（legalization）といわれるように、国内社会に近似した「法の支配」が実現しつつあるようにもみえる。

その一方、近年リアリズム的な状況の回帰の兆候もみられるようになってきた。アメリカのドナルド・トランプ政権下で激化した米中摩擦において、両国が報復関税引き上げという実力行使の応酬を繰り返したのは記憶に新しい。特にアメリカはWTO発足後封印してきた通商法第301条等の単独主義的な措置を復活させ、WTO協定や紛争解決手続をほぼ無視する行動をとるに至った。アメリカは紛争解決手続自体についても挑戦する姿勢をみせている。すなわち、上級委員会の委員の補充を拒否し続けて、2019年12月には審理が不可能な状況に追い込んでいる。

本章ではこのように混沌とした状況にあるWTOの紛争解決手続について、国際レジーム論の観点からその特徴や評価について検討してゆくこととしたい。以下次節では、国際レジーム論について概略を紹介したうえで、国際関係論の主要な理論的立場における国際レジーム理解について整理する。続く第3節ではWTO紛争解決手続の国際レジームとしての特徴とその評価をめぐる議論について述べる。終節はまとめである。

国際レジーム論の視角

　国際レジーム論の元々の問題関心は、1970年代における国際政治経済の混乱に際して、従来覇権国に頼ってきた国際公共財の供給や国際秩序の安定をいかに確保していくかというものである。いわゆるニクソン・ショックとして知られるように、アメリカは1970年代初頭に金・ドル兌換の停止を宣言し、第二次世界大戦後の国際通貨システムであるブレトン・ウッズ体制を事実上、終焉させた。この70年代には石油危機という戦後先進国経済の成長を支えた条件を一変する出来事も起きている。アメリカが戦後自ら主導して構築したブレトン・ウッズ体制を放棄するに至った背景には、アメリカの輸出競争力の低下があった。実際、この時期より、アメリカは貿易においても多国間主義の支え手という役回りから顕著に後退した。すなわち、日本や東アジアをターゲットに「新保護主義」と呼ばれた輸出自主規制やアンチダンピング（AD）を多用するようになり、通商法第301条のような単独主義的な手段にも訴えるようになった。

　こうした事態は、戦後の国際経済システムを支えたアメリカ覇権の衰退としてとらえられた。C・キンドルバーガーやR・ギルピンらの覇権安定論の理解においては、覇権国が国際公共財を提供する意思や能力を失った場合、国際政治経済は対立や混乱に満ちたものとなるとされる[2]。そこで従来覇権国に依存していた経済分野における国際公共財を確保するためのルールや管理体制をどう築くかという問題意識が抱かれ、国際レジーム論が提起されるようになった。そし

て研究が進むにつれ、対象とする問題領域も地球環境、開発、エネルギー、さらには安全保障分野にも広がっていった。

　最初に国際レジーム概念を提起したのは、コンストラクティヴィストとして知られるJ・ラギーであるとされる。ラギーによる国際レジームの定義は、「ある国家集団によって受け入れられるようになった一連の相互間の期待、ルール、規則、方策、組織的な能力、および金融的コミットメント」というものである[3]。同様に初期の概念理解として構成主義的な観点に立つE・ハースは国際レジームを専門家集団における科学的知識への対処に関するコンセンサス形成という文脈から、ある問題領域を規制するために合意された規範、ルール、手続としてとらえた[4]。これらさまざまな理解があるなか、最も包括的なかたちで国際レジームを定義し、人口に広く膾炙させたのはS・クラズナーである。彼の定義は「国際関係における特定の問題領域でアクターの期待が収斂するところの明示的もしくは暗黙の原理、規範、ルール、意思決定手続きの集合」というものである[5]。この定義においても国際レジームの射程は非公式なルール等を含むかたちできわめて広くとられており、ラギーやハースと同様、間主観的な存在としての国際レジーム理解が強調されている。すなわち、条約や協定といった明示的かつ法的な拘束力をもったルール等にとどまらず、期待の収斂と表現されるように相互に認知されるところのパターン化された行動全般をカバーするものになっている。

　他方、R・コヘインは国際レジームを「国家間で合意された明示的なルールを持つ制度」に限定した再定義を行っている[6]。これはクラズナーらとは逆にレジームの範囲を公式のルール等に限定しよう

とする試みであり、国際レジーム論とアクターの合理的な最大化行動との接合を図るネオリベラル制度論の立場を反映したものである。もっともこのコヘイン流の立場は、前述のクラズナーの定義の浸透性の高い状況下で主流になったとはいえない状況である。したがって、本章においても曖昧で柔軟でありすぎるとの批判はあるものの、むしろそれゆえにこそ広範な理論的、実証的研究を生み出してきたクラズナーの定義を念頭に議論を進めたい。

　なお、クラズナーは 2020 年に公刊された『国際レジーム』の日本語版に寄せた序文において、かりに現時点で書き直すとしたら、国際レジーム概念についてリアリズム、リベラリズム、コンストラクティヴィズムに沿った 3 つの定義を提示するだろうと述べている。これはクラズナーによる元の定義がリベラリズムとコンストラクティヴィズムに傾斜したものと解されることの多いのに対し、実際には彼自身が述べるようにリアリズムをも包含しうる幅の広さを備えるものであった点を明らかにするステートメントであろう。

　　ここで簡単に国際レジームと類似概念および近接概念との関係を整理しておこう。まず国際レジームと国際制度について述べる。この 2 つの概念は主だった文献を網羅的に検討した山本吉宣によれば、ほぼ互換的に用いられているという[7]。他方、大矢根聡のように、国際制度という場合、国際連合、WTO といった条約・協定に基づく公式制度に力点があり、国際レジームという場合、クラズナー流に非公式な慣行などをも含むというように区分する立場もある[8]。筆者としても、国際レジームと国際制度は別の用語である以上、本来使い分けるべきであり、少なくとも意味内容や力点上の相違を明確にする

ことが分析上有益であるという立場には大いに共感するものである。他方、多数派の研究状況における用法においては、山本の整理のとおり互換的に用いられてきたのが実態でもある。また、国際制度のもとになった制度概念自体、その源流の１つである制度経済学のD・ノースが社会における公式のルールと非公式な制約の双方を含むと[9]説明していたように、明文化されない非公式な要素を含むものとされていた。以上にかんがみれば、国際制度の内容を公式的なものに限定しないとの立場には妥当性が認められよう。

　つぎに国際レジームとグローバル・ガバナンスとの関係はどうだろうか。グローバル・ガバナンスも国際レジームも非安全保障分野を中心に国際的な問題解決や秩序の安定化を図る枠組みである点で共通している。山本はこの点について、国際レジームは、単一の問題領域において形成され、国家を中心的な参加アクターとするのに対し、グローバル・ガバナンスの問題領域は複合的、包括的なものであり、参加アクターにも多様性があるというように整理する。さらに西谷真規子は両概念の相違について、グローバル・ガバナンス概念には国際レジーム論の系譜に加え、実務的な系譜も存在すると指摘する。実際、国連を中心とした実務の世界における課題解決や女性問題、開発、環境問題などにおける市民的な運動論との結びつきが強いのも、同概念の特徴である[10]。

　それに対し国際レジーム概念の場合、相対的には価値中立的な分析概念としての性格が強いといえるだろう。もっとも実際の研究状況においては、前述の国際制度に関するものと同様、必ずしも厳密に区分されているわけではない。たとえば、前述の山本の整理とは

裏腹に、グローバル・ガバナンスについても単一の問題領域に対して、たとえば通商ガバナンスというように用いられることはあり、また国際レジームについても企業や業界団体による私的レジームという概念が提起されるなど、必ずしも参加アクターの多様性が排除されているわけではない。

　クラズナーの定義は国際レジーム研究における共通の基盤ないし出発点を提供するものであるが、そこに込められた多様な要素のうちいずれを強調するかについては、論者によりさまざまな立場がある。ここではクラズナーが現在であれば3通りの定義を付すだろうと述べていることにならい、国際関係論における3つの理論アプローチごとにレジーム理解を整理しておこう。

　まずリアリズムにおける理解で共通しているのは、国際レジームは究極的にはパワーの派生物であるというものである。すなわち国際レジームの形成には、単一の覇権国あるいは主要国による覇権連合の支えが必要であるという。そして、その存続についても覇権国や主要国連合による支持ないしは許容が必要であり、あるいは主要国が競合する場合、その利益の均衡をもたらすものであることが必要であるということになる。

　それに対し、リベラリズムにおいて、国際レジームは基本的に覇権国などのパワーから自律的な作用を発揮できものとされる。すなわち、レジームの形成については往々覇権国が主導するものの、その存続についてはレジーム自体の持つメカニズムによって可能になると考えられている。たとえばコヘインらのネオリベラル制度論において、レジームはアクター間の交渉や情報交換からなる「取引」

国際経済紛争解決手続法

の場を提供することで協調的な行動を促進するとされる。鍵になるのは、場の設定により取引は一回限りではなく繰り返しゲームとなるため、協調行動からの逸脱が将来の報復の可能性により抑制されるというメカニズムである[11]。さらにはG・ジョン・アイケンベリーが論じるように、将来の意思決定が過去の経緯に影響され、拘束されるという経路依存性や現行ルールや規範が普及するほど、そのルールなどの受容による利益が拡大するという収穫逓増のメカニズムが働くことから、国際レジームには時間が経過するほどその存続が強固になってゆくという性質があるとされる[12]。

　コンストラクティヴィズムはリベラリズムと類似した観点から国際レジーム論を展開しており、相違は主に力点の置き方にある。コンストラクティヴィズムとリベラリズムの双方ともパワーから自律的な国際レジームの働きに肯定的である。その一方、リベラリズム、特にネオリベラル制度論においては、アクターの合理的な利得計算によってレジームの受容がなされると想定される。それに対し、コンストラクティヴィズムではレジームの受容は、レジームの規範に整合的な行動をとることによる正当性の調達やレジーム整合的な行動がアクターのアイデンティティの一部と化していること、あるいはすでにルールや規範がアクターから自明視されるに至っていることなどから説明される。

　以上の国際レジームに関するさまざまなとらえ方を念頭に、次節では代表的な国際経済紛争解決の制度であるWTOの紛争解決手続について、国際レジームとしての特徴や評価について論じていくことにしたい。

国際レジームとしての WTO 紛争解決手続

　WTO 紛争解決手続の国際レジームとしての特徴は、多国間の国際貿易システムにおいて、法的制度化の概念によって知られるように、一定の拘束力、強制力を備えた法的ルールが大国を含め浸透している状況を作り出したことにある。K・アボットとコヘインらによれば、法的制度化の基準として、国家などのアクターがルールに拘束されるという拘束性、ルールの要求や禁止内容が明瞭に定義されている正確性、そしてルールの運用と解釈が当事者から独立した第三者に委ねられるという権限移譲の3つがある。そしてこの3つめの基準である権限移譲についてはさらに紛争解決へのアクセスが開かれており、当事者の制御が及ばない独立したものである場合、司法化の進展とする評価軸が設けられている[13]。

　紛争解決手続の法的制度化の程度は、これら基準のいずれに照らしても非常に高いものとなっている。通常、国内政治と比較した国際政治の特徴として、前者が司法・警察といったルール逸脱行為に対する強制力を備えているのに対し、主権国家を越える上位の権威を持たない後者にはそれがないことが挙げられる。それゆえ紛争解決手続おける法的制度化はいわば国際貿易分野を、あたかも国内政治におけるように法の支配が浸透した状況へ近づけたものと位置づけられよう。

　とりわけ注目に値するのは、アメリカ、EU、中国といった貿易分野で最大のパワーを有するアクターも手続を積極的に活用してきた

点である。紛争解決手続の実効性が試される記念碑的なケースとなった 2002 年のアメリカ G・W・ブッシュ政権による鉄鋼関税においては、EU、日本、中国、韓国がアメリカを WTO に提訴した。上級委員会において協定違反を認定されたアメリカは、結局 2003 年末に当該関税を撤廃するに至った。経済学者の P・クルーグマンと M・オブストフェルドらはこのケースについて、EU というアメリカに匹敵する経済規模を持つアクターによる報復関税がアメリカの行動に影響した点を指摘する。つまり、相手が EU であったから譲歩したという面がないわけではなく、その意味でパワー・ポリティクスの要素を払拭しきれたわけではない[14]。とはいえ、紛争解決手続の制度の枠内で、世界最大のパワーを持ち、なおかつ単独主義的な外交姿勢で知られたブッシュ政権下のアメリカの行動の是正を導いた点は画期的であったといえよう。

最近の事例として、2017 年のアメリカ・トランプ政権成立後激化した米中対立においては、中国が紛争解決手続の活用により問題解決を図ろうとする姿勢が目立った。渡邉真理子によれば、アメリカは B・オバマ政権の時代、中国との貿易摩擦について WTO の枠組みの中で中国の行動を規律づけようとしており、AD や補助金に対する相殺関税（CVD）を課すなどの対応をとっていた。それに対し中国側も WTO 提訴によりアメリカの行動の是正を要求した。このように対立は当初 WTO 枠内で制御されていたが、アメリカにとって WTO の対応は、中国の行動の是正に限界があるものであった。たとえば、中国の国有企業をめぐる取引を隠れた補助金として認定するかという問題について、WTO は何ら有効な手だてを講ずるものでは

ないと理解された。そうしたなか、トランプ政権の成立後、アメリカは通商法301条に依拠した単独行動主義をとるようになり、制裁関税の発動や華為技術など一部企業を標的にした輸出管理や監視の強化に乗り出すようになる。それに対し、中国は報復措置をとる一方、引き続きWTO提訴による対応も行っている。そして中国製品のみを対象とした関税引き上げについて、最恵国待遇原則に違反するとするパネルの認定を受けるなどの成果も得た。

　こうした米中摩擦の推移から明らかなのは、米中二者間においてパワーで勝るアメリカが単独主義的な力の行使といういわばむき出しのリアリズムを採るのに対し、相対的に劣位にある中国がWTOの法的制度の活用というリベラリズムを採っていることである。実際、渡邉によれば、紛争解決手続の報告の履行を含め、全体としてWTOにおいてアメリカよりも中国のほうがルールに整合的な行動をしてきたという[15]。この点からは米中対立においても、WTOの紛争解決手続が、無政府的な国際政治における力関係の影響を緩和するという国際レジームのリベラリズム的な働きを依然としてある程度発揮していることがわかるだろう。米中という世界の二大強国間の争いにおいても国際レジームが機能していることの意義は強調してもしすぎることはない。その点は、たとえば他の強制力を備えたレジームである国連安全保障理事会が通常、小国ないし途上国間の紛争や内戦について、大国主導で解決を図る仕組みであることと対比すれば明らかであろう。

　つぎにWTO紛争解決手続の法的制度化という特徴について、国際レジーム論の視角から提起される2つの論点について述べていき

たい。まず1つめは、紛争解決手続における法的制度化の進展は国際レジームとしての成功や発展を意味するといえるのかという問題である。これは一見したところ、自明の問題であるかにみえる。法的制度化により、WTOのルールは拘束力と報復手段を備えるにいたった。そのことで紛争解決手続の実効性は大きく高まり、先進国、途上国共、GATT時代よりも頻繁に活用するようになっている。そして採択された報告の遵守状況も全般的によい。したがって国際レジームの意義が、国際関係をパワーの論理が物を言うリアリズム的状況からルールや手続により律せされるリベラリズム的状況へ近づけることにある以上、法的なルールの貫徹する状況への接近は、まぎれもなく進歩である。

　さらに、WTOにおける法的制度化は小国や貧しい途上国に対してより大きな交渉力を与え、彼らの輸出機会の改善に役立つ面が相対的に大きいという研究もある。法的なルールが力関係における弱者を相対的に有利にするということは、元来、予定された効果であり、米中対立において相対的な弱者である中国がWTOを積極的に活用しているのはすでにみたとおりである。日本も1990年代における自動車産業をめぐる日米摩擦においては、WTOへの提訴を行い二国間協議を通じて決着させた経緯がある。この場合、紛争解決手続は相対的な弱者である日本に益するところがあったのである。

　その一方、前節で紹介した国際レジームにおけるコンストラクティヴィズムやリアリズムの要素に着目すると、法的制度化の行き過ぎはむしろ国際レジームの不安定化につながる側面も有している。まずコンストラクティヴィズムとの関係から述べると、WTOの紛争解

決手続は GATT 時代と比べて、当事者からほぼ拒否権を奪うかたちで制度化された。すなわち、パネルは GATT におけるのと異なり一方の当事者の要請で設置され、報告についても全加盟国が反対しない限り採択されるというネガティブ・コンセンサス方式が採用されている。むろんそのことは、WTO 下で紛争解決手続が実効性を高めることにつながった。だが敗訴した側においては、従前、各国で固有の経済的、社会的価値観の下、設けられた規制措置について調整の余地なく是正が求められることになる。そのことは国民生活や経済活動に影響する事柄が民主的なプロセスを経ずして国際機構から押し付けられるという「民主主義の赤字」問題を生み、ひいては紛争解決手続の正当性を損なう可能性があろう。こうした問題は紛争解決手続が労働問題、地球環境問題や公衆衛生問題などさまざまな社会的課題と貿易がリンクする問題を取り込んでいくなかでますます顕著になっている。

　たとえば大矢根は、農産物の検疫や酒税をめぐる日米間の案件で、日本側が紛争解決手続を通じて国内規制の是正を求められたケースを取り上げた。この事例において、日本は是正に応じたものの、紛争解決手続の裁定の形式的正当性、すなわちそれが広く通用している国際規範であるという点を認識したにすぎず、裁定の内容自体の適切さという実質的正当性をただちに受け入れたわけではなかったという[16]。

　つぎにリアリズムと関係する問題として、上述のように WTO 紛争解決手続の正当性に疑義を抱くようになったのが、国際レジームとしての紛争解決手続を支持し、少なくとも許容していたはずの覇

権国であった場合どうなるかという問題がある。アメリカは紛争解決手続の上級委員会の委員再任について、2017 年以降拒否を続けた。その結果、上級委員会は 2019 年 12 月に審理に必要な最低人数を満たさなくなり、新規案件を受け付けることができなくなる。そして 2020 年 11 月末には残った 1 人の委員も任期を終え、委員不在の状態となった。アメリカの批判の焦点は上級委員会のいわゆる司法積極主義にある。アメリカは AD や CVD に関し、上級員会が個別紛争の範囲を越えた法的判断や協定についての解釈を提示することで実質的に立法機能までも担っているとして問題視してきた[17]。

こうしたアメリカの批判は、前述の法的制度化の行き過ぎによりかえって正当性が損なわれうるという問題が顕在化したものである。同時に、委員再任拒否により機能停止にまで追い込んだのがアメリカであったことは、国際レジームをめぐるリアリズムの問題、すなわち国際レジームは覇権国の意思や影響からどこまで自律的でありうるのかという古くからの論争を再燃させるものであった。昨今でこそアメリカにより機能を損なわれるにいたっている紛争解決手続は、元来アメリカに意向に沿って、アメリカの規範や制度的特徴を投影して設けられた制度である。そもそも WTO の前進である GATT 自体、第二次世界大戦後、アメリカの抱いていた無差別原則と多国間主義からなる一種の普遍主義的な理想のイメージをもとに構築された経緯がある。なかでも対立や紛争に際して一方的措置を排して、協議を通じて公正な解決を図るための紛争解決手続はアメリカ的な普遍主義の重要な部分を占めていたとされる[18]。WTO では大幅に当事者の拒否権を制限し、手続の自動化を進めるかたちで紛争解決手

続の強化がなされたわけであるが、その点についてもアメリカ自身にとっての使い勝手の向上が企図されていた。すなわち、通商法第301条の発動に至るプロセスにおいてGATT紛争解決手続が組み込まれていたことから、発動の円滑化のための紛争解決手続の強化という面があった[19]。要するに紛争解決手続は、アメリカにとって他国の市場を開放させる強力な手段として構想された面がある。加えてGATT、WTOの法的制度化や司法化は概ねアメリカ国内において政策形成や紛争処理にあたって法を用いた論争を重視する当事者対抗的リーガリズムという考え方に整合的なものである[20]。

こうした状況からみてとれるのは、WTOや紛争解決手続のリアリズム的な状況への接近である。上述のようにWTOの紛争解決手続はある意味でルールに基づく国際関係というリベラリズムの極限までの発展を体現するものであった。その半面、国際レジームにおけるルールがどれほど整備されようとも、やはり支配的な大国の許容がない場合にその存続は危うくなるという点は、我々が上級委員会について目撃したとおりである。

もう1点、明らかになったのは、大国——この場合はアメリカである——の国内政治状況の重要性である。上述のとおり、アメリカは元来紛争解決手続を支持しており、自らの規範や利益を反映させてそれを作る側に立っていた。それにもかかわらず、昨今において否定的な態度に転じた。この変化を理解するうえで鍵となるのはアメリカの国内状況である。国際関係において国家を一枚岩のアクターとしてとらえるか、多様な国内利益の結節・調整点としてとらえるかは理論的立場により異なる。アメリカの場合、比較政治学上、社

会の影響に対して「弱い国家」であると位置づけられるとおり、一枚岩とはいえない局面は多々観察される。アメリカの高度に多元主義的な政治状況においては、国内の多様な利益や価値観のうちいずれが対外政策に投影されるかは常に流動的である。そうした状況から、アメリカの利益や価値観に沿って作られたはずの紛争解決手続レジームもアメリカ国内で不利益を被る集団を刺激することで不安定化しうるのである。

Ⅳ　まとめ

　本章では国際関係論の国際レジーム論という視角を通して、国際経済紛争解決の代表事例であるWTOの紛争解決手続について考察を行った。その結果、浮き彫りになったのは、国際レジームとしての紛争解決手続は法的ルールの整備やそれを支える機構の発展のみならず、加盟国からみて運営が概ね適切になされているという正当性やパワーを有する大国の支持ないし許容といった要素の均衡の上で成り立っているということである。したがって、リベラリズムの観点からはまぎれなく国際レジームの発展の証左とみなされる法的制度化についても、それが支配的な大国の利益やその国内の民主主義的、あるいは環境や人権など社会的価値に抵触するものであれば、かえってレジームの安定性を損なうことになる。そのような法的制

度化が元来抱える限界の1つの顕在化として、上級委員会が協定の文言上は明らかではない事柄についても判断を示す司法積極主義に対し向けられるアメリカの強い不満がある。

結局のところ、ダニ・ロドリックの世界政治経済のトリレンマとして知られるモデルを念頭に述べると[21]、国際政治経済はグローバル化と国家主権、民主主義の3つの価値から成り立っている。したがって、WTOの紛争解決手続のように（リーガルな）グローバル化のみが突出して国家主権と民主主義を置き去りにしてしまってはうまくいかないのは明白である。実際、ロドリックはWTOについて、国々の経済システムの多様性を認めず新自由主義的な単一モデルへの収斂を求めるものとして批判している。

今後、紛争解決手続の機能回復を進めるうえで特に配慮が必要なのは、アメリカの意向と動向である。アメリカは依然、世界最大の輸入市場を擁し国際貿易の中核であり続けている。それゆえ、アメリカの主張の正邪は別にして、アメリカの参加を確保していくことがレジームの存続と有効性にとって欠かせないことは疑いない。したがって、国家主権と民主主義に傾斜したアメリカを再度、WTOを中心としたグローバリズムに向けさせるうえでは、アメリカによる主権回復の要求にもある程度応じるかたちで法的制度化の程度を調整していくことが必要になると考えられよう。

文末注

1 西谷真規子、山田高敬編『新時代のグローバル・ガバナンス論——制度・過程・行為主体』（ミネルヴァ書房、2021年）。

2 ここで今日の視点からは注意を要するのは、覇権衰退という場合の覇権は、主に貿易や通貨など経済面におけるリーダーシップをとる意思と能力を指すものという点である。国際経済システムの枠組みや構造を定める力を意味する構造的権力（S・ストレンジ）や価値観や文化の魅力を通じて相手の追随を引き出すソフトパワー（J・ナイ）の概念が明らかにしたように、アメリカの力はきわめて多面的に発揮されるため、経済力が日独などと相対的に接近したことをもってアメリカの全般的な力の優位が後退したとみることは必ずしも適切ではない。スーザン・ストレンジ（西川潤、佐藤元彦訳）『国家と市場——国際政治経済学入門』（ちくま学芸文庫、2020年）。ジョセフ・ナイ（山岡洋一訳）『ソフト・パワー——21世紀国際政治を制する見えざる力』（日本経済新聞出版、2004年）。

3 川田侃「国際的相互依存、および国際レジーム概念について」『日本学士院紀要』54巻1号（1999年）1-26頁。

4 Ernst Haas, "Why Collaborate? Issue-Linkage and International Regimes," World Politics, Vol. 32, No. 3(1980), p. 358.

5 スティーヴン・クラズナー編（河野勝監訳）『国際レジーム』（勁草書房、2020年）1章。

6 鈴木早苗「ASEANのコンセンサス形成における制度的要因——国際レジーム論再考に向けて」『アジア経済』50巻11号（2009年）67頁。

7 山本吉宣『国際レジームとガバナンス』（有斐閣、2008年）1章。

8 大矢根聡『国際レジームと日米の外交構想——WTO・APEC・FTAの転換局面』（有斐閣、2012年）13頁。

9 ダグラス・ノース（竹下公視訳）『制度・制度変化・経済成果』（晃洋書房、1994年）1章。

10 西谷、山田編、前掲書、序章。納家政嗣「新興国の台頭とグローバル・ガバナンス」平成23年度外務省国際問題調査研究・提言事業報告書『新興国の台頭とグローバル・ガバナンスの将来』（日本国際問題研究所、2012年）1章。

11 ロバート・コヘイン（石黒馨,小林誠訳）『覇権後の国際政治経済学』（晃洋書房、1998年）5章。

12 G・ジョン・アイケンベリー（鈴木康雄訳）『アフター・ヴィクトリー——戦後構築の理論と行動』（NTT出版、2004年）3章。

13 川島富士雄「WTO紛争解決手続における司法化の諸相——DSU運用の10年を振り返って」『日本国際経済法学会年報』14号（2005年）92-117頁。

14 M・クルーグマン、M・オブストフェルド、M・メリッツ（山形浩生、守岡桜訳）『クルーグマン国際経済学——理論と政策 原書第10版』（丸善出版、2017年）293頁。

15 渡邉真理子「米中は何を対立しているのか——多国間自由貿易体制の紛争解決ルールと場外乱闘」『比較経済研究』58巻2号（2021年）31-43頁。

16 大矢根聡『国際レジームと日米の外交構想——WTO・APEC・FTAの転換局面』（有斐閣、2012年）2章。

17 川瀬剛「WTO上級委員会危機と求められる日本の役割」RIETI, Special Report（2019年）。

18 赤根谷達雄『日本のガット加入問題 ──《レジーム理論》の分析視角による事例研究』（東京大学出版会、1992年）2章。

19 明田ゆかり「法的制度化と主権国家間レジームの変容──多国間貿易レジームの紛争解決メカニズムを手がかりに」『国際政治』128号（2001年）47-65頁。

20 ロバート・ケイガン（北村喜宣他訳）『アメリカ社会の法動態──多元社会アメリカと当事者対抗的リーガリズム』（慈学社、2007年）1章。

21 国際政治経済のガバナンスにおいて、経済のグローバル化、民主主義、国家主権のうち同時に2つしか実現できないことを示したモデル。ダニ・ロドリック（柴山桂太, 大川良文訳）『グローバリゼーション・パラドクス──世界経済の未来を決める三つの道』（白水社、2014年）9章。

第 2 部

国際通商紛争の解決

第3章

パネル・上級委員会の手続概要

◈ 末 啓一郎[1] ◈

I	総論
II	WTO 紛争解決制度における手続の概要

---

[1] 弁護士・ブレークモア法律事務所

総論

1 - WTO 紛争解決システム構築の歴史

　第 1 部で見たとおり、GATT 成立の重要な契機は、第二次世界大戦の反省に基づき、通商の自由化について各国が守るべきルールを設定し、その遵守に関する紛争の平和的解決を行うことを通じて、軍事的・政治的な対立・紛争の抑止を希求しようとするものであり、WTO の成立もその延長線上にあったといえる。

　だが近時は、アメリカと中国との間で経済的・政治的な対立が深まるなど、国際的な経済対立が顕在化しており、WTO の紛争解決制度も深刻な試練の時期を迎えている。しかし、ここでは、そのような現代的な課題を一旦離れ、WTO の紛争解決制度の本来の姿について、その概要を整理する。

(1) GATT 時代における紛争解決
(a) 紛争解決手続に関する GATT の規定

　現在の WTO 紛争解決制度の概要を知るために、GATT・WTO における紛争解決制度の発展の歴史を見ることが有益である。

　協定に関する紛争に関して GATT では、まず協定の適用に関する協議について定めており、相手国との間だけでなく締約国団を含めた協議が可能とされていた。（GATT22 条）そして、自国に与えられた利益が無効にされ、若しくは侵害され、又はこの協定の目的達成

が妨げられていると認めるときには、相手国との協議（GATT23条1項）をすることができ、協議による解決が奏功しない場合には、その問題の解決を締約国団に付託する制度（GATT23条2項）が設けられていた。そして付託を受けた締約国団は、付託された問題を直ちに調査し、その問題について適切な決定を行い、関係があると認める締約国に対して適切な勧告を行わなければならないものとされていた。（GATT23条2項）

(b) パネル方式の発展

しかし締約国の全てが参加して、付託された問題についての協議・審理・決定を行うことは困難である。そこで付託を受けた問題について、関心を有する締約国から構成される「作業部会 (working party)」のもとで事務局が報告書を作成し、これを締約国団が全会一致をもって採択するという方式が確立して行くこととなった。その後、審理・判断を第三者である中立の専門家に委ね、指名を受けた専門家が事実を認定し、協定を当てはめて結論を出すという形で報告書を作成するという、パネル方式が確立していくこととなった。

しかしこのような方式における紛争解決の主体は、あくまで締約国団であり、パネルの報告は、締約国団による紛争解決に資するために、委託を受けて調査報告を行うものに過ぎないという位置づけであった。そのため、パネル報告に不満を持つ国が、その報告の採択に反対する場合には、それを締約国団の解決とすることはできないことになる。そして、事務局の報告が不利益であると判断する当事国は、これに反対しさえすれば、報告の採択を阻止できるので、

確信犯的に協定違反をする国に対しては、紛争解決手続の実効性は
ほとんどないこととなる。

　また、パネルは、GATT時代において常設的な組織ではなく、紛
争解決機関により、紛争のたびごとに3名の委員が選任され、その
事案についての判断をするものとされていたので、必ずしも協定の
解釈に統一性が生まれるという保証がないとの欠点があった。

　そこでWTOの紛争解決制度の構築の際に、これらの問題への対
処がなされた。

(2) WTO 紛争解決システム

(a) GATT の紛争解決手続の承継・発展

　ウルグアイ・ラウンドの結果として成立したWTO協定の附属書
二として規定されたDSUでは、「1947年のGATTの22条及び23
条の規定の下で適用される紛争の処理の原則並びにこの了解によっ
て詳細に定められ、かつ、修正された規則及び手続を遵守すること
を確認する」（DSU3条1項）と規定されていることから明らかな通
り、GATTの紛争解決手続を承継するものとされてる。そして同時に、
GATT時代の紛争解決制度における不十分さの多くの点を補うもので
あった。

(b) ネガティブ・コンセンサス（negative consensus）方式

　最も大きな改善点は、GATT紛争解決システムの重大な弱点であっ
た、報告に納得しない1カ国でも反対すれば、報告の採択を阻止で
きるとの点に関するものであった。

まず、WTO 紛争解決制度では、締約国団に代わり、全加盟国で構成する紛争解決機関 (DSB) が設置され、「同機関は、パネルを設置し、パネル及び上級委員会の報告を採択し、裁定及び勧告の実施を継続的に監視し並びに対象協定に基づく譲許その他の義務の停止を承認する権限を有する」(DSU2 条 1 項) ものとされた。そして、パネルは、DSB のために、報告書を作成するものとされ、それが DSB で採択されて初めて WTO の正式の判断となるとの基本的原則は維持しつつ、報告書の採択にあたっては、採択しないとの決定を全会一致で行わない限り、採択される (DSU16 条 4 項) ものとされた。つまり、報告書の採択について、加盟国の採択を必要とするとの基本原則を形式上は維持しながら、全会一致の反対がなければ採択を阻止できないこととし、報告書がほぼそのまま自動的に紛争解決機関の決定となる仕組みが構築されたのである。

(c) 常設の上級委員会の設置

　また、上述の通り GATT のもとでのパネルは常設的な組織ではなく、紛争のたびごとに 3 名の委員を選任して、そのつど構成されるパネルが当該事案の判断をするものとされていたので、前例が参照されるとは言え、必ずしも協定の解釈に統一性が生まれるという保証はないとの欠点があった。しかし、これについて、WTO のもとでもパネル制度は維持されたため、協定の解釈に統一性についての問題が残ることになった。

　そこで、DSU では、WTO 協定の解釈について審査をする常設の上級委員会を DSB が設置するものとし、パネル報告書採択の例外の

もう1つとして、「紛争当事国が上訴の意思を通報した場合」には、「パネルの報告は、上級委員会による検討が終了するまでは、同機関により採択のために検討されてはならない」（DSU16条4項）こととした。これにより、常設の上級委員会にある協定解釈の統一が期待されたのである。

　もちろん、この上級委員会の報告書の採択についても、パネル報告書の場合と同様、ネガティブ・コンセンサス方式が採用されている（DSU17条14項）ので、最終的には、その報告に異議を述べる国も拘束されることとなる。このようにDSUによって、協定解釈統一のための上級委員会判断を含め、当事国の反対があってもパネル・上級委員会の報告書が採択される制度的仕組みができ、GATT時代に比べて、WTO協定のルールに従った紛争解決の実効性が飛躍的に高まったということができる。

2 – GATT 及び WTO における紛争の司法的解決の特徴

　外交交渉による解決が図られない場合の経済的な紛争の解決方法には色々な手段があり得るが、GATT成立前の世界においては、経済制裁や軍事的な手段による解決によるほかなかった。GATT・WTO体制では、それに代わるものとして、司法的な紛争解決制度が整えられた。[2]

---

[2]　司法的な紛争解決については、DSUにおいても、「パネルは、自己に付託された問題の客観的な評価（特に、問題の事実関係、関連する対象協定の適用

国際経済紛争解決手続法

司法的な紛争解決とは、法的三段論法による解決である。法的三段論法とは、中立の第三者が、（1）事実を証拠に基づいて認定し、（2）あらかじめ定められている法を適用して、（3）公権的な決定を行うという三段階のステップにより紛争についての判断を行うものである。

　この法的三段論法による紛争解決の制度は、司法的紛争解決の根幹であり、我が国を含む各国裁判制度だけでなく、商事仲裁などの各種ADR（代替的紛争解決システム）においても、基本的に同様の三段階のステップで紛争の解決を図るものとされているのである。例えば英米法系の判例法の国と欧州大陸法系の諸国のような成文法の国とでは、法制度だけでなく紛争解決手続においてもいろいろな違いがあるが、我が国裁判制度のように、成文法を適用する（大陸法系）か、英米等の裁判制度のように、判例法も法源として適用する（英米法系）かの違いはあるものの、（1）証拠を用いて事実を認定し、（2）法（成文法か判例法）を解釈・適用して（3）解決に至るという法的な三段論法を使用するという点においては、いずれも司法的な紛争解決制度であるといえるのである。

　GATT・WTOの紛争解決制度も、各国の裁判制度と同様、（1）第一のステップとして、事実を認定し、（2）第二のステップとして、これに法（GATT・WTO協定）を適用して、（3）第三のステップと

の可能性及び当該協定との適合性に関するもの）を行」うものとされ（11条）、「紛争解決機関が行う勧告又は裁定は、この了解及び対象協定に基づく権利及び義務に従って問題の満足すべき解決を図ることを目的とする」（3条4項）と定められているところに示されている。

して、結論を導くという、法的三段論法による紛争解決システムである。ただし WTO 紛争解決制度では取り扱われる対象が通商紛争であることから、国内裁判とは異なる特殊性がある。

(1) 第一のステップ（事実認定）の手法の特殊性について

(a) 証明責任（Burden of Proof）について

WTO 紛争解決制度の手続面の特殊性に関しては、第二節以下で適宜触れて行くこととするが、法的三段論法の第一段階である事実の認定及び第二段階である協定の解釈適用の手法に関する特殊性について、この第一節で触れておくこととする。

まず、法的三段論法の小前提である事実認定については、多くの点において我が国の民事裁判制度の事実認定の方法と類似している。例えば、当事者間に争いのない事実については、証拠の有無に関わらず、これをそのまま判断の前提とすることは国内の裁判の場合と同様である。そして、当事者間に争いのある事実については、証拠による認定を行うこと、証拠から事実の存否を確定することができず真偽不明（*non liquet*）になってしまう場合についても結論を導くために、その事実は認定ができないものとして、その事実について証明責任を負う側が不利益を受けるという、証明責任についての考え方も、我が国国内裁判の場合と同様である。

(b) 一応有利な事件（*prima facie* case）について

しかし、WTO 紛争解決制度の中では、証明責任の概念とは別に、一応有利な事件という特別の概念が使用される。例えば、相手国の

措置が協定違反であると主張する申立国は、その主張が一応確からしいというレベルである prima facie case に至るように、主張・立証を行う必要があり、申立国の主張・立証が、prima facie case に至ると判断される場合には、相手国は、これに対して抗弁（affirmative defense）の主張・立証に成功しなければ、申立国の請求が認められることになる。これは、英米法系の司法制度において、原告の主張・立証により、その請求が一応確からしいされるレベルまでに至らない場合には、被告が自分の反証の手続に入る前に、訴え却下の申立（motion to dismiss）を行うことができるとすることと類似する考え方である。

WTO の運用においては、手続中に訴え却下の申立（motion to dismiss）のような手続こそないが、例えば、ある国の措置により自国が他国よりも不利な取り扱いを受けていると主張する国は、その措置発動国が最恵国待遇の禁止に関する GATT1 条の違反について prima facie case までの主張立証をするのでなければ、最終的にその違反申立は認められないことになる。そして、申立国が prima facie case までの主張立証を行った場合には、相手国が、例えば GATT20 条の一般例外等の抗弁（affirmative defense）の主張・立証をしなければ、相手国の措置の協定違反が認定されることとなるのである。

このように、一応有利な事件（prima facie case）と言えるか否かと我が国の国内裁判手続で使用される証明責任を果たしたと言えるか否かは、似てはいるが、その内容は異なるものであるので、混同をしないように注意をする必要がある。

例えば、我が国国内裁判で証明責任は要件事実ごとに割り振られ

るが、WTO において、一応有利な事件と言えるか否かは、要件事実ではなく、協定の義務に違反しているか否かを問題にするものであるという点に違いがある。そして、AD 協定や SPS 協定等、GATT から派生した個別協定については、その協定の違反を主張する国が、相手国の措置がそれらの協定の定める義務に不適合であることについて prima facie case までの主張・立証責任を負うこととされている。この場合、それらの協定の中の例外規定や但し書きについても、例外であると主張する側が主張立証責任を負うのではなく、協定違反を主張する側が、それらの例外や但し書きの適用がないことまでの主張立証責任を負うこととされているのであり、このような点でも、我が国国内裁判の主張立証責任とは明らかに異なるのである。

　このように、一応有利な事件と言えるか否かの問題は、通常の司法的解決における「事実」についての主張・立証責任の考え方と類似するところもあるが、その実質は請求がみとめられるといえるか否かを考えるものである点で、立証責任とは異なる特殊な用語である。WTO 紛争解決手続における、主張立証や事実認定に関しては、このような特殊な概念で議論されていることを踏まえて、個別の事案を検討する必要があるのである。

　次に、法的三段論法の第二のステップである協定の解釈適用の特殊性に関しては、「利益の無効化又は侵害」についての非違反申立の問題がある。

(2) 第二のステップ（法の適用）の方法の特殊性について

(a) GATT の規定

GATT・WTO の紛争解決制度における法的三段論法の第二のステップである協定の適用については、「利益の無効化又は侵害」の概念を理解する必要がある。「利益の無効化又は侵害」とは、一言でいえば、GATT・WTO 協定が加盟国に与えた利益を無効化・侵害することである。そして、GATT では、その紛争解決の手続を利用できる場合として、GATT23 条 1 項において、次の 3 つの場合を掲げていた。すなわち、

　（a）他の締約国がこの協定に基く義務の履行を怠った結果

　（b）他の締約国が、この協定の規定に抵触するかどうかを問わず、なんらかの措置を適用した結果

　（c）その他の何らかの状態が存在する結果により、「協定に基き直接若しくは間接に自国に与えられた利益が無効にされ、若しくは侵害され」た場合である。

つまり、GATT の紛争解決手続を利用するためには、（b）の違反のない措置の場合（非違反申立）や（c）の何らかの状態による場合（状態申立）により利益が無効化又は侵害された場合だけでなく、（a）の協定違反がある場合についても、単なる協定違反があるということだけでなく、その結果として、自国に付与された利益の無効化・侵害があるとされる必要があるのである。

ここで、無効化・侵害されるおそれのある、「協定により付与された利益」とは、GATT（のラウンド交渉）で約束された貿易の自由化水準により自国が得ている利益を意味すると解されている。したがっ

て申立国は、協定違反の有無にかかわらず、相手国が行った何らかの措置又は措置以外の何らかの状態の存在によって、協定により付与された自国の利益の無効化又は・侵害が生じていることを主張・立証する必要があるということになる。この意味で、法的三段論法の大前提である規範を適用する場合、協定の直接的な義務だけでなく、その協定及びそれに基づいてラウンドで約束された関税譲許等を含む実質的な保証水準の有無を考慮しなければならないことになるのである。

　とはいえ、非違反申立（上記の（b））や状態申立（上記の（c））のような協定の規定に対する義務違反がないとされる場合について、利益の無効化又は侵害を直接主張する場合は、極めて例外的であり、ほとんどの事件は、協定上の義務に違反していることを問題とするものであった。そして、協定上の義務に整合的でない措置をとっている場合には、協定で約束している自由化水準は維持されていないと考えられるため、原則的に利益の無効化・侵害が生じていることが推定される。そのため、パネルでの審理の中心は、加盟国の特定の措置が GATT・WTO 協定に違反しているか否かとされるのである。

(b) WTO 紛争解決制度（DSU の規定）

　協定上の義務に整合的でない措置をとっている場合には、協定で約束している自由化水準は維持されていないと考えられることについて、GATT 時代には、1962 年のウルグアイ事件の報告書以降、その考え方が確立されてきたが、WTO のもとでは、DSU の 3 条 8 項において、「対象協定に基づく義務に違反する措置がとられた場合には、当該措置は、反証がない限り（*prima facie*）、無効化又は侵害の

事案を構成するものと認められる。」として、協定違反により利益の無効化・侵害があることについての推定がされることとなる。このようにして、WTO 紛争解決手続においては、協定上の義務違反の有無が中心に議論され、第一ステップで認定された事実に、第二ステップで協定の規定を解釈適用して結論を導くこととなるのであるが、その背後には、このような「利益の無効化又は侵害」の有無の問題があることを理解をしておく必要がある。

なお、DSU26 条においては、協定違反の措置を問題とする場合以外である上記（b）（c）の申立の処理については、パネル判断の詳細な根拠を示すとともに、当該関係加盟国に対し相互に満足すべき調整を行うよう勧告することなど、その取扱に関して、特別の規定（DSU26 条 1 項）をおいている。

このように、GATT・WTO の紛争解決の本質は、法的三段論法による司法的な紛争解決であるとはいえるものの、そこには、法的三段論法の第一ステップとして、本章の Ⅰ の 2 の（1）で指摘した事実認定に関する特徴的な取り扱いがあり、まだ第二ステップとして、上述の法的規範の解釈・適用に関する特徴的な取り扱いがあることに留意をしておく必要があるのである。

3 - 紛争解決における「ルール志向」

(1) 当事国の合意による個別解決の尊重

以上、GATT から WTO に至る紛争解決制度の発展及びその根底

にある司法的紛争解決の考え方について見てきた。GATT・WTO の紛争解決制度は、自国に与えられた利益が無効化又は・侵害された場合に、その国が相手国及び締約国団との協議並びに締約国団への付託により、その個別の問題解決を図ろうとするものであるので、GATT・WTO ルールの確立というよりは、個別事件の解決を主眼とするものであるといえる。そして、WTO では、上級委員会により協定解釈の統一が図られるとされているものの、この個別事件解決を主眼とするとの基本的な仕組み自体は維持されているのであり、WTO 紛争解決制度の本質は、GATT 時代と同様、各国間の個別の通商問題に関する紛争解決の制度であるといえる。

そのため、問題とされた措置の是正の方法としても、

① 紛争当事国間において相互に受け入れ可能な合意

② 対象協定に適合しないと認められる措置がある場合にその撤回の確保

③ 撤回ができない場合の代償措置

④ 代償措置について合意ができない場合に、申立国が譲許その他義務の履行を差別的に停止することの順に解決方法が列挙されている。(DSU3 条 7 項) この順序は、②以下については、通商の自由を制限する度合いの少ない形で解決が図られるべきであることを示すものであるが、①については、「紛争当事国にとって相互に受け入れることが可能であり、かつ、対象協定に適合する解決は、明らかに優先されるべき」ことが示されている。

つまり、紛争の解決制度の利用において、当事国の意思を尊重するだけでなく、紛争解決内容について合意ができない場合でも、そ

の報告における措置の是正方法において、紛争当事国の意思が最優先するべきであると規定されているのである。

(2)「ルール志向」の考え方

しかし、上記 DSU3 条 7 項でも、当事国の意思が最優先されるのは、協定の適合性の範囲内であるとの条件が付されているとおり、WTOの紛争解決制度は、個別紛争解決を通じ、WTO 協定の規律を維持向上しようとするものでもあることが見てとれる。

この点は、DSU3 条 6 項において、「対象協定の協議及び紛争解決に関する規定に基づいて正式に提起された問題についての相互に合意された解決は、紛争解決機関並びに関連する理事会及び委員会に通報される。いずれの加盟国も、同機関並びに関連する理事会及び委員会において、当該解決に関する問題点を提起することができる」とされていることからも伺うことができる。この規定は、紛争当事国間の合意による個別の解決内容に対し、紛争当事国以外の加盟国にも、協定上の問題を提起する機会を保障するものである。

このような規定を置く意味は、個別の解決が関係当事国だけでない、より広い加盟国との通商に影響を及ぼし得るからであるともいえるが、それだけではない。ここで問題提起できる場合とは、自国との利害関係のある場合に限定されていないのであるから、WTOルールの遵守に対する一般的な懸念も提起することができるのである。このことから DSU は、個別紛争解決方法についての当事国間の合意についても、それを完全な当事者自治に委ねることなく、あくまで、通商ルールに従った紛争の解決方法にしようとしているもの

と理解できる。

　そして DSU3 条 3 項は、「加盟国が、対象協定に基づき直接又は間接に自国に与えられた利益が他の加盟国がとる措置によって侵害されていると認める場合において、そのような事態を迅速に解決することは、世界貿易機関が効果的に機能し、かつ、加盟国の権利と義務との間において適正な均衡が維持されるために不可欠である」としており、さらに DSU3 条 2 項では、より直截に、「世界貿易機関の紛争解決制度は、多角的貿易体制に安定性及び予見可能性を与える中心的な要素である。」と規定されている。

　このように、DSU 紛争解決システムは、個別の紛争解決を主眼としながら、さらに個別紛争解決を通じて通商問題におけるルールの確立を狙うという「ルール志向」の考え方がその根底にあるものである。

Ⅱ

WTO 紛争解決制度における手続の概要

　WTO 紛争解決制度のおおよその流れを示せば以下のようになる。

　相手国の措置又は何らかの状況の存在により、WTO 協定により自国に与えられた利益が無効化又は・侵害されていると考える国は、相手国に対して協議の申し入れを行なうことができ、協議の申し入れを受けた国は 30 日以内に協議を開始しなければならないとされ、

協議要請から60日を経過しても紛争が解決されない場合には、協議を申し入れた国は、紛争解決機関（DSB）に対して、パネルの設置を求めることができる。

　パネル設置後、委員3名が選定され、原則として6か月以内に付託事項についての報告書が作成されることとなる。

　そして、前述の通り、このパネル報告は、DSBで、全会一致で否決（ネガティブ・コンセンサス）されない限り、採択される。ただし、この報告における協定の解釈適用に不服のある国は、DSBで採択される前に上級委員会に上訴をすることができ、それにより、採択を阻止して、再度の判断を仰ぐことができることとなる。上訴を受けた上級委員会は、原則として60日以内に報告書を作成する。この上級委員会の報告については、さらに争うことはできず、全会一致で否決されない限り、DSBで正式に採択されることになる。

　採択されたパネル又は上級委員会の報告が、協定違反を認定している場合、その違反の是正が必要となるが、違反しているとされた国が是正のために期間が必要であると主張する場合には、協議又は仲裁により、是正のための妥当な期間が定められることになる。この妥当な期間の間に、当該違反を是正し、協定整合的となるような十分な措置がとられなかった場合には、申立てを行った国は対抗措置をとることができるとされている。

　これをフローチャートで示せば次のようになる。

WTO 紛争解決手続と必要な作業（当事国案件で申立国の場合）

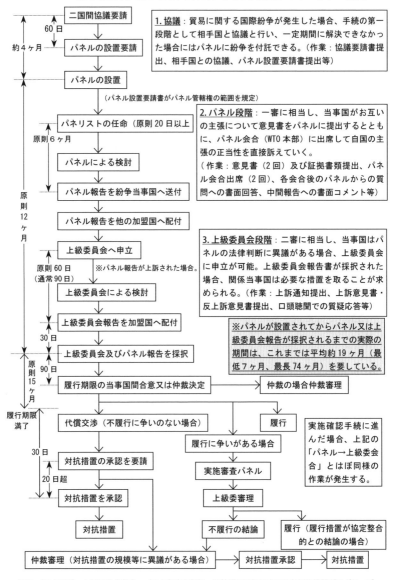

二国間協議要請

1. 協議：貿易に関する国際紛争が発生した場合、手続の第一段階として相手国と協議と行い、一定期間に解決できなかった場合にはパネルに紛争を付託できる。（作業：協議要請書提出、相手国との協議、パネル設置要請書提出等）

パネルの設置要請

パネルの設置

（パネル設置要請書がパネル管轄権の範囲を規定）

パネリストの任命（原則 20 日以上

2. パネル段階：一審に相当し、当事国がお互いの主張について意見書をパネルに提出するとともに、パネル会合（WTO 本部）に出席して自国の主張の正当性を直接訴えていく。
（作業：意見書（2 回）及び証拠書類提出、パネル会合出席（2 回）、各会合後のパネルからの質問への書面回答、中間報告への書面コメント等）

パネルによる検討

パネル報告を紛争当事国へ送付

パネル報告を他の加盟国へ配布

上級委員会へ申立

※パネル報告が上訴された場合。

3. 上級委員会段階：二審に相当し、当事国はパネルの法律判断に異議がある場合、上級委員会に申立が可能。上級委員会報告書が採択された場合、関係当事国は必要な措置を取ることが求められる。（作業：上訴通知提出、上訴意見書・反上訴意見書提出、口頭聴聞での質疑応答等）

上級委員会による検討

上級委員会報告を加盟国へ配付

上級委員会及びパネル報告を採択

※パネルが設置されてからパネル又は上級委員会報告が採択されるまでの実際の期間は、これまでは平均約 19 ヶ月（最低 7 ヶ月、最長 74 ヶ月）を要している。

履行期限の当事国間合意又は仲裁決定 → 仲裁の場合仲裁審理

代償交渉（不履行に争いのない場合）　　履行

履行に争いがある場合

実施確認手続に進んだ場合、上記の「パネル→上級委会合」とほぼ同様の作業が発生する。

対抗措置の承認を要請

実施審査パネル

対抗措置を承認

上級委審理

対抗措置　　不履行の結論　　履行（履行措置が協定整合的との結論の場合）

仲裁審理（対抗措置の規模等に異議がある場合）　→　対抗措置承認　→　対抗措置

左側のタイムライン：
60 日
約 4 ヶ月
原則 6 ヶ月
原則 12 ヶ月
原則 60 日（通常 90 日）
30 日
原則 15 ヶ月
90 日
履行期限満了
30 日
20 日超

（注）パネル設置、上級委員会報告、パネル報告の採択、対抗措置承認は WTO 紛争解決機関がネガティブ・コンセンサス（1 カ国でも賛成すれば採択・決定がなされる）で行う。

（外務省ホームページ https://www.mofa.go.jp/mofaj/files/000096399.pdf より転載）

　以下、協議・パネル手続・上級委員会手続について、個別に手続の概要を紹介する。

1 - 協議

(1) 外交ルートでの交渉

　自国の利益の無効化又は・侵害があるとして、相手国の措置に協定違反がある等として問題にする場合、通常は外交ルートを通じて、苦情を申し入れ、是正を促す。ただし、そのような交渉が奏功しない場合に、相手国に対する一方的な経済的対抗措置等を発動しては、通商の自由化に逆行することとなる。

　そこでWTOは、そのような対抗措置はDSUの手続によってしかできない（DSU23条1項）[3] ものとしている。そのため、外交ルートでの交渉によって通商紛争の解決ができない場合には、DSUの手続に従って紛争解決手続をとらなければならないこととなる。その最初のステップがDSUの規定に基づく「協議」手続である。

---

[3]　DSU23条1項は、「加盟国は、対象協定に基づく義務についての違反その他の利益の無効化若しくは侵害又は対象協定の目的の達成に対する障害について是正を求める場合には、この了解に定める規則及び手続によるものとし、かつ、これらを遵守する」と規定している。

(2) 協議前置の意義（協議対象の特定の必要）

　DSU では、協議の要請が対象協定に従って行われる場合には、当該要請を受けた加盟国は、相互間の別段の合意がない限り、当該要請を受けた日の後、10 日以内に当該要請に対して回答し、かつ、相互に満足すべき解決を得るため、当該要請を受けた日の後、30 日以内に誠実に協議を開始するべきものとされている（DSU4 条 3 項）。そして、協議の結果、紛争当事国にとって相互に受け入れることが可能であり、かつ、対象協定に適合する解決は、上述した通り、明らかに優先されるべきもの（DSU3 条 7 項）とされている。

　しかし、協議の要請を受けた日の後、60 日の期間内に協議によって紛争を解決することができない場合には、申立てをした紛争当事国は、パネルの設置を要請することができる（DSU4 条 7 項）。[4]

　このように、DSU 手続の開始においては、まず協議を行う必要があり、協議により解決できない場合に初めてパネルが設置されるのである。従って、この協議では、協議不成立の場合に設置されるパネルに付託されることとなる事項について、協議が行われる必要がある。

---

[4]　ちなみに協議が成立しない場合だけでなく、そもそも相手国が協議に応じない場合には、当該要請を行った加盟国は、直接パネルの設置を要請することができる（DSU4 条 3 項）ものとされ、また、当該 60 日の期間内であっても、協議により解決することができなかいと当事国が共に認める場合には、申立国はパネルの設置を要請することができるとされる（DSU4 条 7 項）。さらに、DSU4 条 8 項は、緊急の場合（腐敗しやすい物品に関する場合等）には、加盟国は、要請を受けた日の後 10 日以内に協議を開始する。要請を受けた日の後 20 日以内に協議によって紛争を解決することができなかった場合には、申立国は、パネルの設置を要請することができるものとされている。

そしてパネルの設置の要請においては、「協議が行われたという事実の有無及び問題となっている特定の措置を明示するとともに、申立ての法的根拠についての簡潔な要約（問題を明確に提示するために十分なもの）を付する」（DSU6条2項）とされている。つまり、そこでパネル設置要請において明示される特定の措置についての申立ての法的根拠に関して、協議が行われたとの事実を記載する必要があるのである。したがって、協議の要請において、書面で明示されるべき（DSU4条4項）とされているところの、要請の理由、問題となっている措置及び申立ての法的根拠は、その後の手続において、パネル・上級委員会で審理される内容をカバーするものであることが必要となる。

　そのため、相手国の措置等に協定違反等があるとして協議の申し入れを行う際には、相手国のどのような措置を問題とするのか、そしてそれがどのような協定の違反であると主張するのかについて慎重に検討を行い、明確にこれを示す必要がある。

(3) 協議に第三国参加を希望するか否かの選択

　DSU手続の開始としての協議は、秘密とされており（DSU4条6項）、協議は紛争当事国の間でのみ行われることが原則である。しかし、協議の申し入れを行う国は、利害関係を有する国が協議に参加できる手続を選択することができることとされている。そこで、このような協議を紛争当事国の間だけで行うのか、それとも、利害関係国の参加も求めることとするのかは重要な問題である。

　協議の申し入れを行う国としては、もしも自分の国の主張を支持

する加盟国が多いと考えれば、この協議の時点から第三国に参加してもらう価値がある。逆に、自国の主張に反対を表明する国が多いと考える場合は、第三国の参加を許さない方が良いということになる。そこでそのいずれかによりどのような形式で申立を行うかを選択することになる。

　具体的な手続としては、元々 GATT22 条は、協定の適用に関して締約国団との協議を規定し、GATT23 条は相手国との個別の協議を定めていたものであるので、DSU においても、GATT22 条に基づいて協議を申し入れる場合は、他の加盟国もこの協議に参加を求めることができる。従って協議の申し入れを行う国が、その協議への第三国の参加を期待する場合には、協議申し入れの根拠を GATT22 条等の第三国参加を認める規定に基づいて行うものとし、第三国の参加を好まない場合については、GATT23 条等の第三国参加を認めない規定を根拠として協議申し入れを行うこととなる。[5]

---

[5] この点について、DSU4 条 11 項は、「協議を行っている加盟国以外の加盟国が、1994 年の GATT22 条 1 項、サービス貿易一般協定 22 条 1 項又はその他の対象協定の対応する規定によって行われている協議について実質的な貿易上の利害関係を有すると認める場合には、当該加盟国は、当該規定による協議の要請の送付の日の後 10 日以内に、協議を行っている加盟国及び紛争解決機関に対し、その協議に参加することを希望する旨を通報することができる。その通報を行った加盟国は、実質的な利害関係に関する自国の主張が十分な根拠を有することについて協議の要請を受けた加盟国が同意する場合には、協議に参加することができる。この場合において、両加盟国は、同機関に対しその旨を通報する。協議への参加の要請が受け入れられなかった場合には、要請を行った加盟国は、1994 年の GATT の 22 条 1 項若しくは 23 条 1 項、サービス貿易一般協定の 22 条 1 項若しくは 23 条 1 項又はその他の対象協定の対応する規

2 - パネル手続

(1) パネルの設置及び構成

(a) パネル設置要請

上に述べた通り、協議を行っても解決の合意が成立しない場合に、協議申入国は、パネルの設置を申立てることができる。そして、申立国が要請する場合には、パネルを設置しないことが紛争解決機関の会合において全会一致で決定されない限り、（ここでもネガティブ・コンセンサス方式によって）遅くとも当該要請が初めて議事日程に掲げられた同機関の会合の次の会合において、パネルを設置する（DSU6条2項）こととされている。

例えば、ある国が、4月の段階で WTO 紛争解決制度によることを決定した場合に、まず協議の申し立てをする必要があり、そこからパネル設置の要請までに 60 日を必要とすることになる。DSB 会合は原則として月一回開催されるので、4月の段階ですぐに協議を申し入れたとしても、現実にパネル設置の要請が行われるのは、早くて6月のDSB の会合ということになる。しかし、1 回目の DSB 会合ではパネル設置に全会一致での同意を得ることは困難であるため、翌月の DSB 会合になって、ようやくネガティブ・コンセンサス方式によるパネル設置が決定されるという運びとなるのが通常の審理経過となる。[6]

定により協議を請求することができる」と定めている。

[6] このパネルの設置の要請は、前述のとおり書面によって行われ、この要請には、協議が行われたという事実の有無及び問題となっている特定の措置を明示するとともに、申立ての法的根拠についての簡潔な要約（問題を明確に提

しかし、パネル設置が決定されたとしても、すぐに審理が開始されるわけではない。ここから、次に述べる委員の選定手続が始まることになる。

(b) パネルの構成

(i) 委員の選任

パネルの委員（パネリスト）の人数は原則として3名[7]とされる。そしてDSU8条6項は、「事務局は、紛争当事国に対しパネルの委員の指名のための提案を行う。[8] 紛争当事国は、やむを得ない理由があ

示するために十分なもの）を付する（DSU6条2項）ことが必要である。そして、そのような審理対象事項に対し、パネルにどのような依頼を行うかに関してDSU7条1項は、「パネルは、紛争当事国がパネルの設置の後20日以内に別段の合意をする場合を除くほか、次の付託事項を有する。」として、「（紛争当事国が引用した対象協定の名称）の関連規定に照らし（当事国の名称）により文書（文書番号）によって紛争解決機関に付された問題を検討し、及び同機関が当該協定に規定する勧告又は裁定を行うために役立つ認定を行うこと。」との付託事項の形式を示している。

[7]　DSU8条5項は、「パネルは、3人の委員で構成する。ただし、紛争当事国がパネルの設置の後10日以内に合意する場合には、パネルは、5人の委員で構成することができる。加盟国は、パネルの構成について速やかに通報を受ける。」ものとしている。

[8]　委員の資格についてDSU8条1項は「パネルは、次に掲げる者その他の十分な適格性を有する者（公務員であるかないかを問わない。）で構成する。」と定めDSU8条4項は、その適格性について、一定の経験などを掲げている。そして、DSU8条2項は、パネルの委員は、委員の独立性、多様な経歴及び広範な経験が確保されるように選任されるべきであると定めている。このような資格のあるものの中で、事務局が委員の名簿を整えることになる。

る場合を除くほか、指名に反対してはならない」ものとされている。ただし現実には、「やむを得ない」か否かの判断は困難であるため、当事国からの指名に対する異議が出された候補者は選任されないこととなり、一度目のリスト提示の中からパネリストが千人されることは少ない。そのため、事務局から何度か候補者のリストの提示があることが通常である。しかし、最終的には事務局長による任命が可能である[9]とされており、通常は、事務局長による選任前に、何度かのリスト提示により委員が選任されることとなる。

　(ii) 委員と加盟国（紛争当事国）との関係

　委員と加盟国（紛争当事国）との関係について、DSU は次のような規定を置いている。

　まず、DSU8 条 8 項は、「加盟国は、原則として、自国の公務員がパネルの委員を務めることを認めることを約束する」ものとするとともに、DSU8 条 9 項において注意的に「パネルの委員は、政府又は団体の代表としてではなく、個人の資格で職務を遂行する。[10]したがっ

9　DSU8 条 7 項では、「パネルの設置の日の後 20 日以内に委員について合意がされない場合には、事務局長は、いずれか一方の紛争当事国の要請に基づき、紛争当事国と協議の後、紛争解決機関の議長及び関連する理事会又は委員会の議長と協議の上、紛争において問題となっている対象協定に定める関連する特別又は追加の規則及び手続に従い、自らが最も適当と認める委員を任命することによって、パネルの構成を決定する。同機関の議長は、当該要請を受けた日の後 10 日以内に、このようにして組織されたパネルの構成を加盟国に対して通報する」ものとされている。

10　パネルの委員の費用について DSU8 条 11 項は、「旅費、滞在費その他の経費は、予算、財政及び運営に関する委員会の勧告に基づいて一般理事会が採択する基準に従い、世界貿易機関の予算から支弁する。」と規定している。

て、加盟国は、パネルに付託された問題につき、パネルの委員に指示を与えてはならず、また、個人として活動するこれらの者を左右しようとしてはならない。」と規定している。

ただし、中立性を確保する為、紛争当事国および手続に参加する第三国の国民は、紛争当事国が別段の合意をする場合を除くほか、「当該紛争に関するパネルの委員を務めることはできない」（DSU8 条 3 項）ものとされている。[11]

(2) パネルの任務

DSU によれば、「パネルの任務は、この了解及び対象協定に定める紛争解決機関の任務の遂行について同機関を補佐することである。したがって、パネルは、自己に付託された問題の客観的な評価（特に、問題の事実関係、関連する対象協定の適用の可能性及び当該協定との適合性に関するもの）を行い、及び同機関が対象協定に規定する勧告又は裁定を行うために役立つその他の認定を行うべきである」（DSU11 条）とされている。ここに、事実の認定をし、それに対して協定を当てはめて結論を導くべきであるとする、いわゆる法的三段論法による司法的な解決を行うべきことが示されている。

なお、この客観的な評価とは、加盟国の措置について、あたかも当事国政府が行うような第一次的な判断を行うものではないとされている。そして、アンチダンピングやセーフガード等の貿易救済措

---

[11] DSU18 条 1 項は、この中立性確保の観点から、「パネル又は上級委員会により検討中の問題に関し、パネル又は上級委員会といずれか一方の紛争当事国のみとの間で接触があってはならない。」と規定している。

置の発動についての判断に関しては、パネルは、当局の行う措置に関して、*de novo* review を行わないとされている。*de novo*（デ・ノボ）とは、ラテン語で「新たに」という意味であり、*de novo* review を行わないということは、パネルが新たな判断者として、発動当局に変わり審査をやり直すということはしないということである。換言すれば、そのパネルが（当該政府に代わって判断するとすれば）異なる結論を出すと判断される場合であっても、発動当局が関連事実を適切かつ合理的に審査判断していることが認められるのであれば、発動当局の判断結果を尊重するものとされているのである。

　また、パネルの任務は事実認定と協定の適用だけではなく、上述したとおり、当事国の合意による解決を尊重する立場から、「紛争当事国と定期的に協議し、及び紛争当事国が相互に満足すべき解決を図るための適当な機会を与えるべきである」（DSU11 条）ともされている。

(3) 利害関係国及び利害関係者の手続利用

(a) 審理の秘密性

　裁判は公開が原則であるが、WTO 紛争解決手続においては、「パネルの会合は、非公開とする」（DSU 付属書三 2.）ものとされており、当事国以外については、他の加盟国との関係でも非公開が原則とされている。そして、提出された文書についても、提出国が自ら公開する場合及び公開可能な要約版の提出を求められる場合以外は、秘

密とされている（DSU 付属書三 3.）。[12][13]

　WTO 紛争解決制度は、当事国の同意に基づく制度であることだけでなく、このような秘密性からも、仲裁制度に似た性格を持っていると言える。従って、「協議」の場合と同様、パネル手続についても、紛争当事国以外の加盟国が関与するには、特別の協定上の根拠が必要となる。

---

[12]　DSU 付属書三 3. は、「パネルの審議及びパネルに提出された文書は、秘密のものとして取り扱われる。この了解のいかなる規定も、紛争当事国が自国の立場についての陳述を公開することを妨げるものではない。加盟国は、他の加盟国がパネルに提出した情報であって当該他の加盟国が秘密であると指定したものを秘密のものとして取り扱う。紛争当事国は、秘密の意見書をパネルに提出した場合には、加盟国の要請に基づき、当該意見書に含まれている情報の秘密でない要約であって公開し得るものを提供する。」と規定している。また DSU18 条 2 項は、パネル及び上級委員会に提出した意見書について、「パネル又は上級委員会に対する意見書は、秘密のものとして取り扱われるものとするが、紛争当事国が入手することができるようにする。この了解のいかなる規定も、紛争当事国が自国の立場についての陳述を公開することを妨げるものではない。加盟国は、他の加盟国がパネル又は上級委員会に提出した情報であって当該他の加盟国が秘密であると指定したものを秘密のものとして取り扱う。紛争当事国は、また、加盟国の要請に基づき、意見書に含まれている情報の秘密でない要約であって公開し得るものを提供する。」と規定している。

[13]　また、パネルの審議は、当然ながら、秘密とされ（DSU14 条 1 項）パネルの報告は、提供された情報及び行われた陳述を踏まえて起草されるものとされ、その起草に際しては、紛争当事国の出席は、認められず（DSU14 条 2 項）、パネルの報告の中で各委員が表明した意見は、匿名とする（DSU14 条 3 項）ものとされている。

(b) 第三国参加

　紛争当事国以外の利害関係者が、パネル手続に参加するのが第三国参加である。これについて DSU 10 条 2 項は、「パネルに付託された問題について実質的な利害関係を有し、かつ、その旨を紛争解決機関に通報した加盟国（この了解において「第三国」という。）は、パネルにおいて意見を述べ、パネルに対し意見書を提出する機会を有する。意見書は、紛争当事国にも送付され、及びパネルの報告に反映される」と規定している。また、「第三国は、パネルの第一回会合に対する紛争当事国の意見書の送付を受ける」（DSU 10 条 3 項）ものとされている。また審理手続において第三国は、パネルの第一回の実質的な会合中に特別に開催される会議において自国の立場を表明することができ（附属書三の 6.）、その手続において口頭による陳述を書面にしたものをパネルに提出することができる（附属書三の 9.）ものとされている。

　このような規定から明らかな通り、WTO 協定加盟国であっても、個別の紛争解決手続に参加する場合には、DSU の規定に従い、「第三国」として参加する必要がある。しかし、そのような手続を取らないままに当該紛争に利害関係を有する WTO 協定加盟国やそれ以外の組織等が、WTO 紛争解決制度に証拠や意見を提出できるかどうかが問題とされたのが、いわゆるアミカス・ブリーフの問題である。

(c) アミカス・ブリーフ

　アミカス・ブリーフとは、正式にはアミカス・キュリエ・ブリーフ（*Amicus Curiae* Briefs）と呼ばれるものである。*Amicus Curiae* とは、

friend of the court の意味のラテン語であり「法廷の友」と訳される。Brief とはいわゆる主張書面であり、日本の訴訟でいえば準備書面に該当する。そして、「法廷の友」とは、訴訟の当事者ではないが、その事件に利害関係を有する第三者である。これについては、資格制限があるわけではないので、例えば、労働組合や環境団体などのNGO 等が考えられる。要すれば、*Amicus Curiae* Briefs とは、そのような利害関係者が、一方の当事者を応援するために訴訟に提出する書面であり、英米法系の国の訴訟制度において認められているものである。

　しかし上に見た通り、WTO の紛争解決手続は、協定の当事者であるWTO 加盟国の権利・義務に関するものであり、また当事国以外のものについては、WTO 加盟国であっても、当然に手続参加ができるわけでは無く、上述の「第三国」として参加しなければならないものとされているのである。このことから考えれば、加盟国以外の利害関係者が、WTO 紛争解決制度に参加したり、主張を提出したりすることは認められるべきではないといえる。

　しかし他方で、DSU13 条 1 項 1 文は、「各パネルは、適当と認めるいかなる個人又は団体に対しても情報及び技術上の助言の提供を要請する権利を有する」と定められており、米国－海老製品輸入禁止事件（DS58）において上級委員会は、このDSU13 条をもとに、パネルは専門家の意見を求めることができるのであるから、NGO 等からでも、受け取った情報を受け入れるか拒絶するかについての権限を有するほか、その他の適切な方法で処理する権限を有するものとした。（WT／DS58／AB／R）

従ってNGOなどは、アミカス・ブリーフ（主張書面など）を提出する権利があるわけではないが、事実上そのような書面が提出された場合、パネルはこれを拒絶しなければならないわけではなく、これを任意に検討することも許されることとなるのである。

(d) 複数の加盟国の申立

　第三国として参加した場合であっても、参加できる手続に制限があることは上に述べたとおりであるが、第三国となる場合と紛争当事国となる場合との手続上の一番大きな違いは、第三国の場合はパネルの判断に不服があっても上訴をすることができず、また当該措置がWTO協定に違反するものであると認められたとしても、対抗措置などを取ることができないということである。これらについて当事国と同じような権利を得るためには、自ら申立国となる必要がある。

　この点についてDSU10条4項は、「第三国は、既にパネルの手続の対象となっている措置がいずれかの対象協定に基づき自国に与えられた利益を無効にし又は侵害すると認める場合には、この了解に基づく通常の紛争解決手続を利用することができる。そのような紛争は、可能な場合には、当該パネルに付される」ものと定めている。そして、当初から申立を行った場合にせよ、第三国から申立を行った場合にせよ、「二以上の加盟国が同一の問題についてパネルの設置を要請する場合には、すべての関係加盟国の権利を考慮した上、これらの申立てを検討するために単一のパネルを設置することができる」（DSU9条1項）とされ、「実行可能な場合には、このような申立てを検討するために単一のパネルを設置すべきである」ともされて

いる。そして紛争解決手続においては「いずれの申立国も、他の申立国の意見書を入手することができるものとし、かつ、他の申立国がパネルにおいて意見を表明する場合には、当該パネルに出席する権利を有する」（DSU9条2項）ものとされている。

　ただし、「単一のパネルは、別々のパネルが申立てを検討したならば紛争当事国が有したであろう権利がいかなる意味においても侵害されることのないように、検討を行い、かつ、認定を紛争解決機関に提出する」ものとされ（DSU9条2項）、「一の紛争当事国が要請する場合には、パネルは、自己の取り扱う紛争について別々の報告を提出する」（同条同項）とされている。しかし、「同一の問題に関する申立てを検討するために二以上のパネルが設置される場合には、最大限可能な限り、同一の者がそれぞれのパネルの委員を務めるものとし、そのような紛争におけるパネルの検討の日程については、調整が図られる」ものとされている（DSU9条3項）。

　このようにして、複数の加盟国の申立の場合であっても、可能な限り統一的な解決が可能となるように配慮がされているのであり、加盟国としては利害関係のある問題について、第三国として参加をするのか当事国として参加をするのかを選択することができることになる。

(4) パネルの審理手続

(a) 手続のスケジュール

「パネルは、紛争当事国と協議の上別段の決定を行う場合を除くほか、附属書三に定める検討手続に従う」（DSU12条1項）とされ、DSU附属書三には、審理手続及びその一般的なスケジュール[14] が規定されている。現実には、3名の委員が決まったところで、それらの委

---

[14] パネルの検討の日程案

（a）当事国の最初の意見書の受理	
（1）申立国	三週間から六週間
（2）申立てを受ける当事国	二週間から三週間
（b）当事国との間で行う第一回の実質的な会合及び第三国のために特別に開催される会議の日時及び場所	一週間から二週間
（c）当事国の書面による反論の受理	二週間から三週間
（d）当事国との間で行う第二回の実質的な会合の日時及び場所	一週間から二週間
（e）報告の説明部分の当事国への送付	二週間から四週間
（f）報告の説明部分についての当事国の意見の受理	二週間
（g）中間報告（認定，結論等から成る。）の当事国への送付	二週間から四週間
（h）当事国が中間報告の一部を検討するよう要請するための期限	一週間
（i）パネルによる検討（当事国との間で行うことのある追加の会合を含む。）の期間	二週間
（j）最終報告の紛争当事国への送付	二週間
（k）最終報告の加盟国への送付	三週間

（a）から（k）までに定める日程は，予見されなかった事態の進展を踏まえて変更することができる。要請がある場合には，当事国との追加の会合が予定される。

員が集まって、パネル審理の日程を決める。¹⁵ そして、スケジュールが決まってからは、それぞれの国の政府で、これに従って、意見書を作成する作業と、証拠の提出作業が進められることとなる。¹⁶¹⁷¹⁸

15　DSU12条３項では、「パネルの委員は、紛争当事国と協議の上、適当な場合には４条９の規定を考慮して、実行可能な限り速やかに、可能な場合にはパネルの構成及び付託事項について合意がされた後一週間以内に、パネルの検討の日程を定める。」とされている。

16　この日程に関し、パネルは、当事国による意見書の提出について明確な期限を定めるべきであり、当事国は、その期限を尊重すべきである（DSU12条５項）とされているが、この日程は、予見されなかった事態の進展を踏まえて変更することができるものとされ、さらに要請がある場合には、当事国との追加の会合が予定されるものとされる（DSU付属書三 12）。また、緊急の場合（腐敗しやすい物品に関する場合等）には、紛争当事国、パネル及び上級委員会は、最大限可能な限り、手続が速やかに行われるようあらゆる努力を払う（DSU4条９項）ものとされる。

17　そして、「パネルの検討期間（パネルの構成及び付託事項について合意がされた日から最終報告が紛争当事国に送付される日まで）は、手続を一層効率的にするため、原則として六箇月を超えないものとする。緊急の場合（腐敗しやすい物品に関する場合等）には、パネルは、三箇月以内に紛争当事国に対しその報告を送付することを目標とする。」（DSU12条８項）とされており、パネルがこの期限を遵守できないと認める場合には、報告を送付するまでに要する期間の見込みと共に遅延の理由を書面により紛争解決機関に通報する（DSU12条９項）ものとされ、かつ、パネルの設置から加盟国への報告の送付までの期間は、いかなる場合にも、９箇月を超えるべきでない（DSU12条９項）とされている。しかし、現実には、事案の複雑性から、これを遵守することは困難である。

18　なお、「パネルは、申立国の要請があるときはいつでも、十二箇月を超えない期間その検討を停止することができる。」とされているが、「パネルの検討が十二箇月を超えて停止された場合には、当該パネルは、その設置の根拠を失う」ものとされている（DSU12条 12項）。

以下、DSU 附属書三 12. のスケジュールに沿って手続を整理する。

(b) 意見書の提出

このスケジュールで最初に指定されるのは、意見書提出の期限である。これについて、「紛争当事国は、パネルが当該紛争当事国との間で行う第一回の実質的な会合の前に、問題の事実関係及び自国の主張を示す意見書をパネルに提出する。」（DSU 付属書三 4.）ものとされ、「各紛争当事国は、意見書を事務局に提出し、事務局は、当該意見書を速やかにパネル及びその他の紛争当事国に送付する」（DSU12条6項）ものとされる。そして、「紛争当事国と協議の上、紛争当事国がその最初の意見書を同時に提出すべきである旨を決定する」ような例外的場合を除き、「申立国は、申立てを受けた当事国が最初の意見書を提出する前に自国の最初の意見書を提出する」（DSU12条6項）ことになる。

申立て国による意見書の提出期限は、委員の選任の3週間から6週間後とされることとなっており、そこから2週間から3週間後に相手国からの意見書が提出されることとされている。（DSU 附属書三12.）また、第三国参加をしている国がある場合には、その意見書も、同じ頃に提出されることになる。[19] この第2回目の意見書が提出されてから、1週間から2週間で、第1回目の会合が開かれる。

---

[19] 「二回目以降の意見書は、同時に提出される。」（DSU12条6項）

(c) 第一回の実質的な会合

「パネルは、当事国との間で行う第一回の実質的な会合において、申立国に自国の立場を表明するよう求める。申立てを受けた当事国は、その後、同一の会合において、自国の立場を表明することを求められる」（DSU 付属書三 5.）ものとされる。これらは、いずれも口頭陳述でなされるが、その後書面で提出が行われる[20]。

そして、既に提出された意見書及び口頭陳述に対する質問がパネルからなされることになる[21]。ただし、パネルの会合では、当事国が特にその場で説明することを求める場合を除いて、通常即答を求められることはなく、またその場で回答を行ったとしても、上記の表明と同様、後に改めて、書面で詳しい回答を述べることができる。

また、第三国については、「すべての第三国（紛争について利害関係を有することを紛争解決機関に通報した加盟国）は、パネルの第一回の実質的な会合中に特別に開催される会議において自国の立場を表明するよう、書面によって招請される。すべての第三国は、当該特別に開催される会議の全期間出席することができる。」（DSU 付属書三 6.）ものとされる。第一回のパネル会合は通常 2 日間あり、その 2 日目が、第三国が意見を述べるという手続となる。

20　これについて、「表明、反論及び陳述は、透明性を確保するために、当事国の出席しているところで行われる。」（DSU 付属書三 10.）とされる。また、「紛争当事国及び 10 条の規定に従って自国の立場を表明するよう要請された第三国は、その口頭による陳述を書面にしたものをパネルが入手することができるようにする。」（DSU 付属書三 9.）ものとされている。

21　DSU 付属書三 8. は、「パネルは、いつでも、当事国との会合において又は書面により、当事国に質問し及び当事国に説明を求めることができる。」と規定している。

(d) 事実の認定評価について

　この会合において、証人尋問などの証拠調べの手続は予定されていない。証拠に関しては、原則として書面調べが行われるのみということになる。むろん、事実関係に争いがある場合には、提出書面又は口頭陳述で、証拠に関する意見が提出され、質疑がなされることもあるが、それらも法律上の主張と同じ手続の中で行われることとなる。

　その他に、パネルは、適当と認める個人又は団体から情報及び技術上の助言の提供を受けることができるものとされている[22]ので、特に技術的な問題点があるときには、外部の機関に意見を求めることができ、また、専門家と協議[23]することもできるものとされている。そして、専門家検討部会の設置のための規則及び同部会の手続は、DSU 附属書四に定められている。

---

[22]　DSU13 条 1 項は、「各パネルは、適当と認めるいかなる個人又は団体に対しても情報及び技術上の助言の提供を要請する権利を有する。この場合において、パネルは、いずれかの加盟国の管轄内にある個人又は団体に対して情報又は助言の提供を要請するに先立ち、当該加盟国の当局にその旨を通報する。加盟国は、パネルが必要かつ適当と認める情報の提供を要請した場合には、速やかかつ完全に応ずるべきである。提供された秘密の情報は、当該情報を提供した個人、団体又は加盟国の当局の正式の同意を得ないで開示してはならない。」と規定されている。

[23]　DSU13 条 2 項は、「パネルは、関連を有するいかなる者に対しても情報の提供を要請し、及び問題の一定の側面についての意見を得るために専門家と協議することができる。パネルは、一の紛争当事国が提起した科学上又は技術上の事項に関する事実に係る問題については、専門家検討部会からの書面による助言的な報告を要請することができる。専門家検討部会の設置のための規則及び同部会の手続は、附属書四に定める。」と規定している。

(e) 第二回の実質的な会合

第1回目のパネル会合の後当事国は、パネルからの質問に対する回答書を作成するとともに、2週間から3週間で第2回目の意見書を提出することになる。これは、第1回目の主張と第1回目のパネル会合での主張及びそこでの質問に対する回答を踏まえて、それぞれの主張を補充するものである。そして、そこから1週間から2週間程度で第2回目の会合が開かれることになる。

ここでも、第1回目の会合と同様に、双方の当事国から口頭での意見陳述が行われ、パネルからの質問が行われることになる。[24] ここには第三国は出席できないとされているので、第三国からの意見が提出されることはない。この後、パネルからの質問に対する回答を提出して審理は終わり、それから2週間から4週間後にパネルからの中間報告が提出されることになる。

(f) 報告書作成手続

DSU15条1項では、「パネルは、書面及び口頭陳述による反論を検討した後、その報告案のうち事実及び陳述に関する説明部分を紛争当事国に送付する。当事国は、パネルが定める期間内に、自国の意見を書面により提出する」と定める。当初は、この規定にしたが

---

[24] 第二回会合における手続について DSU 付属書 7. では、「正式の反論は、パネルの第二回の実質的な会合において行われる。申立てを受けた当事国は、最初に発言する権利を有し、その後に申立国が続く。当事国は、反論を、当該会合の前に書面によってパネルに提出する。」と規定されている。

国際経済紛争解決手続法

い、パネルが当事国の主張を取りまとめた説明部分だけを先に作って、その当否について意見を求めていたのであるが、現状では、当事国の意見書をそのまま報告書に添付しており、説明部分についての意見陳述手続は省略されている。

　そして、パネルは、紛争当事国からの意見の受理に係る定められた期間の満了の後、（説明部分並びにパネルの認定及び結論から成る）中間報告を当事国に送付する（DSU15条２項）。この中間報告に対して、それぞれの国からコメントをすることができるのであるが、最終的な判断が変更されることは考え難いので、明白な誤りの部分の指摘にとどめられるのが通常である。当事国からのコメントを踏まえて（DSU15条３項）、最終の報告書が提出されることになる。

　報告書は、まず紛争当事国に送付され、それから１週間程度で全加盟国に配布される[25]。

---

[25]　DSU12条７項は、「争当事国が相互に満足すべき解決を図ることができなかった場合には、パネルは、その認定を報告書の形式で紛争解決機関に提出する。この場合において、パネルの報告には、事実認定、関連規定の適用の可能性並びに自己が行う認定及び勧告の基本的な理由を記載する。紛争当事国間で問題が解決された場合には、パネルの報告は、当該問題に関する簡潔な記述及び解決が得られた旨の報告に限定される。」と定める。

(5) 報告書における勧告内容及びその採択手続

(a) 報告書に於ける勧告内容

まず、DSU19 条 2 項は、「パネル及び上級委員会は、DSU3 条 2[26] の規定に従うものとし、その認定及び勧告において、対象協定に定める権利及び義務に新たな権利及び義務を追加し、又は対象協定に定める権利及び義務を減ずることはできない」とされる。そして、協定違反がある場合の報告書における勧告内容の方式について DSU19 条 1 項は、「パネル又は上級委員会は、ある措置がいずれかの対象協定に適合しないと認める場合には、関係加盟国に対し当該措置を当該協定に適合させる[27] よう勧告する」と規定している。

つまり、パネル及び上級委員会は、協定に定められる加盟国の権利義務に基づいて、協定に適合するように勧告するだけであり、協定違反を是正するために具体的にどのような行為を取るのかについては、各加盟国が独自に検討するものとされているのである。要すれば、具体的な是正方法については、各国の実情に応じて、その裁量が認められることとなるのである。

---

[26] DSU3 条 2 項は、「紛争解決機関（DSB）の勧告及び裁定は、対象協定に定める権利及び義務に新たな権利及び義務を追加し、又は対象協定に定める権利及び義務を減ずることはできない」と定める。つまり、パネル及び上級委員会から報告を受ける DSB 自体において、新たな権利・義務を定めることはできないのであり、当然のこととして、そのようなことを求める勧告や報告は出し得ないこととなる。

[27] ただし、この条項には「1994 年の GATT その他の対象協定についての違反を伴わない問題に関する勧告については、26 条を参照」との注がされており、非違反申立についての処理に関しては、DSU26 条の定めるところによることとなる。

(b) 報告書の採択

　前述した通り、パネルの報告はネガティブ・コンセンサス方式により、全加盟国が採択に反対しないかぎり採択されることとなる。しかしその採択については次の手続に従うこととなる。

　まず採択については、加盟国にその検討のための十分な時間を与えるため、パネルの報告は、「報告が加盟国に送付された日の後20日間は紛争解決機関により採択のために検討されてはならない」（DSU16条1項）ものとされている。そして、採択に異議を有する加盟国は、「パネルの報告を検討する紛争解決機関の会合の少なくとも10日前に、当該異議の理由を説明する書面を提出する」（DSU16条2項）ものとされ、また「紛争当事国は、紛争解決機関によるパネルの報告の検討に十分に参加する権利を有するものとし、当該紛争当事国の見解は、十分に記録される」（DSU16条3項）とされている。

　しかし、いずれにしても、DSBが「当該報告を採択しないことをコンセンサス方式によって決定する場合」または「紛争当事国が上訴の意思を同機関に正式に通報」するのでない限り（DSU16条4項）、「パネルの報告は、加盟国への送付の後60日以内[28]に、紛争解決機関の会合において採択される」（DSU16条4項）こととなる。

---

[28]　この条項の注において「紛争解決機関の会合が1及びこの4に定める要件を満たす期間内に予定されていない場合には、この目的のために開催される」と規定されている。

3 – 上級委員会による審理

(1) 上訴

(a) 上訴人

　パネル報告採択の例外である「紛争当事国が上訴の意思を通報した場合」には、「パネルの報告は、上級委員会による検討が終了するまでは、同機関により採択のために検討されてはならない」（DSU16条4項）こととなり、事件は改めて上級委員会で審理されることとなる。この上訴をすることができるのは、不服を有する紛争当事国のみ（DSU17条4項）である。ただし、上訴された場合には、パネル手続に参加した第三国は、上級委員会での審理に関し、上級委員会に意見書を提出し、また上級委員会において意見を述べる機会を有するものとされている（DSU17条4項）。

(b) 上級委員会審議事項

　上級委員会は、パネルと異なり常設の機関であり、上記上訴に基づいて、パネルが取り扱った問題についての上訴を審理する（DSU17条1項）機関である。そして、「上訴は、パネルの報告において対象とされた法的な問題及びパネルが行った法的解釈に限定される」（DSU17条6項）と規定されている。つまり、上級委員会の審理は、協定の解釈についての判断を行うためにのみなされ、上級委員会は、パネルの法的な認定及び結論を支持、修正し又は取り消すことができる（DSU17条13項）のみとされているのである。

(2) 上級委員会の構成及び審理

　上級委員会は、7人の委員で構成され（DSU17条1項）、「紛争解決機関は、上級委員会の委員を4年の任期で任命する[29] ものとし、各委員は、一回に限り、再任されることができる」（DSU17条2項）ものとされている。

　そして、「上級委員会は、法律、国際貿易及び対象協定が対象とする問題一般についての専門知識により権威を有すると認められた者で構成する」（DSU17条3項）ものとされ、「上級委員会のすべての委員は、いつでも、かつ、速やかに勤務することが可能でなければならず、また、世界貿易機関の紛争解決に関する活動その他関連する活動に常に精通していなければならない」（DSU17条3項）とされる。また、「上級委員会の委員は、直接又は間接に自己の利益との衝突をもたらすこととなる紛争の検討に参加してはならない」（DSU17条3項）ものとされる。また、当然のこととして、「上級委員会の委員は、いかなる政府とも関係を有してはならず、世界貿易機関の加盟国を広く代表する」（DSU17条3項）べきものとされ、「パネル又は上級委員会により検討中の問題に関し、パネル又は上級委員会といずれか一方の紛争当事国のみとの間で接触があってはならない」（DSU18条1項）とされる。

　以上のことが遵守されることを前提として、上級委員会の委員は、パネルの委員と異なり、自らの出身国の事件に関与することもできるものとされる。

---

[29] 「空席が生じたときは、補充される。任期が満了しない者の後任者として任命された者の任期は、前任者の任期の残余の期間とする」（DSU17条2項）ものとされている。

(3) 検討に関する手続

　事案の審理にあたっては、7人の上級委員のうちの三人が一の問題の委員を務めるものとされる。その担当は、上級委員会の検討手続で定める（DSU17条1項）こととされており、現実には、一定のルールに基づいて、上級委員の間で審理担当順序が機械的に決められている。そして、個別の事案にあたっては、「上級委員会は、紛争解決機関の議長及び事務局長と協議の上、検討手続を作成し、加盟国に情報として送付する（DSU17条9項）こととされている。

　パネル又は上級委員会に対する意見書は、秘密のものとして取り扱われるものとするが、紛争当事国が入手することができるようにするものとされる（DSU18条2項）。そして、加盟国は、他の加盟国がパネル又は上級委員会に提出した情報であって当該他の加盟国が秘密であると指定したものを秘密のものとして取り扱うことを要請されるが、自国の意見書や陳述を公開することは妨げられない（DSU18条2項）。紛争当事国は、また、加盟国の要請に基づき、意見書に含まれている情報の秘密でない要約であって公開し得るものを提供することを要請される（DSU18条2項）。

　上級委員会での審理のための会合は、パネルとは異なり1回だけであり、最初に、それぞれの当事国が口頭の陳述を行い、そこから、上級委員会からの質問を受けることになる。上級委員会の委員は、パネル手続の書類を十分に検討した上で、多くの質問を事前に準備しており、3人の委員が順番に口頭で質問を行う。上級委員会は、短期間で結論を出さなければならないため、この質問に対し即答することが求められ、微妙な問題についても、自国に持ち帰って検討す

ることは許されず、質問に対してその場で回答を行わなければならない。この質問の手続の後、第三国の意見の陳述があり、そのうえで、最終弁論が行われることとなる。

　上級委員会による検討は、パネル同様秘密とされ（DSU17条10項）、上級委員会の報告は、提供された情報及び行われた陳述を踏まえて起草されるものとし、その起草に際しては、紛争当事国の出席は認められず（DSU17条10項）、上級委員会の報告の中で各委員が表明した意見は、匿名とされる（DSU17条13項）。

(4) 上級委員会審議期間

　紛争当事国が上訴の意思を正式に通報した日から上級委員会がその報告を送付する日までの期間は、原則として60日を超えてはならない（DSU17条5項）ものとされ、また緊急の場合（腐敗しやすい物品に関する場合等）には、最大限可能な限り、手続が速やかに行われるようあらゆる努力を払うものとされる（DSU17条5項）。

　また、60日以内に報告を作成することができないと認める場合には、報告を送付するまでに要する期間の見込みと共に遅延の理由を書面により紛争解決機関に通報する（DSU17条5項）ものとされ、この期間は、いかなる場合にも、90日を超えてはならない（DSU17条5項）ものとされるが、現実に、この期間内に判断を行うことは困難であり、しばしばこの最大限の期間も超過されている。

(5) 報告の内容・採択及び勧告

　紛争解決機関は、上級委員会の報告を、加盟国への送付の後30日以内に採択し[30]、紛争当事国は、これを無条件で受諾するものとされる（DSU17条14項）。このような採択の手続により、当事国からの反対があっても報告書は採択されることになるので、WTOの紛争解決手続はGATT時代のそれよりも実効性の高いものであると言える。

　しかし、上級委員会の判断はパネルで行われた協定の解釈に関するものであり、パネルの協定解釈に誤りがある場合には、これを覆すこととなるが、事実認定に誤りがある場合、これを指摘することはできても、上級委員会が独自に事実認定を行うことは制度上出来ない。加えて、日本の最高裁判所が行うような、破棄差戻しの手続がないため、事実認定をやり直させることができない。そのため、パネルで判断に必要な事実の認定が適切に行われていない場合については、上級委員会としては、パネルの協定解釈の誤りを指摘するだけで、問題となっている措置等に対する独自の判断を下すことはできないこととなる。

　この場合に、上訴国が上級委員会の判断に基づく勧告を受けるためには、改めて協議手続から再開する必要がある。この点は現在の紛争解決の実効性における課題の1つである。

---

[30]　紛争解決機関の会合がこの期間内に予定されていない場合には、この目的のために開催される。

国際経済紛争解決手続法

岩沢雄司『WTO の紛争処理』(三省堂、1995 年)。

日本国際経済法学会編「紛争処理から見た WTO の体制」『日本国際経済法学会年報第 8 号』(法律文化社、1999 年)。

日本国際経済法学会編 『日本国際経済法学会年報第 25 号』(法律文化社、2016 年)。

松下満雄・米谷三以『国際経済法』(第 2 章)(東京大学出版会、2015 年)。

松下満雄・清水章夫・中川淳二 (編)『ケースブック WTO 法』(有斐閣、2009 年)。

William J. Davey, *Enforcing World Trade Rules Essay on WTO and the GATT obligations* (Cameron May, 2006).

David Palmeter and Petros C. Mavroidis, *Dispute Settlement in the World Trade Organization: Practice and Procedure* (Cambridge University Press, 2nd ed, 2004).

Ernst-Ulrich Petersmann, *International Trade Law and the GATT/WTO Dispute Settlement System* (Kluwer Law International, 1997).

第4章

勧告・裁定の実施

❖ 川島富士雄[1] ❖

I 勧告及び裁定の実施監視

II 代償と対抗措置

III 評価と改革案

[1] 神戸大学

I

勧告及び裁定の実施監視[2]

1 – 実施のための妥当な期間

DSU21 条 1 項は「紛争解決機関の勧告又は裁定の速やかな実施は、すべての加盟国の利益となるような効果的な紛争解決を確保するために不可欠である。」と規定している。これを受け、パネル及び上級委員会報告が採択された後は、同報告による勧告の実施監視手続に移行する。

パネル又は上級委員会報告により、ある措置が WTO 協定に適合しない（以下「違反」という。）と認定された場合、当該措置を WTO 協定に適合させる（以下「是正」という。）よう勧告される（DSU19 条 1 項）。同勧告を受け、違反と認定された加盟国（以下「違反国」という。）は報告採択後 30 日以内に開催される DSB 会合において違反是正の勧告の実施に関する自国の意思、つまりは勧告に従うか否かを通報する（同 21 条 3 項）。この際、速やかに勧告を実施できない場合、実施のための妥当な期間（英語で "reasonable period of time"。以下「RPT」という。）を与えられる。RPT は、紛争当事国が合意した期間（同 b 号）で定められることが多いが、紛争当事国間で合意がない場合、仲裁によって決定される（同 c 号）。RPT は「報告の採択の日から 15 ヶ月を超えるべきではないとの指針が与え

---

[2] 勧告履行、履行監視、履行確認といった表現が定着しているが、ここでは DSU の公定訳に従って勧告実施、実施監視、実施確認といった用語を用いる。

られ」ているが、「特別の事情があるときは、短縮し又は延長することができる」（同 c 号）。同仲裁の任務は、RPT を決定することに限定されており（EC －ホルモン牛肉事件 21 条 3 項仲裁裁定、DS26、48）、勧告実施の手段を提案したり（同上）、是正措置の中身を検討したりすることはできないとされている（米国－熱延鋼板 AD 事件 21 条 3 項仲裁裁定、DS184）。

2021 年 12 月末現在、DSU21 条 3 項 c 号に基づく仲裁手続は 38 件（対象となる紛争数は 53 件）開始され、うち裁定が下されたのは 34 件である。そのうち主な仲裁裁定を、そこで当事国が主張した及び最終的に裁定された RPT を含め、表 1 に整理した[3]。

表 1　実施のための妥当な期間に関する仲裁裁定（代表例）

DS 番号	事案（違反協定）	違反国主張	申立国主張	仲裁裁定
8, 10, 11	日本－酒税事件（GATT）	23 か月	5 か月、15 か月	15 か月
27	EC －バナナ事件（GATT）	15 か月 1 週間	9 か月	15 か月 1 週間
26, 48	EC －ホルモン事件（SPS）	39 か月	10 か月	15 か月
18	豪州－サケ事件（SPS）	15 か月	より短い期間	8 か月
114	カナダ－医薬品事件（TRIPS）	11 か月	12 か月	6 か月
184	米国－熱延鋼板事件（AD）	18 か月	10 か月	15 か月
414	中国－ GOES 事件（AD）	19 か月	1 か月又は 4 か月 1 週間	8 か月 15 日

---

[3]　2018 年 12 月 19 日現在ではあるが、より網羅的に RPT 仲裁裁定を整理したものとして、小寺智史「WTO 紛争処理制度と『妥当な期間』」阿部克則＝関根豪政編『国際貿易紛争処理の法的課題』（信山社、2019 年）191-193 頁。

従来、仲裁人は上級委員会の現又は元委員の 1 名が担当することが通常である。先例上、RPT は「DSB の勧告及び裁定を実施するために当該国の法制度の下で可能な最短期間」と定義され（EC－ホルモン牛肉事件 21 条 3 項仲裁裁定、DS26、48）、「違反国の国内法システムにおいて実施のために取られる措置次第である」（豪州－サケ事件 21 条 3 項仲裁裁定、DS18）とされている。これを受け、同期間は、行政庁レベルで是正が可能な案件（例 個別措置のアンチダンピング協定違反）では短期に設定される一方で、是正に法改正が必要な案件（例 法律それ自体の WTO 協定違反）では比較的長期に設定される傾向にある。

2－勧告実施監視

　RPT が、例えば 15 ヶ月と決定されてから 6 ヶ月経つと同実施の問題が、DSB の議題とされる（21 条 6 項）。実際に実施されるまで、継続して同議題に上り続けることとなる。このように実施監視手続は、WTO 全加盟国が参加する会合の場で違反国が勧告を実施したかどうか集団で監視することを通じ、違反国に対して実施するまで継続的にピア・プレッシャーを加えるよう設計されている。

　なお、長期に違反是正ができなかった具体例として、米国－バード修正条項事件（DS217、DS234）がある。本件では 2004 年 1 月から延々 25 回にわたって米国が実施状況報告を提出したが、2006 年に問題の法律はようやく廃止され、勧告実施が達成された。さら

に長期にわたり違反是正がなされていない例として、米国－著作権法110条5項事件（DS160）がある。本件では2001年12月から2021年12月まで215回にわたって米国が実施状況報告を提出し続けており、いまだ問題の法律改正がなされていない。

3 - 実施確認手続

被申立国が勧告実施のため問題の措置について何らかの是正を行った場合でも、申立国が勧告が十分に実施されていない等と主張して争いが生じる場合がある。そうした実施の有無に関する意見の相違も、DSUの定める紛争解決手続の利用によって解決される。具体的には、当初の紛争を取り扱ったパネルに同意見の相違を付することができる（DSU21条5項。本条項に基づき設置されるパネルを以下「実施確認パネル」という。）。実施確認パネルは、その問題が付された日の後90日以内に報告を加盟国に送付することとされているが（同上）、現実には送付が事案の複雑さ等を理由に大幅に遅延する傾向にある。当該パネルの報告に対しては、当初の報告同様、上訴が認められる。実施確認手続においても、上述第4章と同様、報告採択に関しネガティブ・コンセンサス方式が適用され、パネル及び上級委員会報告はほぼ自動的に採択される。

2020年12月末現在、51件の紛争（その時点で当初の報告の下された紛争の19％）で実施確認パネルが設置され、そのうち33件（65％）で上訴されている。既に違反と判定された措置の是正がなさ

れたかどうかに焦点を当てた実施確認手続が、このように比較的頻繁に活用されていることによって、WTO協定の解釈の詳細化・緻密化が促進されていると評価することもできる。

　他方で、紛争によっては、実施確認手続が何度か繰り返され、最終的な実施が大幅に遅延する場合もある。例えば、米国ー外国販売会社税制事件（DS108）では、以下の図表1のように当初のパネル及び上級委員会報告が採択されたのち、米国議会が問題の法律を改正したが、申立国であるECが勧告実施が不十分であるとして紛争が継続し、2回の実施確認パネル及び上級委員会手続を経て、2006年5月、ようやく問題の法律が廃止され、最終的に勧告の是正が達成された。

図表1　米国ー外国販売会社税制事件（DS108）の実施確認手続

2000年3月20日 パネル及び上級員会報告採択
2001年8月20日 実施確認パネル報告送付
2002年1月14日 実施確認上級委員会報告送付
2002年1月29日 両報告採択
2002年8月30日 対抗措置額に関する仲裁裁定送付
2003年5月7日　対抗措置承認
2005年9月30日 第2回実施確認パネル報告送付
2006年2月13日 第2回実施確認上級委員会報告送付
2006年3月14日 両報告採択

Ⅱ

代償と対抗措置

1－代償

　上述Ⅰ.1で決定されたRPTが経過しても勧告実施が達成されない場合、22条によれば違反を継続する被申立国は一時的に代償を与える方法をとることができる。たとえば、日本が国産焼酎と輸入ウォッカ・ウィスキー等の間で酒税差別があるとしてGATT3条2項違反が認定された日本－酒税事件（DS8、10、11）を例にすれば、報告採択日が1996年11月1日であったところ、RPTは同採択日から15ヶ月（1998年2月1日までが期限）との仲裁裁定が下された。しかし、日本の焼酎に対する酒税引き上げは、最終的に2000年10月1日まで時間を要したため、この期限を1年8か月も超過した。このように被申立国が実施期限までに勧告実施ができない場合、申立国との合意に基づいて代償を与えることができる。実際に日本－酒税事件では、日本は、申立国である米国、EC及びカナダに対して、本来ウルグアイラウンドで譲許したよりも早い段階で、ウォッカ、ウィスキー等の関税をゼロにするという形で代償を与えた。

　しかし、22条1項によれば、代償はあくまでも勧告が妥当な期間内に実施されない場合に利用することができる一時的な手段にすぎず、違反措置の撤回など勧告の完全な実施が優先される（3条7項も参照）。また、代償は、被申立国側が一方的に提供すればよいのでなく、相互に受け入れることのできるものとされ（22条2項）、申

立国側の合意を要する。さらに代償は WTO 協定に適合的なものでなければならない（22 条 1 項）。よって、例えば関税引き下げの形で与えられる代償は、申立国だけでなく、他の加盟国にも無差別に与えられなければならない。

　代償について合意に達した例は従来稀である。上記の日本－酒税事件以外に、米国－著作権法 110 条 5 項事件（DS160）では、2003年 6 月に申立国である EC と米国ので暫定的な合意に至り、RPT の満了した 2001 年 12 月から 2004 年 12 月までの期間を対象として、米国が欧州の実演者権協会の設置した基金に対し、一括で 330 万米ドルの金額を代償として支払った。

2 - 対抗措置[4]

(1) 対抗措置の承認

　申立国と違反を継続する申立国の間で代償に関し交渉が行われる場合でも、RPT の満了後 20 日以内に代償についての合意ができないときは、申立国は違反国に対して対抗措置をとることを DSB に申請することができる（DSU22 条 2 項）。DSB は、同申請を却下するこ

---

[4]　一般国際法上の「対抗措置」と WTO・DSU における「譲許その他の義務の適用の停止」の異同については、阿部克則「WTO 紛争解決機関勧告履行手続の法的性格」川瀬剛志＝荒木一郎編『WTO 紛争解決手続における履行制度』(三省堂、2005 年) 50-64 頁参照。ここでは WTO・DSU における「譲許その他の義務の適用の停止」を便宜的に「対抗措置」と略称する。

とをコンセンサス方式によって決定する場合を除くほか、RPT満了後30日以内に対抗措置を承認する（DSU22条6項。ネガティブ・コンセンサス方式）。よって、申請があれば、ほぼ自動的に承認されることになる。2021年12月末現在、合計16件で対抗措置が承認されている。）

　DSU22条の条文上、対抗措置は「譲許その他の義務の適用の停止」と呼ばれる。例えば、上述1の日本−酒税事件で仮に代償について合意が成立せず、申立国の1つである米国が対抗措置を発動する場合を想定してみよう。米国は輸入品αについて従価税率10％を上限とする関税譲許をしている場合、仮に日本の違反継続に対する対抗措置として、日本からの輸入品αに対してのみ関税を100％まで引き上げるとすると、これは本来、譲許税率を「こえる税」としてGATT2条1項b違反だけでなく、日本狙い撃ちの措置であるためGATT1条1項の最恵国待遇原則違反をも構成する。しかし、DSBが日本のWTO義務違反継続に対する対抗措置として同措置を承認すれば、米国の譲許その他の義務の適用は停止されるため、同措置はこれらの違反を構成せずに発動することができる。「譲許その他の義務の適用の停止」とは、そうした意味を有する。

　上述1の代償同様、対抗措置は勧告がRPT内に実施されない場合に利用することができる一時的な手段及び最後の解決手段にすぎず、違反措置の撤回など勧告の完全な実施が優先される（DSU22条1項及び3条7項）。よって、対抗措置は違反措置が撤回されるまでの間においてのみ適用され（DSU22条8項）、勧告が実施されれば終了しなければならない。

(2) 対抗措置発動に関するルール

(a) 同等性原則と DSU22 条 6 項仲裁

対抗措置の程度は違反による申立国の利益の無効化又は侵害の程度と同等のものとしなければならない（DSU22 条 4 項）。上述 (1) の日本－酒税事件での仮想的な対抗措置を例に取れば、国産焼酎と輸入ウォッカ・ウィスキーの間の酒税格差が解消されないために米国が悪影響を被る貿易額相当（例えば、年間 1 億ドル分）の譲許及び義務を米国が停止できることとなる。この年間の貿易額を基準とする考え方は、GATT の初期の関税交渉の際に相互主義を達成するために用いられた貿易カバレッジ方式と共通するものであり、ここでの同等性原則も紛争解決手続の局面で相互主義が具体的に現れているものと理解することができる。

紛争当事国が提案された対抗措置の程度について異議を唱える場合は、その問題は仲裁に付される（DSU22 条 6 項）。仲裁人は当該紛争の当初のパネリスト 3 名が務めるのが通常である。2021 年 12 月末現在、DSU22 条 6 条に基づく仲裁裁定が下されたのは 25 件（紛争数で 19 件）である。そのうち主な仲裁裁定を、そこで申立国が主張した及び最終的に裁定された無効化又は侵害額を含め、表 2 に整理した。

表2　DSU22条6項の無効化又は侵害額に関する仲裁裁定（代表例）

DS 番号	事案（違反認定協定）	申立国主張	裁定額	たすき掛け
27	EC －バナナ事件（米国申立）（GATT）	5 億 2000 万米ドル	1 億 9140 万米ドル	
26	EC －ホルモン事件（SPS）	2 億 200 万米ドル	1 億 1680 万米ドル	
108	米国－外国販売会社税制事件（補助金）	40 億 4300 万米ドル	40 億 4300 万米ドル	
267	米国－綿花事件（補助金）	25 億 900 万米ドル	2 億 9470 万米ドル	将来時点で GATS 及び TRIPS に関するたすき掛け可能性
316	EC －航空機事件（補助金）	70 ～ 100 億米ドル	73 億 9662 万米ドル	GATS に関するたすき掛け可能
353	米国－航空機事件（補助金）	120 億米ドル	39 億 9321 万米ドル	GATS に関するたすき掛け可能

　　実際に対抗措置の程度について仲裁に付された紛争として、EC －バナナ事件（DS27）がある。本件では EC のバナナに関する関税割当制度が GATT 等に違反すると判定され、EC の RPT は 1999 年 1 月 1 日までとされた。同年 1 月 14 日、米国がなお EC の勧告実施が十分でないとして（後述 3 参照）、DSU22 条 2 項に基づき、EC からのチーズ、ビスケット、カシミアセーター、ハンドバッグ、紙製品等の総額年間 5 億 2000 万米ドル分に輸入品に対し 100％関税を賦課する対抗措置の承認を DSB に申請した。しかし、EC は米国の申請した 5 億 2000 万米ドルという金額は DSU22 条 4 項の同等性原則に違反す

る過大なものであると主張しため、同問題はDSU22条6項の仲裁に付された。本件仲裁人は、無効化又は侵害の程度は1億9140万米ドルに過ぎないと裁定したため、米国はビスケット、セーター、チーズ等は対象から外し、ハンドバッグ、紙製品等1億9140万米ドル分の輸入品に100％関税を賦課する対抗措置を改めて申請した。同年4月19日のDSB承認を受け、米国は実際に同対抗措置を発動した。これがWTO紛争解決手続における初めての対抗措置承認及び発動となった。その後、2001年に米EC間で合意に達し、ECがバナナ関税割当制度を改善したことを受け、米国もECに対する対抗措置を解除した。

(b) 対抗措置を発動する分野に関する原則

対抗措置を発動する際の原則として、第1順位として、同一分野で行われるべきであると規定されている（DSU22条3項(a)）。例えば、被申立国Y（例えばインド）が電気通信サービス分野においてWTO・GATS違反であると認定され、それをRPT内に是正できない場合、申立国X（例えば米国）は同じ電気通信サービス分野でのYのサービス事業者の供給を制限するなどの対抗措置をとるのが第1順位となる。しかし、YからXにまったく電気通信サービスの供給がなされていないとすれば、第1順位の対抗措置は、Yに対して痛みを伴うものではなく、勧告実施を促す効果が認められない。その場合は、同じサービス貿易の別の分野のサービス、例えば金融サービスについて対抗措置をとることが第2順位となる（同項(b)）。これでもなお効果的な対抗措置とならない場合、例えばYがXに対してまったくサービス分

野の輸出がない場合は、対抗措置としてYがXに輸出している、物品、例えば繊維衣類製品や農産品に対する関税を引き上げる形での対抗措置が最終的に許される（22条3項(c)）。この最後の選択肢は、サービス貿易分野での違反の継続を理由に、物貿易分野での義務を停止するという意味で、分野をまたがるため、クロス・リタリエーション（cross retaliation）又はたすき掛けと呼ばれる。

　これはWTOが物の貿易だけを規律していたGATTとは異なり、サービス貿易や知的所有権保護も含め広い分野を規律しており、同紛争解決手続がこれらの分野を統一的に扱っているからこそ認められた手法と言ってよい。さらにこのたすき掛けは、ウルグアイラウンドにおける先進国と途上国の間のグランドバーゲンを反映したものとの理解も可能である。つまり、同ラウンドでは、先進国が繊維衣類製品や農産品といった伝統的な物の貿易の自由化を約束する一方で、途上国が新分野であるサービス貿易の自由化と知的所有権保護を約束するという形で、分野をまたがる利益交換である「グランドバーゲン」が行われたと説明されている[5]。3つの分野の協定がいわゆる一括受諾の対象とされていることが（WTO設立協定2条2項）、協定上の当該グランドバーゲンの証左であるが、同じくたすき掛けの考え方も、グランドバーゲンにおける対価関係が、紛争解決手続の対抗措置承認の場面にも反映されていることを示すものと理解す

---

5 Sylvia Ostry, "The Uruguay Round North-South Grand Bargain, Implications for Future Negotiations," in Daniel L.M. Kennedy and James D. Southwick (eds.), *The Political Economy of International Trade Law* (Cambridge University Press, 2002) , pp.285-300.

ることができる[6]。

DSU22条6項仲裁裁定において将来時点でたすき掛けが認められる可能性に言及した事例として米国－綿花事件（DS267）、たすき掛けが可能と結論した事例としてEC－航空機事件（DS316）及び米国－航空機事件（DS353）がある。

3 - DSU21条5項と同22条の関係（シークエンス問題）

2(3)で上述した通り、DSU22条は、RPTの満了までに申立国と代償に関する交渉を開始すること、当該RPT満了日の後20日以内に代償合意がされなかった場合には、申立国は、DSBに対抗措置に関する承認を申請することができること（同2項）、DSBはRPTの満了の後30日以内に対抗措置を承認すること及び対抗措置の同等性に関する仲裁は、RPTの満了日の後60以内に完了すること（以上、同6項）を規定している。他方、Ⅰ.3で上述したように、「勧告及び裁定を実施するためにとられた措置の有無又は当該措置と対象協定との適合性について意見の相違がある場合には」、その意見の相違は、実施確認手続に沿って解決することとなる（DSU21条5項）。

しかし、実施の有無について意見の相違がある場合、対抗措置の承認申請の前に実施確認手続を経るとなると、RPT満了日の後30日以内のDSB承認が困難であるため、両条文の間には矛盾がある。

6 　なお、一括受諾の対象外である政府調達協定については、たすき掛けの適用対象外とされている（政府調達協定20条3項）。

この結果、実施確認手続を優先し、その間は RPT 満了日の後 30 日のカウントを止めることができるのか、逆に実施確認手続を経ずに、対抗措置の申請及び承認に進むことができるのか、手続の順序（sequensing）に関する混乱が生じた（シークエンス問題）。

　当該問題は、WTO 紛争解決手続において初めて対抗措置の申請及び承認に至った EC －バナナ事件（DS27）（上述 2(2)(a) 参照）において早くも露呈した。同事件で申立国である米国は DSU22 条に基づいて対抗措置の承認を得る権利を主張したが、EC は、EC による実施の有無について DSU21 条 5 項の実施確認の手続をまず経るべきであると反論した。

　当該問題は、その後、紛争当事国間で、実施の有無について争いがある場合は、実施確認手続を優先するが、不実施が確認された段階で申立国が対抗措置の承認を得る権利や被申立国が対抗措置の同等性に関し DSU22 条 6 項仲裁に付託する権利を相互に留保するなどのアドホックの合意（シークエンス合意）をすることで実務上、解決された（例えば、豪州－皮革事件（DS126））。

Ⅲ

評価と改革案

　勧告実施に長期間を要する紛争やいまだに勧告実施に至っていない紛争も存在するが、全体として実施率は約 90％と推計されており

（2017年時点）[7]、これまでのところWTO紛争解決手続は勧告実施確保の面で高い実効性を示している。しかし、コラムに見るように、この高い実施率が、対抗措置のリスクだけによるものではなく、むしろ各加盟国内のWTO体制及び同紛争解決メカニズムに対する長期的利益意識に支えられているとすれば、今後も継続的に高実施率を確保できるのかは、WTOが今後も各加盟国に対し長期的利益を与え続けられるかどうかにかかっている[8]。ドーハラウンドの長期的停滞や上級委員会問題（本書第1章Ⅳ(1)参照）に見られる米国の紛争解決手続に対する不信を見る限り、見通しは必ずしも明るいとは言えない。

　また、実施監視及び実施確保の側面での課題として、第1に、WTO紛争解決手続における勧告は将来に向けて違反措置を是正することを勧告するのみであり、過去の違反に対する損害賠償等は想定されていない。その意味で、国家による過去の投資協定違反を理由として損害賠償請求も認められる投資仲裁（本書第8章以下参照）とはその性格が大きく異なる。WTO紛争解決手続に過去のWTO協定違反を理由とした損害賠償請求を導入する案は一部には見られるが、

7　WTO, MC11 Buenos Aires 2017, Briefing Notes, Dispute settlement, at https://www.wto.org/english/thewto_e/minist_e/mc11_e/briefing_notes_e/bfdispu_e.htm.
2005年時点での85％との推計として、川島富士雄＝飯田敬輔＝内記香子「『WTO紛争解決勧告履行状況一覧』の作成に当たって」川瀬＝荒木編『前掲書』注(3)428頁以下、431頁。
8　川島富士雄「『貿易と環境』案件における履行過程の分析枠組みと事例研究」川瀬＝荒木編『前掲注書』(3) 357-358頁。

国際経済紛争解決手続法

積極的に提案する加盟国は見られない。第2に、勧告実施を促す効果を期待したものとはいえ、違反継続に対する対抗措置の発動が、結果としてWTOの目指す貿易自由化に反する状況を生み出してしまうことは、上述Ⅱ2(2)のEC－バナナ事件等の状況からも明らかであろう。仮に違反が長期間継続すれば、それだけ対抗措置の発動期間も長期にわたってしまう危険性がある。この問題に対する対応策として、上述Ⅱ1の米国－著作権法110条5項事件における米・EC間の代償合意に見られるような金銭賠償を積極的に認めるべきであるとの提案がなされているが[9]、DSUに関する交渉自体がとん挫しており、そのような提案の実現可能性は低い。

コラム　勧告実施は対抗措置のリスクのためか？

　国内法秩序に慣れ親しんだ法学学習者は、市民が法律を守るのは違反した際に制裁が加えられるからだとの結論に飛びつきやすい。WTO紛争解決手続も、しばしば英語で"The WTO Dispute Settlement Mechanism has teeth." と表現されるように、国際法の中では珍しく違反に対し対抗措置という形で実際に制裁が加えられるようデザインされており、その結果、本文Ⅲのような高い勧告実施率を維持できているとの理解が一般的であろう。しかし、勧告実施率の高さは、本当に対抗措置のリスクの結果なのだろうか。

　仮に違反と判定された国が途上国であれば、対抗措置として同国

9　Marco Bronckers and Naboth van den Broek, "Financial Compensation in the WTO: Improving the Remedies of WTO Dispute Settlement", *Journal of International Economic Law*, Volume. 8, Issue 1, (March 2005), pp.101-126.

が外貨収入源として依存する主要輸出産品に高関税が賦課されることをおそれて、いち早く違反を是正するという判断がなされる可能性は高い。他方で、経済規模の大きな先進国であれば、対抗措置のコストは必ずしも大きく見積もられない可能性もある。

　ここでWTO紛争解決手続において初めてのパネル及び上級委員会により審理がなされた米国－ガソリン基準事件（DS2、4）のパネル・上級委員会報告採択後の米国内での勧告実施状況を見ると、興味深い点が浮き彫りになる。1996年当時はWTO発足直後であり、米国自身が多くのWTO協議要請を既に行い、かつ準備中であった。そのため米国政権内では、米国申立案件での敗訴国に対し「悪い見本を示さない（not set a bad example）」ため、是非とも勧告を実施しなければならないという意識が強く働いていた。さらに米国議会内でも、当時、WTO紛争解決手続が重要であること、勧告を実施するためのルール改正を妨害すれば「米国の利益と多国間貿易システムを害することになる」こと、「発足直後のWTOにおいて、他加盟国に対し不利な裁定であっても遵守するという手本を示し（setting an example）、それによりWTOの信頼性（credibility）を維持する上で、米国は重要な役割を担っている」ことが意識されていた。ここには米国の少なくとも当時の「WTO体制の長期的利益」に関する認識が表れている[10]。

　同様に、日本－酒税事件の勧告実施過程では、酒税格差解消により大きなダメージを受ける焼酎の主要産地である鹿児島県選出の山

10　川島富士雄「『貿易と環境』案件における履行過程の分析枠組みと事例研究」川瀬＝荒木編『前掲注書』（3）328頁及び注65。

国際経済紛争解決手続法

中貞則氏が自民党税制調査会会長を務めていたが、彼は本件における問題を地元利益以上の、各地方に共通するものと捉えていたと言われ、拒否権を行使するのではなく、早い段階から「落としどころ」を見据え、税制改正案の審議をリードした[11]。ここにも、上記米国の例と類似のWTO体制や紛争解決手続の維持を長期的利益と捉える認識が見て取れる。

　上記の日米の事例は、パネル及び上級委員会の勧告実施率の高さが、単に対抗措置のリスクがあるためだけでなく、加盟国がWTO体制や紛争解決手続の維持を長期的利益と捉え、勧告不実施により、これらを損なうことを避けようと考えるがゆえであることを示唆する。

11　大矢根聡「国際規範の遵守と国内政治」川瀬＝荒木編・前掲注（3）161頁。

参考文献

阿部克則「WTO 紛争解決機関勧告履行手続の法的性格」川瀬剛志＝荒木一郎編『WTO 紛争解決手続における履行制度』（三省堂、2005 年）37-64 頁。

阿部克則「WTO 履行パネルの管轄事項」阿部克則＝関根豪政編『国際貿易紛争処理の法的課題』（信山社、2019 年）195-220 頁。

大矢根聡「国際規範の遵守と国内政治」川瀬剛志＝荒木一郎編『WTO 紛争解決手続における履行制度』（三省堂、2005 年）137-174 頁。

川島富士雄「『貿易と環境』案件における履行過程の分析枠組みと事例研究」川瀬剛志＝荒木一郎編『WTO 紛争解決手続における履行制度』（三省堂、2005 年）313-359 頁。

川島富士雄＝飯田敬輔＝内記香子「『WTO 紛争解決勧告履行状況一覧』の作成に当たって」川瀬剛志＝荒木一郎編『WTO 紛争解決手続における履行制度』（三省堂、2005 年）428-439 頁。

小寺智史「WTO 紛争処理制度と『妥当な期間』」阿部克則＝関根豪政編『国際貿易紛争処理の法的課題』（信山社、2019 年）167-193 頁。

デイヴィー、ウィリアム・J「WTO 紛争解決手続における履行問題」川瀬剛志＝荒木一郎編『WTO 紛争解決手続における履行制度』（三省堂、2005 年）1-35 頁。

Bronckers, Marco and Naboth van den Broek, "Financial Compensation in the WTO: Improving the Remedies of WTO Dispute Settlement", *Journal of International Economic Law*, Volume. 8, Issue 1, (March 2005), pp.101-126.

Sylvia Ostry, "The Uruguay Round North-South Grand Bargain, Implications for Future Negotiations," in Daniel L.M. Kennedy and James D. Southwick (eds.), *The Political Economy of International Trade Law* (Cambridge University Press, 2002) , pp.285-300.

第5章 パネル・上級委員会以外の紛争解決手続

❖ 張　博一[1] ❖

I 裁判手続と非裁判手続

II 相互に合意された解決

III 仲裁制度

IV 「その他の手続」の役割

[1] 小樽商科大学

I

裁判手続と非裁判手続

　国連憲章33条は、加盟国間で利害の対立が生じ、国際紛争が発生した場合に、交渉、審査、仲介、調停、仲裁裁判、司法的解決、地域的機関又は地域的取極の利用その他当事者が選ぶ平和的手段によって解決することを義務付けている[1]。これらの手段は、大きく「非裁判手続」と「裁判手続」に分けることができ、前者には、交渉、審査、仲介、調停、後者には仲裁裁判と司法的解決が含まれ、いずれの解決手段を利用するかは、紛争当事国が自由に選択することができる。

　紛争解決のために「非裁判手続」と「裁判手続」のいずれがより望ましいかについては、非裁判手続から最終的な判断に法的拘束力を持つ義務的裁判手続へと拡大、発展していくべきとの考え方がある一方で、裁判手続は様々な紛争解決手段の一つでしかなく、紛争の性格や異なる側面に応じてそれぞれに適合的な手段があって然るべきとする見方もある[2]。領土の帰属のような高度に政治的な問題について、たとえ国際司法裁判所の判断が下されたところで、完全な決着とはならないことが想像に難くないように、国際社会の分権構造に鑑みれば、国際法に準拠する中立・公正な裁判は紛争解決に重要なきっかけをもたらすが、紛争を常に解決に導く万能薬ではない。このことから、紛争当事国はそれぞれの紛争の性質に合わせて、多種多様な平和的解決手段のなかから一つ、あるいは複数の手段[3]を選択して紛争の解決に向けた努力を行うべきといえるだろう。

　このことは、国際法の一分野として位置づけられる国際経済分野に

も妥当する。WTO協定をめぐる紛争を解決に導くための手段として、DSUは、パネル・上級委員会手続に関する諸規則のほかに、協議（DSU4条）、あっせん・調停・仲介（DSU5条）、そして仲裁（DSU25条）についても定めている。しかし、周知の通り、WTO紛争解決制度においてこれまで、パネル・上級委員会手続による法的解決が圧倒的に主流を占め、司法化の進展はGATTの外交的性格からの変化を象徴するものとして賞賛されてきた。たしかに、国家間紛争を扱う数多くの国際裁判所の中で、過去27年間で600件以上の紛争が付託されてきた実績は一際目を引くものであり、パネル・上級委員会手続は多角的貿易体制の安定性および予見可能性を高めるうえで重要な役割を果たしてきた。

　他方で、国内の政治的・経済的利益と深い関連性をもつ国際経済紛争において、国家は遵守判断に際して、法規範意識のみならず、国内産業保護の必要性や国内世論といった内部的な要因が大きな比重を占める。また、2020年11月以降続く上級委員会の機能停止は、司法化は加盟国の主権とは緊張関係にあること、司法の肥大化はときとして紛争解決機関の存続そのものに関わることを再認識させる契機となった。これらのことから、パネル・上級委員会手続のほかに、当事国にとって相互に受け入れることが可能な紛争解決手段の補充的重層的適用を模索することが一層重要であるといえる。

　以上のことから、この章では、パネル・上級委員会手続以外の手段として、紛争当事国で相互に合意された解決を達するための手続（協議、あっせん・調停・仲介）（Ⅱ）と仲裁制度（Ⅲ）をそれぞれ概観し、これらの諸制度の特徴や国際経済紛争解決におけるその有用性について理解を深めることを目的とする。

Ⅱ
相互に合意された解決

1 – DSU4 条 協議

　国際紛争の最も原初的でありかつ有効な解決手段とされるのが、第三者を介さず、紛争当事国間で直接話し合いを行う「交渉 (negotiation)」である。交渉では、事実関係や争点の整理、当事者の主張の相違を確認し、国際法上の権利義務にとらわれない、政治的考慮を踏まえて柔軟に紛争の解決に向けた努力が行われ、大多数の紛争は交渉によって解決されている。実際、当事国間で交渉を尽くすことが求められ、「交渉によって紛争が解決されない」ことを国際裁判への付託条件としている条約も多い（交渉前置主義）[4]。

　DSU4 条では「交渉」ではなく、「協議 (consultation)」について規定している[5]。DSU 第 4 条 5 項では、「加盟国は、この了解に基づいて更なる措置をとる前に、対象協定の規定に従って行う協議において、その問題について満足すべき調整を行うよう努めるべきである」とし、7 項においても協議の要請を受けた日の後 60 日の期間内に協議によって紛争を解決することができない場合や、協議を行っている国が協議によって紛争を解決することができないと共に認める場合には、申立国はパネルの設置を要請することができる「協議前置主義」を採用している。その意味で、協議は独立した手段であるというよりも、パネル・上級委員会手続と合わせた一連の手続の、最初の段階と見ることもできる[6]。

もっとも、紛争当事国による協議は、パネル・上級委員会手続の開始前に限定されない。DSU3条7項は、「WTO紛争解決手続の目的は、紛争に関する明確な解決を確保することである」とし、そのうえで、紛争当事国にとって相互に受け入れることが可能な紛争解決は明らかに優先されるべきであると規定している。紛争当事国はパネル設置後から中間報告が出される間、中間報告から最終報告の間、最終報告書が紛争解決機関に提出される前、さらには報告書採択後も、相互に合意された解決 (mutually agreed solutions: MAS) に達するために、いつでも協議を行うことができる。実際、パネルの任務の一つとして、紛争当事国と定期的に協議し、紛争当事国が相互に満足すべき解決を図るための適当な機会を与えるとされている（DSU11条）。

　2021年12月31日までに行われた協議要請607件のうち、パネルが設置されたのは365件、さらにそのうちパネル報告が採択されたのは277件であり[7]、このデータは、およそ半数以上の紛争は当事国間での和解により解決したことを示唆している。2012年11月に、EUと10のラテンアメリカ諸国は、EUバナナ輸入制度に関する6事案について、相互に合意された解決に達したことを紛争解決機関に通報し、20年間にもわたるバナナ戦争が終結した。

　協議による解決は一般には私的な解決方法であり、その内容は秘密とされることから、強国に有利な解決が導かれやすいとされている。この点について、DSU3条5項は、協議等によるすべての解決は、WTO協定に合致しなければならず、いずれかの加盟国に与えられた利益を無効若しくは侵害し、又は当該協定の目的の達成を妨げるも

のであってはならないと定めており、合意された内容は、紛争当事国がWTO協定のもとで負う義務から逸脱しないことが求められる。また、そのことを確保するために、DSU3条6項は、「相互に合意された解決は、紛争解決機関並びに関連する理事会及び委員会に通報される。いずれの加盟国も、同機関並びに関連する理事会及び委員会において、当該解決に関する問題点を提起することができる」と規定し、和解に関する懸念を有する他の加盟国に異議を申し立てる機会を与えることで、紛争当事国間の和解内容が第三国の利益を害したり、WTO法に違反する可能性を防ごうとしている。

2 - DSU5条 あっせん、調停、仲介

DSU5条は、紛争当事国間で合意がある場合に、任意に用いることができる手続として、あっせん (good offices)、調停 (conciliation)、仲介 (mediation) について規定している。協議は紛争当事国で直接に交渉が行われるのに対し、あっせん、調停、仲介には第三者が関与し、その協力を得て和解を目指すところは共通している。国際法におけるこれらの手続の定義を確認すると、あっせん（斡旋、周旋ともいう）と仲介は類似しており、第三者が紛争の内容には立ち入らず、交渉のための機会や会議施設といった便宜を提供し、交渉の中身には踏み込まない場合にはあっせん[8]であるが、仲介はそれに加えて、第三者が両国の主張の調整し、具体的和解案を提示する[9]。あっせんと仲介における第三者は特定国の政府の長や国連事務総長といった政治的影響

力を持つことを背景に和解に必要な援助をするのに対して、調停は、紛争当事国の合意によって設置される個人資格の委員で構成される非政治的・中立的な機関がその専門性に基づいて、紛争の事実問題と両当事国の主張を調査・勘案し、友好的解決の和解案を提示する。

DSU5条では、あっせん、調停、仲介を並列に列挙し、紛争当事国間に合意がある場合には用いられる任意の手続としたが、上記の国際法上の定義とは異なり、これらの間で厳密には区別されていない。もっとも、「あっせん、調停又は仲介はWTO事務局長が職務上の資格 (ex officio) で行うことができる」（5条6項）としていることから、第三者の持つ政治的影響力を通じて当事国間の和解を促す、国際法上の仲介に近い性格であるとみることができ、事務局長の紛争への関与の程度によって、途中であっせんから仲介に変わることもありうる[10]。しかし、あっせん、調停、仲介のいずれについても、解決策は当事国を法的に拘束することはなく、これらの手続が終了した場合に、パネルの設置を要請することができ、また、パネル手続の進行中にもこれらの手続を継続することもできる。

2001年に、当時のM.ムーアWTO事務局長は、DSU 5条の手続の利用を促す文書を発出し、加盟国は紛争を交渉によって解決する機会を与えられるべきであり、自身はその援助をする用意があること、また、紛争に関する法的な検討は正式 (formal) な紛争解決手続に委ね、DSU5条手続は、相互に合意された解決を達するための援助のための努力と捉えるべきであるとした[11]。また、迅速かつ低費用による解決の観点から、2002年にはパラグアイ、2003年にはヨルダンから、発展途上国が紛争当事国である場合には、DSU5条手続は任

意ではなく強制とすべきであるとする提案がなされた[12]。実際、後発開発途上加盟国に係る特別な手続として、DSU24条2項は、事務局長又は紛争解決機関の議長は、後発開発途上加盟国の要請に基づいて、当事国が紛争を解決することを援助するために、あっせん、調停又は仲介を行う、と規定している。

しかし、その後も、DSU5条に基づく手続の利用は1件もない[13]。これはWTO紛争解決制度に特別に見られる事象ではなく、一般的な国際紛争においても、あっせん、調停、仲介の利用事例はわずかである。その原因は、これらの手続の長所としてみられてきた柔軟性にあるといえる。すなわち、60日間の協議を経てもなお解決できなかった問題については、提示される最終的な判断に法的拘束力が伴わない調停[14]よりも、紛争当事国は判決を下す裁判が持つ法的安定性の観点から望ましく、このことは、司法化が進んだWTOにおいては一層顕著となっている。

仲裁制度

1 – DSU25条 仲裁

WTO紛争解決制度では、パネル・上級委員会手続と独立・並立する「紛争解決の代替的な手段として」として、仲裁 (arbitration) に

ついて明文規定を置いている[15]。DSU25条は以下の4項目から構成されている。

第1項は、世界貿易機関における迅速な仲裁は、両当事国によって明示された問題に関する一定の紛争の解決を容易にすることを可能とするものであることと規定している。ここにいう「一定」の紛争の意味に関しては、当初、事実確認といった「比較的容易な解決しやすい問題」が念頭に置かれていたが、その具体的に意味するところまで議論を集約させることはできなかった。したがって、DSU25条仲裁に付託される紛争形態には明確な制限が課されておらず、紛争当事国間で合意したいかなる問題も仲裁に付託することができると解される。

第2項は、仲裁への付託は原則として当事国の合意に基づくこと、当該当事国は従うべき手続について合意すること、さらに、仲裁手続の開始は十分な余裕をもってすべての加盟国に通報されることが規定している。よって、DSU25条仲裁は紛争発生後に個別に設置されるアドホック仲裁であり、紛争当事国はその都度に仲裁人を選定し、裁判準則、時間枠組み、解決されるべき問題の範囲などすべての手続を決定する必要がある。他方で、仲裁判断を含むすべての解決は、WTO協定に適合するものでなければならないとされていることから、仲裁人はWTO協定に依拠して判断することが求められ、逸脱は認められないと解される。

第3項は、他の加盟国は当事国の合意によってのみ仲裁手続の当事国となること、仲裁手続の当事国は仲裁判断に服することについて合意すること、仲裁判断は、紛争解決機関及び関連する協定の理事会又は委員会に通報されることを規定している。第三国参加に関し

ては、実質的な利害関係を有すると通告した加盟国には自動的に第三国としての地位が与えられるパネル手続に比して厳格であり、紛争当事国の二辺的な関係を重視したものとなっている。第4項は「21条及び22条の規定は、仲裁裁判について準用する」ことを規定している。21条及び22条は紛争解決機関の勧告または裁定の実施を確保するための措置を定めているため、同項からもDSU25条仲裁はパネル手続と並行した独立の紛争解決手段として想定されていたことが窺える。

　DSU25条仲裁は手続の開始、付託する事項の範囲、裁判手続と裁判準則、第三国参加などあらゆる面において紛争当事国の合意を前提としており、その主権的意思を最大限に尊重する制度となっている。ところが、WTO創設から2022年4月現在までの27年間で、DSU25条仲裁が利用されたのはわずか1件[16]と、パネル・上級委員会手続への偏重は明らかであった。加盟国が紛争解決に際して仲裁を選択してこなかった原因は何に求められるだろうか。

　仲裁裁判と司法裁判を分ける確定した識別基準はないが、両者の最大の相違点はそれぞれの法廷の設置と構成の仕方の違いにある[17]とされる。この点、パネルは事件ごとに構成されるアドホック機関であり、またパネリストの選定に関しては事務局が候補者リストから紛争当事国に提案するとなっているが、その選定過程において当事国の広範な裁量が認められており、紛争当事国の意向を踏まえた任命を行うよう配慮がなされていること[18]を考慮すれば、構成面においてパネル手続は「仲裁」としての特色をもつ。機能面に関して、仲裁の利点として一般的に考えられているのが、手続の迅速性、非公

開性、当事国のニーズを踏まえた柔軟性である。

　まず、「迅速性」に関して、仲裁の場合、当事国は時間枠組みを自ら設定できるため、問題の迅速な解決が期待できると考えることもできるが[19]、パネルの検討期間も原則として6ヶ月を超えないこと（DSU12条8項）が定められており、仲裁がパネル手続と比べてどのくらい効率的に解決できるかは定かではない。非公開性に関して、パネルの審議は秘密とされ（DSU14条1項）、紛争当事国の意見書、他の加盟国が提出した情報も秘密のものとして取り扱われる（DSU18条2項）ことが原則である。また、「企業秘匿情報」についても、要請があった場合には特別な規則を追加することができるなどの点を鑑みれば、非公開制において、パネル手続と仲裁に大きな相違は認められない。（パネル・上級委員会の手続の非公開性の孕む問題については、第6章II.1を参照）最後に、柔軟性に関しては、パネルの最終報告書送付前に、紛争当事国はその見解を述べる機会を与えられるのみならず、それを踏まえて報告書の修正が行われる場合もあり、パネル設置後も、申立国から要請があった場合には審理は停止することができるなど、手続の柔軟な性格を反映している。

　このように、パネル手続は構成面、機能面双方において仲裁の利点を十分待ち合わせた制度設計となっているとするならば、紛争当事国が合意に基づいてDSU25条仲裁を用いる特別な動機が見出せないとの結論が導かれる[20]。また、DSU25条仲裁は上訴審をもたないことから、複雑さを増す国際経済紛争において加盟国が仲裁よりも法律審としての上級委員会を備えるパネル・上級委員会手続を選択することも要因の一つとして挙げられる。

2 – 多数国間暫定上訴仲裁制度

'忘れ去られた存在' であった DSU25 条仲裁は、上級委員会に変わる上訴を審理する暫定的な枠組みとして再び注目を集めることとなる。

上級委員会は 4 年任期（1 回に限り再任可能）の 7 人の委員で構成され、通常、個別委員の任期満了前に新しい委員の選任手続が行われる。しかし、米国は、上級委員会の司法積極主義を批判し、新委員の選任手続を阻止し、2019 年 12 月以降上級委員はすべて空席となっている。紛争当事国は上訴する権利を有するため、上訴を決定した場合に、上訴審理が終了するまでパネル報告書は採択され得ず（DSU16 条 4 項）、機能停止の上級委員会段階に案件が移行するという、いわゆる「空上訴」(appeal into the void) の事態が発生し、審理は進まず、膠着状態となる（第 1 章 V-5 参照）。

こうした事態を打開するための施策として、2020 年 4 月 30 日、EU を含む 19 の WTO 加盟国は「上級委員会の委員任命の行き詰まりに対する、必要な改革を含む解決こそが優先順位の高い緊急の課題で、引き続きこの課題に断固として積極的に取り組んでいく」ことを確認したうえで、上級委員会が正常な機能を回復するまでの間、DSU25 条に基づく仲裁手続を利用した多数国間暫定上訴仲裁制度 (Multi-party Interim Appeal Arbitration Arrangement、以下暫定上訴仲裁制度)[21] の設立を紛争解決機関に通報した。

上級委員会の機能不全に対処する方策として DSU25 条仲裁が選ばれた最大の理由は、DSU25 条仲裁は WTO 加盟国間の紛争を解決する手段の一つとして既に WTO 紛争解決制度に組み込まれていた

ためである。すなわち、上級委員会の機能停止という緊急事態を受けて、「空上訴」により判断が出されないままに、国家による一方的な違反とそれに対する対抗措置の応酬により多角的貿易体制が無秩序化することを防ぐ必要があった。そのためには、WTO 紛争解決制度の特色でもある二審制を確保しながら法的拘束力のある裁定を下す仕組みを早急に用意しなければならず、条約を新たに交渉する時間的余裕はなかったことがその背景にある[22]。また、DSU25 条 4 項は「(DSU)21 条及び 22 条の規定は、仲裁裁定について準用する」と規定していることも重要である。このことにより、DSU25 条仲裁の利用は、当事国を法的に拘束する裁定が得られるのみならず、裁定の実施を確保する手段として、DSU21 条 3 項の (c) に基づく「妥当な期間」を決定する仲裁や、DSU21 条 5 項に基づく遵守パネル・上級委員会、さらには DSU22 条に規定する代償又は譲許その他の義務の停止といった一連の WTO 紛争解決制度が利用可能であるという点において大きな利点をもつ。WTO 紛争解決制度の枠内で新たな仕組み[23] を迅速に作り上げることを重視した結果、事件ごと (ad hoc) に設置される仲裁をパネルの上訴機関として用いるという一見奇異な特徴を持つ暫定上訴仲裁制度が作り出されたのである。

　通常、パネル・上級委員会において判例法が十分に確立している WTO において、被申立国は自身にとって望ましくない結果となることが予見される紛争については、仲裁付託に合意する動機をもたない。そこで、暫定上訴仲裁制度は本文と 2 つの附属書から構成される「DSU25 条に基づく暫定的な多国間上訴制度」において、締約国が利用しやすいように仲裁準則、仲裁人の選定方法、その他手続に

ついて詳細な規定を設けている。仲裁準則については、独立性・中立性を維持しながら上訴手続の実効性を確保するために、DSU17 条が規定する WTO 上級委員会の機能を、原則として踏襲するとされている。仲裁人の選定については、参加国・地域間で合意した 10 人の仲裁人リストの中から、紛争ごとに選出された 3 人の仲裁人によって審理される。

仲裁人	国籍	主な役職・前職
Mateo Diego-Fernández ANDRADE ＊	メキシコ	弁護士
Thomas COTTIER ＊	スイス	学者
Locknie HSU	シンガポール	学者
Valerie HUGHES ＊	カナダ	官僚、弁護士
Alejandro JARA ＊	チリ	WTO 事務次長
José Alfredo Graça LIMA ＊	ブラジル	官僚、EU ブラジル大使
Claudia OROZCO ＊	コロンビア	弁護士
Joost PAUWELYN	EU	学者
Penelope RIDINGS ＊	ニュージランド	官僚、弁護士
Guohua YANG	中国	学者

＊ GATT/WTO パネリスト経験者

International Economic Law and Policy Blog 等を基に筆者作成

　暫定上訴仲裁制度規則は、次の 2 つの点において、上級委員会に対する米国の批判[24]を念頭においたと思われる内容となっている。まず、上級委員会が明確な理由や説明のないまま 90 日間を超えて審理を継続している点について、暫定上訴仲裁制度は、90 日以内に裁定を出すことができるよう、弁論回数の制限や判決文の枚数制限といった手続の簡素化を図るとし、必要な場合には当事国と協議して付託事

国際経済紛争解決手続法

項のうち不必要と考えられるものを除外することを提案し、当事国の同意がある場合にのみ、90日間を延長することができるとして配慮している。2つ目に、紛争当事国の国内法解釈に立ち入り、紛争解決のために不要なWTO協定上の解釈を傍論又は勧告的意見を展開するなど、上級委員会に認められた権限を超えて (judicial overreach) 活動しているとの指摘について、暫定上訴仲裁制度は、仲裁が審理する問題の範囲を、紛争を解決するのに必要な問題、紛争当事国によって提起された問題、パネル報告が扱った問題のみを検討するよう義務づけられている[25]。しかし、米国の批判は専ら上級委員会に対する問題指摘に止まり、具体的な改正案を提示しておらず、暫定上訴仲裁制度に対しても辛辣な態度を貫いている[26]。

　暫定上訴仲裁が上級委員会の代替措置として機能するためには多くの課題も残されている。まず、暫定上訴仲裁は、上級委員会がこれまでに行ってきたWTO協定の主要諸原則について、どのような解釈アプローチをとるのか、また、政治的に繊細な問題にどれほど立ち入ることができるのかなど多くの不確定要素があり、WTO判例法や予測可能性、判決の正当性は未知数である。また、これまでにパネル月設置された356件の紛争のうち、申立国として124件、被申立国として156件の当事国なっている米国は暫定上訴仲裁制度に参加していない。実際、中国からの特定産品に対する米国 – 関税措置事件 (DS543)[27] において、パネルでは米国のWTO協定違反が認定されたが、米国は上級委員会が機能しないという状況下でも上訴を表明し、現在も棚上げ状態が続いている。最後に、暫定上訴仲裁を牽引する役割を担うEUは、上級委員会の承認なしに、欧州委員会が

WTO 協定税率の適用の差し止めなどの対抗措置を取ることを可能に
する通商協定の適用・執行に関する EU 規則を改正した[28]。暫定上訴
仲裁制度の参加国であるブラジルもこれに追随して、同じく対抗措
置を発動できるよう国内法を改正した。

　EU が米国によるスペイン産完熟オリーブの輸入に係る AD 税及
び相殺関税について申立てを行った米国 – スペイン産完熟オリーブ
AD・相殺関税事件 (DS577) において、2021 年 11 月 19 日に、パネ
ルは米国による補助金協定、AD 協定の義務違反を認定している。ブ
ラジルについても、暫定上訴仲裁制度に参加していないインドネシ
アとの間で、インドネシア – 鶏製品事件 (DS484) で 2017 年にブラ
ジルの主張を認めるパネル報告書が出されている。このように、暫
定上訴仲裁制度は、参加国間では仲裁付託を、日本を含む非参加国
には一方的制裁を講じる、という WTO 加盟国内で更なる摩擦を生じ
させる可能性がある[29]。

　2022 年 4 月現在、25 の WTO 加盟国・地域[30]が参加を表明しており、
その数は全 164 加盟国・地域の 6 分の 1 程度にとどまる。もっとも、
EU、中国、カナダ、オーストラリアといった WTO 紛争解決制度の
主要利用国が参加していることは、制度の存在意義を一定程度に保っ
ているとみることもできるが、これまでに暫定上訴仲裁制度を利用
する意向が示された事案は 7 件、このうち 1 件は申立国による取下げ、
2 件はパネル報告書が採択され仲裁制度が利用されずに手続が既に終
了している。

　他方で、申立国であるトルコが暫定上訴仲裁制度の参加国ではな
いため、正確には暫定上訴仲裁制度を利用したものではないが、ト

国際経済紛争解決手続法

ルコー医薬品事件 (DS583) の上訴制度として DSU25 条仲裁を用いることについてトルコと EU とで合意がなされ、2022 年 7 月 25 日に仲裁判断が発出された[31ⅱ]。DSU25 条仲裁が利用されたのは米国 – 著作権法 110 条 5 項事件以来 WTO において 2 例目、パネル手続の上訴審としては初めてであり、さらに本件は、上級委員会が機能停止に陥っているなかで、暫定上訴仲裁制度が未だに利用されていない段階での上訴審事例となった。

　本報告書は、当事国から要請された期限である上訴後 90 日以内に発出されており、かつパネルにおいて十分に検討されなかった事項を指摘するなど、従来の上級委員会が果たす上訴審としての役割を担ったと評価できる。また、違反が認定されたトルコも仲裁判断を履行することを表明し、EU、日本、そして米国も DSU25 条仲裁の利用を通しての紛争解決を歓迎するとしており、紛争当事国間で「相互に合意された解決」を導いく手段としての DSU25 条仲裁の可能性を示した事例となった。米国と EU は、2022 年 1 月、双方が紛争当事国である米国－鉄鋼・アルミ製品事件 (DS548) と EU －通商拡大法 232 条リバランス措置事件 (DS559) のパネル手続の停止をそれぞれ要請し、紛争を DSU25 仲裁に付託することについて合意した[31ⅲ]ことを発表している。これらの事件が「トルコ－医薬品事件」に続くか、今後注目される。

暫定上訴仲裁制度の利用合意成立事案

DS	事件名	当事国	現状
522	カナダー商業用航空機事件	申立国：ブラジル 被申立国：カナダ	申立国による 申立取下げ
524	コスタリカー生鮮アボカド事件	申立国：メキシコ 被申立国：コスタリカ	パネル報告採択、上訴せず
537	カナダーワイン事件	申立国：オーストラリア 被申立国：カナダ	相互に合意された解決を通報
589	中国ーキャノーラ事件	申立国：カナダ 被申立国：中国	パネル設置
591	コロンビアー冷凍フライドポテト AD 事件	申立国：コロンビア 被申立国：EU	パネル設置
598	中国ー大麦 AD・相殺関税事件	申立国：オーストラリア 被申立国：中国	パネル設置
602	中国ーワイン AD・相殺関税事件	申立国：オーストラリア 被申立国：中国	パネル設置

DSU25 条仲裁

DS	事件名	当事国	現状
160	米国ー著作権法 110 条 5 項事件	申立国：EC 被申立国：米国	仲裁報告採択
583	トルコー医薬品事件	申立国：EU 被申立国：トルコ	パネル報告発出、仲裁判断発出

Geneva Trade Platform ウェブサイト等を基に筆者作成

国際経済紛争解決手続法

「その他の手続」の役割

本章では、パネル・上級委員会手続以外の紛争解決手続として、協議、あっせん・仲介・調停、そして仲裁裁判とそれをめぐる最近の動向について概観してきた。近年のDSU25条仲裁への注目は、上級委員会の「代替」としてではなく、一部の国による一時的な応急措置的対処に過ぎず、WTO紛争解決制度が持つ「常設性」の価値、判例法の蓄積の重要性はこれからも揺らぐことはない。その意味で、本章で扱った手段はこれまでも、そしてこれからも、パネル・上級委員会手続以外の「その他」の手続として位置づけられるであろう。

他方で、国際経済分野は国内の政治的利益と深い関連性をもち、公益や健康、国内利益団体の動向といった非正式な諸要素は違反国の遵守に大きく影響し、WTO加盟国は様々な利害関係を総合的に考慮して判断を下す。パネル・上級委員会が客観的な法基準を適用して違反認定を行えば、二間の交渉も法的に枠づけられて円滑に進む可能性はあるが、紛争解決手続にそれ以上の効果を期待することができるのか[32]については、紛争の性質を踏まえて慎重に検討する必要がある。

とりわけ近年、国家安全保障や知的財産権に関わる国家間の政治的対立が経済紛争となり、非貿易的関心事項がWTO紛争解決制度に付託される事案が増えてきている。国内の重大利益や政策が関わる複雑さを増す経済紛争を解決に導くためには、強制管轄権に始まり、法的判断に終わる自動司法手続よりも、紛争当事国双方にとって相

互に受け入れることが可能な紛争解決を目指す。そのための方法として、後発的発展途上国が関わる紛争において、事務局長による支援が行われるようにDSU5条の手段の独自の役割や、紛争事案の複雑化・多様化、上訴事案件数の増加による上級委員会の負担を軽減するために、DSU25条仲裁をより積極的に利用するための創意工夫について議論を深めていくべきであろう。

1　それぞれの解決方法の内容については、岩沢雄司『国際法』(東京大学出版会、2020 年) 第 16 章参照。

2　紛争処理方法の単線構造論と複線構造論については、玉田大『国際裁判の判決効論』(有斐閣、2012 年)、5-8 頁参照。

3　1979 年に発生した在テヘラン米国大使館員人質事件において、米国は、人質を救出するためのイーグルクロー作戦 (自助 :self-help)、米イラン間の貿易削減 (報復)、米国にあるイラン資産の凍結 (対抗措置)、イラン・米国請求裁判所 (仲裁裁判所)、国際司法裁判所への付託 (司法的解決)、アルジェリアによる解決案の提示 (仲介) といったように、様々な方法を用いて事件の解決を図ろうとした。

4　人種差別撤廃条約 22 条、女性差別撤廃条約 29 条、民間航空不法行為防止条約 14 条、生物の多様性条約 27 条、日米通商航海条約 24 条などが挙げられる。

5　「協議」と「交渉」は、紛争解決に向けた当事国による直接の話し合いという点においては同義であるが、紛争の発生を事前に防止することを目的とする場合には「協議」とし、既に顕在化した紛争を事後的に解決する手続としての「交渉」と区別することもある。

6　この部分については本書第 4 章パネル・上級委員会手続「協議」を参照。

7 WTO Website : understanding wto dispute settlement statistics.

8 例として、日露戦争後、1905 年に米国ルーズベルト大統領のあっせんに
よりポーツマスで講和会議が開かれた。

9 例として、米国クリントン大統領の仲介により、1978 年にイスラエルと
エジプトがキャンプ・デービッドで和平交渉が行われた。

10 事務局長はあっせんにおいては手続的・事務的な支援を監督し、調停に
おいては交渉に直接参加し、仲介においては適切な場合には紛争の解決
案を提示することもある。

11 Communication from the Director-General, ARTICLE 5 OF THE DISPUTE
SETTLEMENT UNDERSTANDING (WT/DSB/25 17 July 2001).

12 TN/DS/W/16(25 September 2002) ;TN/DS/W/43(28 January 2003).

13 2007 年に事務局長による DSU5 条に基づかないあっせんが 1 件 (EC バ
ナナ輸入制度に関してコロンビア (DS361) とパナマ (DS364) が要請し、
結果として、アテン・アメリカ諸国と EU の間で "Geneva Agreement on
Trade in Bananas" が合意された)、2002 年に事務局長が事務局次長を
仲介人に任命して仲介が行われた紛争が 1 件 (EC による ACP 諸国の優遇
がフィリピンとタイの利益を侵害したかについて話し合われ、結果とし
て仲介人の提案に基づいて相互に合意された解決が得られた)。

14 東京ラウンド諸協定の中には、協議によって紛争が解決されない場合に、
問題を国家代表で構成される協定委員会による調停手続に付託する規定
もあったが、DSU では廃止された。岩沢雄司『WTO の紛争処理』(三省
堂、1995 年)、43 頁参照。

15 DSU には、25 条の他に、' 仲裁 (arbitration)' と題された手続は二つある。
DSU 21 条 3 項に規定する、紛争解決機関の勧告及び裁定を速やかに実

国際経済紛争解決手続法

施することができない場合に与えられる「妥当な期間」を決定する仲裁と、DSU 22条6項に規定する、譲許その他の義務の停止の程度または形態を決定する「対抗措置」仲裁である。これらはいずれもパネル手続の実施措置であり、パネル・上級委員会手続の一部と位置づけるべきであることから本章の検討対象外とする。

16 米国‒著作権法110条5項事件 (DS160)。米国著作権法110条5項(B)が、小規模飲食店、小売店等の店頭における来客向け放送の一部につき著作権の免除を規定したことが TRIPS 協定等に違反するとして、EC がパネルに申立てを行った。2000 年5月、パネルは米国の違反を認定したが、米国は妥当な期間内に法案を改正できなかったため、EC に対して代償の提供を模索したが、支払うべき代償額について両国で合意に達することができなかった。そこで、DSU25条に基づいて EC が被った無効化・侵害の水準を決定する仲裁が設置された。このように、本件は、パネル手続の代替的な手段としての独立した仲裁ではなく、一時的な代償を決めるためだけに設けられたものであることに留意する必要がある。

17 杉原高嶺『国際法学講義』(有斐閣、2008 年) 565 頁。

18 濱本は「国家が仲裁か司法的処理の二つの選択肢を有する場合にあえて仲裁を選択する大きな理由は、判断者 (仲裁人) を自らの思うように選ぶことが国益に資するという判断が考えられる」としている。濱本正太郎「投資家対国家仲裁は「仲裁」ではない」浅田正彦、加藤信行、酒井啓亘編『国際裁判と現代国際法の展開』(三省堂、2014 年) 164 頁。

19 Chang-fa Lo, "The Shrinking Role of Article 25 Arbitration in DSU: A Proper Understanding of "Clearly Defined" Issues to Enhance Efficiency of WTO Dispute Settlement Procedures," *US-China Law Review*, Vol. 8,

Issue 10(2011), pp.887-888.

20   Tsai-Yu Lin, "How Far can Arbitration Practice as an Alternative Dispute Resolution within the WTO Go? A Perspective on Intellectual Property Dispute," *Contemporary Asia Arbitration Journal*, Vol.2, No.1 (2009) p.45.

21   WTO, "Multi-party Interim Appeal Arbitration Arrangement Pursuant to Article 25 of the DSU," https://trade.ec.europa.eu/doclib/docs/2020/march/tradoc_158685.pdf.

22   上級委員会に代わる組織の設立に関する最初の提案は、2017 年 11 月、Pieter Jan Kuijper 前 WTO 事務局法務部長によって 'The Real Friends of Dispute Settlement' としてなされた (詳細は https://worldtradelaw.typepad.com/ielpblog/2017/11/guest-post-from-pieter-jan-kuiper-professor-of-the-law-of-international-economic-organizations-at-the-faculty-of-law-of-th.html 参照) が、新たな条約を締結する必要があったことから頓挫した。ほぼ同時期に、DSU25 条仲裁案 (Anderson, Scott, Todd Friedbacher, Christian Lau, Nicolas Lockhart, Jan Yves Remy, and Iain Sandford,Using Arbitration under Article 25 of the DSU to Ensure the Availability of Appeals. CTEI Working Paper CTEI-2017-17 参照) が提示され、その後 EU を中心に支持を得た。

23   仲裁判断は紛争解決機関 (DSB) に通報されるが、DSB による採択を要しないため、仲裁が WTO 法体制においてどのように位置付けられるかについては、見解が別れるところである。Henry S. Gao, *Finding a Rule-based Solution to the Appellate Body Crisis: Looking Beyond the Multiparty Interim Appeal Arbitration Arrangement, Journal of*

International Economic Law Vol.24(3)(2021),pp.9-10 参照。

24 United States Trade Representative, Report on the Appellate Body of the World Trade Organization, February 2020.

25 MPIA 付属書 1 paras. 10-14.

26 D. Ravi Kanth, US rejects EU-led interim appeal arbitration arrangement, Third World Network, SUNS #9134, 9 June 2020, https://twn.my/title2/wto.info/2020/ti200608.htm.

27 United States — Tariff Measures on Certain Goods from China (DS543)

28 Regulation (EU) 2021/167 of the European Parliament and of the Council of 10 February 2021 amending Regulation (EU) No 654/2014 concerning the exercise of the Union's rights for the application and enforcement of international trade rules.

29 EU、ブラジルが制度化した一方的対抗措置導入の可否に関する議論について、「WTO 上級委員会の機能停止下の政策対応研究会中間報告書」(2022 年 6 月)9-11 頁参照。

30 オーストラリア、ベナン、ブラジル、カナダ、中国、チリ、コロンビア、コスタリカ、エクアドル、EU、グアテマラ、香港、アイスランド、マカオ、メキシコ、モンテネグロ、ニュージーランド、ニカラグア、ノルウェー、パキスタン、ペルー、シンガポール、スイス、ウクライナ、ウルグアイ

31 [i] Turkey – Certain Measures Concerning the Production, Importation and Marketing of Pharmaceutical Products (WT/DS583/ARB25),July 25 2022.

[ii] Steel &ALUMINIUM EU-US Joint Statement(31 October 2021) 参照。

32 伊藤一頼「WTO における紛争処理の意義と限界 – 司法化の進展と政治的解決の位相」『国際問題』No.597(2010 年 12 月)。

参考文献

・岩沢雄司『WTO の紛争処理』(三省堂、1995 年)、36-54 頁。

・Wolfgang Alschner, "Amicable Settlement of Disputes: Bilateral Solutions in a Multilateral System", *World Trade. Review*, vol. 13, No. 1, pp.65-102, 2014.

・Alvarez-Jiménez, Alberto. "Mutually Agreed Solutions under the WTO Dispute Settlement Understanding: An Analytical Framework after the Softwood Lumber Arbitration", *World Trade. Review*, vol. 10, No.3, pp.343-373, 2011.

・Di Hao, "Compliance Problems Under WTO Disputes Settled By Mutually Agreed Solution", *Georgetown Journal of International Law*, vol. 49 pp.887-927,2018.

・Joost Pauwelyn, "The Limits of Litigation: Americanization" and Negotiation in the Settlement of WTO Disputes", *Ohio State Journal on Dispute Resolution*, vol. 19, No.1, pp.121-140, 2003.

・Antonello Tancredi, "EC Practice in the WTO: How Wide is the 'Scope for Manoeuvre'?", *European Journal of International Law* vol. 15, No.5, pp. 933-961, 2004.

・Henry Gao, Finding a Rule-based Solution to the Appellate Body

Crisis: Looking Beyond the Multiparty Interim Appeal Arbitration Arrangement, *Journal of International Economic Law,* Vol. 24, No.3, pp. 534–550, 2021.

· Jens Hillebrand Pohl, "A blueprint for a plurilateral WTO Arbitration Agreement under Article 25 of the Dispute Settlement Understanding", in D. Prévost, I. Alexovicova, & J. Hillebrand Pohl (eds.), *Restoring trust in trade: Liber amicorum in honour of Peter Van den Bossche*, pp. 139-155, 2018.

第6章 WTO 紛争解決手続における透明性と説明責任

◈ 関根豪政[1] ◈

I	WTO 紛争解決手続における透明性や説明責任への注目度の高まり
II	WTO 紛争解決手続における透明性
III	説明責任の問題
IV	さいごに

---

[1] 横浜国立大学

WTO 紛争解決手続における透明性や説明責任への注目度の高まり

　WTO 紛争解決手続は「王冠の宝石」と形容されることが多い。これは、WTO において紛争解決手続が極めて有効に機能してきたことを受けた表現である。前身の GATT 時代の紛争解決手続においては、パネルの設置や報告書の採択がコンセンサス方式で決定されていたため、政治的な影響に弱く、報告書が採択されないこともしばしばであった。そこで WTO では、ネガティブ・コンセンサス方式（パネルの報告書が、採択しないとの決定を全開一致で行わない限り採択されることになる、本書第 3 章も参照）や上級委員会制度を導入し、「司法化」ないし「法化」を進めたのである。加えて、WTO におけるルール・メイキングの過程が停滞することで、紛争解決手続に（暗黙のうちに）立法的な機能をも委ねる傾向が強まり、その存在意義がますます高まる事態に直面していったのである。

　そのような WTO 紛争解決手続の「司法化」は、紛争解決制度の適切性に焦点が集まる契機となる。つまり、WTO 紛争解決手続は十分に「透明性」や「説明責任」を実現しているのかという疑問を生み出す。前者の「透明性」の一要素として注目されたテーマが、パネルや上級委員会の手続（紛争当事国などとの会合）の公開問題である。また、透明性に関しては、上級委員の選任プロセスの問題も含まれる。上級委員会の判断が、各国の政策のみならず、WTO のルールの運用自体に与える影響が大きいことから、どのような過程を経

て上級委員が選定されているのかについて関心が向くことになる。

　そして「説明責任」については、パネルや上級委員会がその任務を貫徹しているかという問題として捉えられる。すなわち、パネルや上級委員会が適切に審議を完了して（説得性のある判断を提示して）、紛争の解決という目的に貢献しているかという問題である。例えば、現行のWTO紛争解決手続においては差戻し制度が導入されていないことから、上級委員会でパネルの判断が覆されると、最終的な判断が明示されない事態が生まれうる構造となっている。このような事態の発生は被申立国の履行を不透明とするため、WTO紛争解決手続の説明責任を著しく低下させることになる。また、初期の事例では少なかったが、最近は、上級委員会において個別意見（主に反対意見）が示されることが多くなり、その運用次第ではそれもまた、最終的な判断を曖昧なものとする。とりわけ、現行の制度では個別意見は匿名とされているため、これが無責任ともいえる見解の提示につながる恐れがある。個別意見の運用も、WTO紛争解決手続の説明責任の達成を左右する要因となる。

　以上のような、WTO紛争解決手続における透明性と説明責任への関心の高まりを受けて、この章では、透明性については手続の公開と上級委員の選定を、説明責任については差戻し制度をめぐる議論と個別意見の運用を取り上げて、その実情を描き出していきたい。

165

WTO 紛争解決手続における透明性

1 − パネル、上級委員会手続の公開

　日本国内の裁判における各手続が原則公開とされるように、WTO
の紛争解決手続も「司法化」したのであれば、パネルや上級委員会
と紛争当事国などとの間の会合が公開されて然るべきという論理に
なるであろう。しかし、DSU においては、パネルや上級委員会の手
続は原則非公開とする規定が存在するため、公開の可否が論点とさ
れてきた。具体的な条文を挙げると、パネルについては DSU 附属書
3 の 2 項が該当し、パネルの会合は非公開と規定する。上級委員会
については、17 条 10 項が「上級委員会による検討は、秘密とされる」
としている。しかしながら、これらに拘わらず、パネルや上級委員
会の会合が公開される例は少なくない。その根拠はどこにあるのか。

　まず、パネルから論ずると、会合の公開を最初に認めたのが米国
−譲許停止継続事件／カナダ−譲許停止継続事件（DS320、321）で
あった。先で述べたように、DSU 附属書 3 の 2 項は非公開とするの
であるが、DSU は同様に 12 条 1 項にて、パネルは「紛争当事国と
協議の上別段の決定を行う場合を除くほか、附属書 3 に定める検討
手続に従う」と規定する。よって、当該条文に従うと、パネルは自
己の裁量で附属書 3 から逸脱することが認められ、会合を公開する
ことが可能となる。

　他方で、上級委員会については、DSU12 条のような原則からの逸

脱を認める明示規定がない。しかし、上級委員会は、実際の判断を通じて手続を公開してきた。上級委員会は論拠として DSU18 条 2 項を取り上げ、当該条文が「この了解のいかなる規定も、紛争当事国が自国の立場についての陳述を公開することを妨げるものではない」と規定していることなどから、紛争当事国が「自国の立場についての陳述」の秘密性を解除することを許容しているのであれば、17 条 10 項が示す秘密性規則は絶対的なものとは捉えられないとして、会合の公開を認めてきた（米国－譲許停止継続事件／カナダ－譲許停止継続事件上級委員会報告書）。

　このようにパネルや上級委員会は自らの決定として手続の公開を認める実務を実現してきたのであるが、実際には、当事国の合意を基礎としてきた。そのため、一方当事国が否定的な場合には、手続の公開要請を棄却している例もある。

　その後、近年になると、一方当事国が公開を望んでいる状況において、その当事国に関連する会合内容のみ公開すること（部分公開）の是非が議論されるようになる。目下のところ、6 件の手続においてその点が検討されており、2 件で是認、4 件で否認する判断が示されている（表 1 参照）。肯定された手続においては、①第三国参加している国との会合では、一部のみを公開の対象とする実務が存在すること、②録画や編集という手段をとることで公開を希望しない当事国の立場が公開される事態を防げること、③部分公開では聴衆が一部の情報しか接しない状況が生まれるが、これは DSU18 条 2 項が自国の立場の公開を認めている以上、会合を非公開にしたとしても発生しうること、④当該事案がイルカの保護という一般公衆からの関

心が高い事項を含むこと、⑤DSU22条6項仲裁手続や実施確認手続においては簡潔な会合が1回のみ開催されること、⑥部分公開が要請された仲裁手続と同時期に同様の紛争を扱う実施確認パネル手続が進行しており、事務局のサポート体制が十分に確保できたことなどが理由として挙げられている。

表1　一方当事国のみが部分公開を望んだ事例

部分公開を是認	部分公開を否認
・米国－マグロ II 事件（DS381）22条6項仲裁 ・米国－マグロ II 事件（DS381）21条5項パネル	・米国－綿花事件（DS267）21条5項パネル ・米国－OCGT 事件（DS488）パネル ・中国－農業生産者事件（DS511）パネル ・インド－輸出関連措置事件（DS541）パネル

　それに対して、部分公開を拒絶した事例のうち最初の3つの紛争では、①公開の要請が第1回目の会合の1週間前になされたという背景があったこと、②時間的な制約から、必要な防止策がとれずに、他方当事国が秘密と指定した情報が開示される危険性があること、③断片的な情報公開は一般聴衆の適切な理解を妨げるという弊害をもたらすこと、④他の第三国のいずれも紛争当事国の合意のない状態での部分公開に否定的な姿勢を示したこと、⑤会合が公開されなくとも、紛争当事国が自らの立場を別の場で公開することが否定されるわけではないこと（あるいは、自らの立場の公開が会合の部分公開を通じて行われなければならない理由が示されていないこと）、⑥秘密の情報が多くなり得る紛争では公開の実益性が乏しいこと、⑦他

方当事国が部分公開を拒否していることなどが理由として挙げられていた。しかしながら、部分公開を拒絶した最新の事例であるインドー輸出関連措置事件（DS541）では、紛争当事国の一方の強い異議のみを根拠に拒絶されている。

　部分公開の法的根拠に際しては、DSU18条2項が頻繁に言及される。これは、手続の公開の決定に際してパネルや上級委員会が依拠してきたことに起因するが、他方で、部分公開を否定したパネル（中国ー農業生産者事件（DS511））は、各加盟国が自国の立場を公開する権利を有することが、パネルが公開を認めることを必須とする根拠にはならないと判断している。また、18条2項はパネルからの許可を何ら問題にしないのに対して、12条1項に基づく手続公開はパネルの許可を要する事項であることから、両者は混同されるべきではないとする判断も示している。

　以上の判断実績に鑑みると、今後、部分公開が要求されたとしても、否定的な判断が示される可能性は高いと思われる。特に、要請していない他方当事国の意思を尊重した判断を重視すると、その結論は顕著となろう。そもそも部分公開は、紛争当事国の一方が公開に否定的であるからこそ、そのような議論となっているという背景がある。従って、一方当事国に関連する会合内容のみ公開する手続は例外的な位置づけになっていくと思われる。

　なお、2020年以降はCOVID-19のパンデミックを受けて、パネル会合が書面のみ、あるいは、ビデオ会議方式で実施されるようになっている。その中で、2021年9月にパネル報告書が回付された米国ースペイン産完熟オリーブAD・相殺関税事件（DS577）では、ビ

デオ会議が公開された。具体的には、録画された会合が事後的にインターネット配信された（他方で、米国－太陽光発電設備セーフガード事件（DS562）では、パンデミック発生前に手続公開を要請する米国の主張が棄却されているため、バーチャル会合も非公開で実施された）。今後もビデオ会議方式での会合が公開される事例が出現する可能性はある。

2 – 上級委員の選定プロセス

　WTO 紛争解決手続の「司法化」は、その判断を示す上級委員の影響力を強めることを意味するため、委員の選定過程が重要となる。しかし、選定過程の詳細については手続規則としての役割を果たすDSU には記載されていない。委員の条件としては、専門知識により権威を有する、あるいは、特定の政府と関係を有してはならないという身分上の条件に加えて、加盟国を広く代表することが求められているが（DSU17 条 3 項）、それ以上の詳細は設けられていない。

　そこで、選定過程について方針を示したのが、上級委員会の設立に関する紛争解決機関文書（WT/DSB/1）である。もっとも、そこでも選定過程は簡潔に述べられるのみである。同文書の第 13 段落は、加盟国が候補者を提案できること、事務局長ら 6 名で構成される選定委員会による提案を踏まえて DSB で委員が決定されることを提示する。

　以上が大枠であるが、現実には、次のような流れを辿る。まず、

各加盟国が候補者を提案すると、そこから各候補者は他の加盟国の代表との面接を通じてその考えなどを問われることになる（他方で、候補者はその過程を通じて各国の支持の獲得を目指す）。それと並行して、選定委員会は、各加盟国との面談や、受領した各加盟国からの書面による意見書に基づいて、候補者の絞り込みを行う。それらを経て、最終的に、選定委員会が欠員分を補充するのに必要な人数の上級委員を提案することになる。

　候補者と加盟国との面談の際に、各加盟国から問われる質問の内容に定まった方針はない。初期は、委員の国籍分布が強い関心事項であったため、候補者のWTO協定の解釈方針や、上級委員会制度の性質論に対する認識について問われることは少なかった。しかし、その後、上級委員会の判断実績が集積し、それらに対する各国の注目が高まるにつれて、各国が上級委員の解釈方針に対して極めて強い関心を抱くようになり、選任前に綿密に各候補者の志向を吟味するようになっていく。これは上級委員の選定の政治化を意味し、各国が、上級委員会の独立性や中立性よりも、自国の都合に沿う判断を示す組織であるか否かを優先するようになったとも理解できる。表2に最初と機能停止前の上級委員の名前を載せたが、独立性の高い学者や法律家が多数派を形成していた初期メンバーに対して、機能停止前の委員は政府と関係が強い人物が選定される傾向が強まっていることが分かる。

表2　最初の上級委員と機能停止前の委員の職業・経歴

最初の上級委員	主な役職・前職	機能停止前の上級委員	主な役職・前職
James Bacchus	議会議員、USTR特別顧問	Thomas R. Graham	USTR 次席法律顧問
Claus-Dieter Ehlermann	学者、欧州委員会法規部長官	Peter Van den Bossche	学者、上級委事務局
Mitsuo Matsushita	学者	Hyun Chong Kim	貿易大臣
Christopher Beeby	大使	Hong Zhao	WTO 公使
Florentino Feliciano	最高裁判事	Ujal Singh Bhatia	WTO 大使
Julio Lacarte-Muró	大臣、大使	Ricardo Ramírez-Hernández	弁護士、官僚
Said El-Naggar	学者	Shree Baboo Chekitan Servansing	WTO 大使

Appleton (2016)、WTO ウェブサイト等を基に筆者作成

　このような上級委員会の選定過程は透明性の観点から問題がある
だろうか。次の2点に透明性の欠如が指摘されるかもしれない。す
なわち、第1に、各加盟国が選定する候補者の決定過程、第2に、
WTO の選定委員会における提案決定の過程である。既に述べたよう
に、候補者は各加盟国の提案となるため、その過程が不透明である
と、その中から委員を選ばざるを得ない手続である以上、最後まで
選定の不透明性がつきまとう。そして、選定委員会による提案の決
定過程も公開文書には記録されないことから、ここでもブラックボッ
クスとなる。しかしながら、今まで、透明性の欠如を指摘する声は
多少見られたものの、大きな論争を引き起こした経緯はなかった。
　それでは、上述した上級委員会の選定方式は継続されるべきか

否か。目下のところ、上級委員会の機能不全を受けて提示された各種の上級委員会改革案においては、その点についての改革を明確に主張する例はない。例えば、2019年11月28日付のWTO一般理事会における決定草案（WT/GC/W/791）では、任期満了予定の上級委員の後任選定過程が自動開始されることは求めるものの、選定過程は過去の慣行に倣うとされている。多数国間暫定上訴仲裁制度（Multi-party Interim Appeal Arbitration Arrangement、以下、暫定上訴仲裁制度、詳細は第6章参照）においても、10名の仲裁人プールの選定は上級委員の選定に類似した方法が採用されている（JOB/DSB/1/Add.12, Annex 2）。

　他方で、上級委員会の任期や再任についての改革案は多くみられる。例えば、EU、中国、インド、モンテネグロの4カ国で提示した上級委員会改革案（WT/GC/W/753/Rev.1）では、上級委員を6から8年の任期とし、再任制度をなくす提案が提示されている。このような上級委員の任期の改革については、必ずしもすべての国からの賛同を得られていないため（例えば、上記の一般理事会の決定草案には含まれていない）、実現は不透明であるが、仮に実現されることになれば、上級委員の選定過程の透明性向上がより強く求められる契機ともなる。なお、暫定上訴仲裁制度においては、暫定制度であることから仲裁人の任期は設定されていない。しかし、10人の仲裁人プールはその構成から2年後以降、定期的な部分的再構成の対象とされている。

　この点、EUの司法制度では、裁判官選定に次のような手続が用いられている。まず、司法裁判所においては、裁判官は各EU加盟国か

ら1名選定され、その任期は6年で再任が可能とされる。選出時には、EU機能条約255条に基づいて設置された資格審査員会が、候補者の適正に関する意見書を提出することになる（この制度はリスボン条約制定時に創設）。審査員会は、候補者が選定された方法の妥当性（つまり独立性の確保）を含め、多角的に候補者を審議することになる。委員会が作成する意見書は拘束力を有さないとされるが、実際には、否定的な意見書が候補者の任命に至らなかった要因と考えられる例もあり、事実上の拘束力を有していると評価されている。意見書は、新任裁判官に対してのみならず、再任時にも発出されることになる。

　審査員会の創設は、EUの裁判制度における裁判官選定過程の客観化に貢献したとされる。たしかに、意見書は加盟国政府に対してのみ配布されることになるため、それ自体が透明性を高めることはないが——それゆえに現在でも、委員会制度のさらなる透明性向上を求める声は強い——各EU加盟国における選定過程の適切性が審査員会で審議されるため、加盟国国内の制度の改善につながっている。

　今後、WTOの上級委員（あるいはそれに相当する制度）の選定過程の透明性を向上させるのであれば、EUの過程に見られるような第三者評価機関に類する組織の整備も一案である（現行の選定委員会にそのような機能を期待することも考えられる）。たしかに、現時点では実現性は極めて低い。上級委員会の選定過程が高度に政治化してしまった状況下では、透明性の高い制度に移行することは容易ではない。実際に透明性を高める目立った提案が存在しないことも、透明性を高めることへの要望の少なさ（少なくともWTO関係者の間において）を体現していると言える。とはいえ、今後の貿易紛争解

決制度の在り方を検討する上で、裁判官（上級委員）の選定方法は
重要な一要素になるだろう。

説明責任の問題

　WTO 紛争解決制度の「説明責任」として、ここでは、「紛争の解
決に向けて、WTO の紛争解決制度は、十分かつ適切に説明を行う
形で貢献しているのか」という論点を取り上げて説明する。パネル
や上級委員会が、紛争の解決に向けた明確な道筋を提示しなければ、
むしろ紛争解決制度に付託することは混乱を助長するだけにもなり
かねない。その点を考察するために、本節では、差戻し制度の不在
の問題、上級委員会における個別意見の運用に焦点を当てたい。

1 – 差戻し制度の不在

　WTO の紛争解決制度には差戻し制度が存在せず、かつ、上級委員
会の検討対象はパネルの法的な問題や法的解釈に限定される。その
ため、上級委員会がパネルの判断を覆した場合に、結論を出すうえ
で必要な事実認定が存在しないと（パネルが事実関係の評価を行っ
ていないと）、判断を完遂することができずに手続が終了してしまう。

実施確認手続のパネルで対処できる場合も考えられるが、それが難しいとなると、明確な判断を得るために新しい手続を一から開始せざるをえない。このような煩雑性ゆえに、判断が不明瞭なまま手続が完結してしまうと、上級委員会が「説明責任」を果たしたとは言い難い事態が発生する。

　上級委員会が自判する上で必要な事実認定が不足する事態を回避するために、パネルは、特定の措置に関する結論を出したとしても、予備的に検討を継続することで、上級委員会で判断が覆された場合に備えている。しかし、これは手続の長期化や報告書の長文化を招く恐れがあると同時にで、上級委員会の判断をすべて予測することは困難なため、完全に問題を解消することにもならない。さらに言うと、予備的な判断はパネルが自らの判断が覆される可能性を示しているのであり、本質的に矛盾した取り組みとも言える。

　このような背景を受け、差戻し制度の導入を主張する改革案は、各国政府（例えばカナダの提案、JOB/GC/201）や学術界[1]から多く出されてきた。なかには、差し戻されたパネルが同一のパネルとなるとは限らない（同じパネリストから構成されるとは限らない）ため、常設パネル制度の導入を含めた制度改革が必要だとする指摘も見られる[2]。

　差戻し制度の不在がネガティブな結果を招いたと言える一例が日韓間で争われた韓国－放射性核種事件（DS495）である。本件は、福島第一原子力発電所事故を受けた韓国の水産物などの輸入規制を、日本が「衛生植物検疫措置の適用に関する協定」（SPS 協定）に違反するとして訴えた事例である。パネルは、韓国の制限の多くが必要

以上に貿易制限的である、あるいは、同様の条件の下にある加盟国間で恣意的に又は不当に差別していると判断したが、上級委員会はそれらを破棄した。しかし、上級委員会は、措置の適法性に関する最終的な判断を下さなかったため、結論が曖昧なまま手続が完了している。たしかに、本件では、日本が上級委員会に分析の完遂を明確には要求していなかったという背景はあったが、紛争当事国が分析の完遂を要求しない限り上級委員会が分析を完遂してはならないという慣行は確立していないと言える。また、分析を完遂させることができない場合には、上級委員会はその根拠を提示するのが一般的である。本件のように、分析を完遂させるべきか否かに言及しない、あるいは、分析を完遂させなかった理由を明確に説明しない例は珍しい。いずれにせよ、このように措置の適法性に関する最終的な結論が示されないと、紛争当事国の双方が納得する解決が達成されなくなってしまう。

　それでは、WTO の紛争解決制度において差戻しは実現できるだろうか。差戻し制度を、DSU 改正を通じて導入することは一案であるが、まずは、現行の DSU 下で実施は可能か考えてみたい。DSU は差戻し制度を定める規定を有さないが、他方で、明示的に禁止する規定も有さない。よって、手続的権限の一部として上級委員会の職権で導入することも考えられなくもない。それを認めることを示唆する立場もあるが、上級委員会自身が実際にはそれを行っていないことは、上級委員会は自身がそこまでの権限を有していないと捉えてきたと理解される。

　あるいは、DSU17 条 6 項を実質的に緩和する解釈も考えられる。

同条によると、上級委員会の検討対象となるのは①「〔パネル〕の報告において対象とされた法的な問題」もしくは②「〔パネル〕が行った法的解釈」に限定されている。これに、上級委員会が法的な問題を解決するために、その範囲での事実認定を行うことを含める考えである。このような主張においては、パネルの事実認定も結局は当事国の情報提供に基づいていることから、上級委員会にも同様の役割を期待できるという考えが下支えとなっている[3]。

　また、興味深いのが、前章で論じられている暫定上訴仲裁制度が議論される以前から、差戻しの代わりとなる紛争を DSU25 条仲裁の下で実施することが提案されていた点である[4]。つまり、差戻しが不可能であれば、上級委員会が完遂できなかった論点に絞って仲裁手続を DSU25 条の下で実施し、それを状況に応じた簡略化された手続で進めようとする見解である。

　このように、現行制度下で差戻し制度を実現すること（あるいはその不在を緩和する仕組み）は不可能ではないとする論理は散見されるが、実務上はそのような試みは明白には行われていない。おそらく、差戻し制度を導入するのであれば、DSU の改正が妥当な手段となろう。実際、進行中の DSU 改革交渉においても差戻しは「主題的な」論点の一つに挙げられている。しかし、現実には、差戻し自体が必要か否かで、あるいは、必要と捉える加盟国の間にも、制度設計で見解の相違が生じており、2019 年の時点（TN/DS/31）で「相当の隔たりがある」と表現されている。差戻しに否定的な立場からは手続の遅延や多用への懸念が主に指摘されており、肯定派の間においても、差戻しの開始条件、差戻し時の報告書の採択方法、差戻

しを含めた手続全体の期限設定、差戻しの限度回数などについて見解の相違が見られる。

　この点、暫定上訴仲裁制度では差戻しはどのように扱われるのであろうか。2020年4月にWTOに通報された、暫定上訴仲裁の基本手続合意（JOB/DSB/1/Add.12, Annex 1）においては差戻しの問題について何も触れられていない。暫定上訴仲裁制度の構築に貢献し、かつ、過去に差戻し制度の提案を行ってきたEUやカナダが、仲裁制度に差戻しの仕組みを明示的に導入しなかったことは、仲裁制度においても、上級委員会のように極力自判で対処する制度を基本軸にしていると推測される。とはいえ、上級委員会における差戻し制度必要論は根強いため、今後、仲裁上訴制度の運用が活性化すると、差戻しについての議論も再浮上する可能性はある。

　以上をまとめると、まず、既存の上級委員会制度においては、差戻しに否定的な運用がされており、上級委員会は極力、パネルの事実認定を基礎に分析の完遂を試みている。しかし、それでも分析を完遂できない例は散見され、なかには紛争解決制度が「説明責任」を果たしたとは言い難い案件も見られる。そのような傾向は差戻し制度の導入を推進する動機づけとなるが、他方で、WTO加盟国の総意として導入に肯定的な見解が形成されるまでには至っていない。そのため、暫定上訴仲裁制度では差戻し制度の導入が試みられておらず、上級委員会が復活する場合も含め、短期間で差戻し制度が導入される可能性は低いと見込まれる。さりとて、上訴制度が維持されるのであれば、差戻し制度の要否は常に検討議題となりえるのであり、制度構築が進展する余地はある。

2 – 上級委員会における個別意見

　上級委員による個別意見も、その運用次第では紛争解決制度の加盟国に対する「説明責任」を減ずる要因となる。つまり、個別意見が不適切に提示されることで、報告書に示される判断が不明瞭となり、紛争当事国の指針とならない場合である（パネリストの個別意見も上級委員と同様の問題を含むが、更なる上訴がない上級委員による個別意見はより一層問題が大きいことから、ここでは上級委員の個別意見を中心に論ずる）。

(1) 個別意見制度概説

　上級委員会手続における個別意見（separate opinion）の法的根拠はDSU17条11項とされるが、同条文はあくまで「報告の中で各委員が表明した意見」を匿名とすると規定するのみであり、委員の個別意見を管理統括する規定ではない（パネルについての同様の規定はDSU14条3項）。また、上級委員会検討手続においても個別意見についての固有の規定は設けられていない。よって、これまで提示されてきた個別意見についての詳細（例えば、個別意見の記載方法や提示のタイミング）は、実際の紛争解決を通じて確立されてきたという経緯がある。

　現実問題として上級委員会は、その決定をコンセンサスに基づくことが推奨されることから（上級委員会検討手続第3規則(2)）、個別意見が提示されづらい背景がある。その結果、実際に個別意見が提示された事例も比較的少数であった。2021年12月時点で、上級

委員会報告 148 件に対して、個別意見などが記載されているのは 13 件の 8.8％にとどまる。しかも、その多くはここ 5 年程度に集中している（2016 年以降で 7 件）。この近年の個別意見の態様については後述 (2) で改めて触れる。

　パネルを含めた WTO の紛争解決手続における個別意見の特徴は匿名性である。個別意見の匿名化は、健全な法的議論に寄与しうる。匿名化は、利害関係者の詮索から意見表明者を遮断させ、純粋に法的な観点から自己が正当と捉える見解の表明を可能にさせる。換言すれば、質の良い意見の表明につながる。その結果、個別意見がその後の解釈論を発展させる契機になるかもしれない。あるいは、上級委員会が多様な解釈を受け入れる姿勢を示すことにもなりうる。内容次第では、敗訴国にも配慮することになり、上級委員会勧告の履行を促すことが期待される。

　他方で、匿名性の問題点も指摘される。匿名の利点としては、個別意見の表明への抵抗を取り除く効果があるが、それは恣意的な意見の表明機会を増大させる危険性をも含む。そして、そのような個別意見は、最終的な結論を曖昧なものとしてしまう。これは DSU が紛争解決制度を「多角的貿易体制に安定性及び予見可能性を与える中心的な要素」（3 条 2 項）としていることに逆行し、ひいては、履行の足かせにもなりえる。個別意見が敗訴国の利益に沿うものであれば、敗訴国は個別意見を根拠に履行を回避する事態を招くことにもなる。先で述べたように、上級委員会における個別意見については、上訴審で検討される可能性のあるパネルの個別意見と異なり、提示されるとそれ以上の手続上の対処がないという点で問題がある。

匿名性は、このような劣悪な個別意見を助長しかねない。要するに、匿名の個別意見は諸刃の剣の性質を有するのである。

(2) 近年の傾向

　近年は、個別意見の弊害が顕著になってきた時期と言えよう。表3に、これまでの上級委員会報告書における個別意見の内容を、2020年の米国通商代表部（USTR）による上級委員会を批判した報告書[5]（以下、USTR報告書、第1章も参照）の内容と対置させる形で記載した。USTR報告書は、これまで米国が種々の場で展開してきた上級委員会に対する批判を包括するものであり、同国の姿勢を最も明確に示している。表からも分かるように、近年提示されている個別意見は、USTR報告書で問題視されている論点に触れていることが多い。また、最下行記載の事件とDS294(21.5)を除く表3掲載の事件は全て米国籍のGraham氏が上級委員として携わっている（DS294(21.5)には米国籍のHillman氏が参加）。これらを踏まえると、Graham氏が米国の意向を示すための手段として個別意見を用いていると憶測されてもおかしくはない。実際、米国内部での上級委員候補の選定過程における面談の中で、個別意見の利用機会について質問される傾向が指摘されており[6]、個別意見が米国の意向を反映させるための手段として重要と認識されていることが推察される。これは、個別意見の利用に肯定的な論者であっても疑問視する事態と思われる。

表3　USTR 報告書の内容と個別意見が提示された事件の関係

USTR 報告書における批判の内容	関連する内容の個別意見[※1]
報告書の送付期限（90 日）の超過	
任期満了の上級委員による判断	
パネルによる事実認定の審査	・DS437（21.5）：5.256、5.269 段落
紛争解決に不要な勧告的意見の提示	・DS505：5.87 段落 ・DS456：5.156-163 段落
先例拘束性の創出	・DS437（21.5）：5.244 段落[※2]
勧告の発出義務不履行	
他の WTO 機関の権限への干渉	
WTO 設立協定 9 条 2 項に基づかない決定の有効性の肯定	
補助金協定における公的機関の解釈	・DS437（21.5）：5.242-248 段落
TBT 協定における無差別義務の解釈	
ゼロイングの禁止の創造	・DS464：5.191-203 段落[※3] ・DS294（21.5）：259-270 段落[※4]
補助金認定における国外ベンチマークについての厳格なテストの要求	・DS437（21.5）：5.249-269 段落
セーフガード関連規定の文言に沿わない解釈	
非市場経済国による同時的なダンピングと補助金の同時実施への対処を制限	
USTR 報告書とは趣意が異なる個別意見	DS435/441、DS472/497、DS486、DS353、DS316、DS350、DS267、DS135

※1 事件番号における 21.5 は実施確認手続上級委員会報告を意味する。

※2 個別意見は、パネルに対する上級委員会判断の拘束性の問題ではなく、上級委員会自身が先例を過度に重視していると主張するものであった。

※3 ただし、DS464 の個別意見はゼロイングを認める見解であるが、基本的にはターゲット・ダンピングの範囲内の議論であることから、ゼロイングそれ自体を禁止することに対する批判である USTR 報告書とは内容が完全には一致しない。

※4 個別意見は、履行措置と争点の措置の「密接な関係」性の文脈で、「シンプル・ゼロイング」と「モデル・ゼロイング」の相違を論じるものであった。

(3) 改革の可能性

　それでは、個別意見の濫用を抑制するために、個別意見の匿名性を解除すべきだろうか。たしかに、匿名性を解除すれば、個別意見を表明する抑止になると言え――2021年12月現在、上級委員会は定員不足により機能していないため、仮定の話とはなるが――近年の個別意見の多用を回避することができるかもしれない。しかしながら、現実的には、個別意見はその匿名性をほぼ失っていたとも言える。3人のみの上級委員会のディビジョン（実際に判断を行う上級委員の部会）ではどの委員が個別意見を書いたか推測しやすく、さらに、手続が公開される場合においては、それがより一層容易になる。それにも拘らず個別意見が出されていることを踏まえると、匿名性を解除したことで状況が劇的に変わるとも考えられない。

　この点、これまでのDSU改革の議論では、個別意見について細密な議論がされてきた形跡はない。具体的な提案としては、後発開発途上国からの提案（TN/DS/W/17）と、ハイチとケニアの提案がそれぞれ存在（TN/DS/W/37、TN/DS/W/42）する。前者は、途上国の関心を反映させるために反対意見の提示を認めることを主張するもので、後者二つは、明確な説明なく個別意見の提示を求める。いずれの提案も、交渉において強い支持を得られているとは言えず、議長テキストなどに反映されるレベルに至っていない。

　また、暫定上訴仲裁制度の基本手続合意（JOB/DSB/1/Add.12, Annex 1）も、個別意見については明記しない。ただし、同制度の手続はDSU17条を基礎とする予定であることから、個別意見についても匿名性を維持するものと理解される。さらに、関連する情報とし

184

国際経済紛争解決手続法

て自由貿易協定（FTA）における紛争解決手続を見ても、パネリストの意見の匿名性を明記するものが大半であり（例えば、TPP協定28.18条2項）、その点については何も述べない協定もある。すくなくとも、個別意見を非匿名とすることを明記する貿易協定は見当たらない。他方で、個別意見をそもそも認めない協定もある（例えば、EU・カナダ包括的貿易投資協定附属書29-A、第16段落）。

　匿名性を解除した場合の懸念は、個別意見の執筆者の特定に伴う上級委員の独立性の喪失である。つまり、個別意見を提示したことで加盟国の反感を買い、再任や次期委員の任命に悪影響が及ぶことへの懸念である。この点について、Dunoff and Pollackは「司法トリレンマ」の議論において、個別意見の匿名性と裁判官の任期の連動性について説く。つまり彼らは、個別意見を匿名としない司法制度を採用する場合には、その裁判官の地位が著しく不安定になる恐れがあるため、独立性を維持するのであれば、任期の長期化や再任制度の廃止で調整をとる必要が生ずるとする[7]。この考えは、上級委員会での個別意見の匿名性の解除に際しては、上級委員会の任期のあり方についても同時に検討することの必要性を示唆する。

　以上、諸々述べてきたが、匿名性の解除が容易ではないことや、ここ近年の個別意見の急増を除けば、これまでの実務が概ね支持されてきたことに鑑みると、今後しばらくは、貿易紛争においては個別意見を匿名とする体制が維持されていくと予想される。その一方で、今後の貿易紛争解決制度の在り方を考えていくうえで、個別意見の制度設計方法は重要な要素であり続ける（紛争解決制度全体の重要な一部）と言え、継続的に検討することが求められる。

さいごに

　以上、本章では、WTO 紛争解決手続について、「透明性」と「説明責任」という視点から光を当てた。WTO 紛争解決手続の「司法化」が進むほど、そして、その重要性や影響力が高まるほど、「透明性」や「説明責任」の実現が求められることになる。この点について、WTO は―― 一概に評価するのは難しいが――漸次的に進展させている分野もあれば（手続の公開）、停滞気味のもの（上級委員の選定プロセス、差戻し制度）、あるいは退行傾向を示す例（上級委員の個別意見、上級委員の選定プロセスはこちらにも含められる）もある。他方で、いずれの場合においても、現行制度や慣行は一定の成果や評価を得られており、直ちに制度改革が必須という共通認識が形成されているわけでもない。パネルや上級委員会、あるいは紛争解決に関連する各組織は、概ね、実務を通じて不足分を一定程度補ってきた。もっとも、それは今後、上記の各制度が完全に機能することを保証するものではなく、継続的な議論が必要とされる。WTO の上級委員会が復活するにせよ、あるいは、他のメカニズムが構築されるにせよ、はたまた FTA など別の場での紛争解決制度が発展していくにせよ、これまでの上級委員会を中心とした紛争解決実務において生じてきた問題を野放しにするのではなく、試行錯誤を通じて制度を改善する試みが求められると思われる。

文末注

1 例えば、Yasuhei Taniguchi, "The WTO Dispute Settlement as Seen by a Proceduralist", *Cornell International Law Journal*, Vol. 42, No.1 (2009), p. 1, pp. 19-20.

2 松下満雄「WTO 上級委員会案件審議の問題点」日本国際経済法学会編『国際経済法講座 I』(法律文化社、2012 年) 187 頁。

3 Joost Pauwelyn, *Appeal Without Remand: A Design Flaw in WTO Dispute Settlement and How to Fix it*, ICTSD Dispute Settlement and Legal Aspects of International Trade Issue Paper, No. 1, (2007), p. 24.

4 Ibid., p. 27.

5 United States Trade Representative, Report on the Appellate Body of the World Trade Organization, 2020, https://ustr.gov/sites/default/files/ Report_on_the_Appellate_Body_of_the_World_Trade_Organization.pdf.

6 Manfred Elsig and Mark A. Pollck, "Agents, Trustees, and International Courts: Nomination and Appointment of Judicial Candidates in the WTO Appellate Body", *European Journal of International Relations*, Vol. 14. No. 1 (2012), pp. 391-415, p. 408.

7 Jeffrey L. Dunoff and Mark A. Pollack, "The Judicial Trilemma", *American Journal of International Law*, Vol. 111, Iss. 2 (2017), pp. 225-276, pp. 239 & 271.

阿部克則「WTO 履行パネルの管轄事項」阿部克則・関根豪政『国際貿易紛争
　　処理の法的課題』（信山社、2019 年）195 － 220 頁。

伊藤一頼「WTO 上級委員再任拒否問題を再考する－司法化の進展とその政治
　　的統制の相克」『日本国際経済法学会年報』第 27 号 (2018 年)97 － 115 頁。

川瀬剛志「韓国・放射性核種事件にみる WTO 紛争解決手続きの限界：実効
　　的な紛争解決を拒む不完全な二審制」『国際問題』第 686 号（2019 年）
　　17-28 頁。

清水茉莉「WTO における「訴訟経済」の行使の機能－ false か否かの境界線
　　から」『日本国際経済法学会年報』第 27 号（2018 年）138 － 164 頁。

関根豪政「国家間貿易紛争処理手続の公開」阿部克則・関根豪政『国際貿易
　　紛争処理の法的課題』（信山社、2019 年）221 － 259 頁。

Arthur E. Appleton, "Judging the Judges or Judging the Members?: Pathways
　　and Pitfalls in the Appellate Body Appointment Process", in Leila
　　Choukroune (ed.), *Judging the State in International Trade and Investment
　　Law: Sovereignty Modern, the Law and the Economics*, (Springer, 2016),
　　pp. 11-32.

Francesco Battaglia, "The Selection of Judges and Advocate-General at
　　the Court of Justice of the European Union: The Role of the Panel

Established Under Art. 255 TFEU, in Paulo Pinto de Albuquerque and Krzysztof Wojtyczek (eds.), *Judicial Power in a Globalized World* (Springer, 2019), pp. 33-45.

Tomas Dumbrovsky, Bilyana Petkova and Marijn van der Sluis, "Judicial Appointments: The Article 255 TFEU Advisory Panel and Selection Procedures in the Member States", *Common Market Law Review*, Vol. 51 (2014), pp. 455-482.

James Flett, "Collective Intelligence and the Possibility of Dissent: Anonymous Individual Opinions in WTO Jurisprudence", *Journal of International Economic Law*, Vol. 13, No. 2 (2010), pp. 287-320.

Evan Y. Kim and Petros C. Mavroidis, "Dissenting Opinions in the WTO Appellate Body: Drivers of their Issuance & Implications for the Institutional Jurisprudence", EUI Working Papers RSCAS 2018/51 (2018).

Po-Ching Lee, "Appointment and Reappointment of the Appellate Body members: Judiciary or Politics" in Chang-Fa Lo et al. (eds.), *The Appellate Body of the WTO and Its Reform* (Springer, 2019), pp. 255-271.

第7章 地域貿易協定における新展開

◈ 小林友彦[1] ◈

I はじめに

II 特徴的な紛争処理制度

III 注目される具体的事例

IV 終わりに

1 小樽商科大学

はじめに

　本章は、地域貿易協定（Regional Trade Agreements: RTA）の紛
争処理手続を対象とする。ここでRTAとは、WTO協定の枠内におい
てGATT24条やGATS5条や授権条項等に基づいて例外的に許容され
る特別合意であり、具体的には自由貿易協定（自由貿易地域：FTA）、
関税同盟 (customs union)、またはこれらいずれかの中間段階である
中間協定の形を取る（GATT24条）。RTAを締約しても、WTO加盟
国としてWTO紛争処理手続を利用できることから、RTAの紛争処理
手続とWTO紛争処理手続とで対象事項が重複する場合もある。この
ような場合、どちらの手続を選択するかが問題となる（後述II.）。他
方で、WTO紛争処理手続の対象とならないような紛争を処理するた
めの手続を、個々のRTAにおいて独自に設けることもありうる。こ
のような場合、WTO紛争処理手続との重複は生じない。

　全体として見ると、WTOにおける紛争処理制度の蓄積と展開や、
投資協定やRTAの投資章に基づく投資協定仲裁の急速な普及と比べ
ると、地域貿易協定における貿易紛争処理制度を利用する動きは鈍
いように見える。もちろん、300を優に超えるというRTAの全て
に、何らかの紛争処理制度が設けられている。それぞれのRTAを締
約するにあたっては柔軟にその規定や手続を定められるのであるか
ら、WTOよりも使いやすい紛争処理手続が構築されて、より頻繁に
利用されることになってもおかしくはない。しかしながら、後述（III.）
するごく一部のものを除けば、RTAによって設けられた紛争処理手

続が利用されることは多くない。

　では、なぜ個々のRTAの紛争処理手続があまり活用されず、先例の蓄積も進まないのか。これには、さまざまな要素が関連する。中でも、RTA上の紛争処理制度において上訴の機会がないか、あってもごく限定的にしか利用できないこと、WTO紛争処理手続におけるような常設の事務局による情報整理・分析・起案のための支援が得られないこと、裁定の不履行があった場合に履行確保のために現実的に利用できる措置の選択肢がWTOの場合と比べて少ないこと、たとえRTA紛争処理手続で勝訴しても事後にWTO紛争処理手続に付託されるのを阻止できず、全体として費用対効果が小さいと見られていること等が、背景事情として指摘されてきた。とりわけ、WTO紛争処理手続において上級委員会が機能停止する2019年末までは（上級委員会の「危機」については、第1部第1章IV.5を参照）、WTO紛争処理手続が有効に機能していたと全般的に評価されていたことから（WTO紛争処理手続については、第2部第3章以下を参照）、そもそもRTAの紛争処理制度を用いる必要性について、あまり真剣に捉えられていなかった。

　ただし近年では、米国やEUを中心として、注目すべき動きもある。例えばEUは、紛争処理手続を活用することを含めて2国間RTAの履行確保を強化する方針に転換し、RTA上の紛争処理手続に基づく協議要請の制度を2018年に初めて利用した。その後、2019年には主席貿易執行官（Chief Trade Enforcement Officer）を創設し、EUの締結したRTA上の制度を利用して2020年以降に4件の紛争を追行中である（後述III.D）。米国も、WTO紛争処理手続に対するシステミッ

クな懸念を表明し続ける一方で、近年は既存の RTA 上の紛争処理制度を利用したり（後述 III.A）、米国・メキシコ・カナダ協定（USMCA）のように新たな種類の紛争処理手続を備えた RTA を締結したりする等して（後述 II.A）、紛争処理制度の新展開の一翼を担っている。また、上級委員の選任手続においてコンセンサスが得られず WTO 上級委員会が機能停止している状況（第 1 部第 1 章 IV.5 を参照）においては、RTA における紛争処理制度の役割は増すことはあっても減ることはないであろう。

　とはいえ、個々の RTA において設けられた手続・制度は多種多様である。また、新たな RTA も続々と締結されている。それゆえ本章では、RTA 紛争処理制度について網羅的に分類したり検討したりすることはしない。司法裁判や仲裁裁判のように第三者による拘束力ある判断が出される「争訟手続」と、それ以外の「非訟的手続」とを区別した上で、第 2 部の主題である WTO 紛争処理手続との関連が問題となったいくつかの RTA 紛争処理事案について取り上げながら、RTA 上の紛争処理制度の特色について概観する。それによって、WTO の紛争処理制度と RTA の紛争処理制度との間の相互関係について理解を深めるための素材を提供しようとする。

　なお、本章の分析対象は、RTA の解釈適用をめぐる国家対国家の通商紛争の処理に関する制度・事案に限定する。つまり、RTA 上に設けられた投資家対国家投資紛争解決（ISDS）手続等、投資分野に関する制度は分析の対象外とし、本書第 3 部に譲る。もちろん政府間でのビジネス環境整備等の枠組みも実質的に国家間の紛争予防の機能を有しうるものの、本章では国家間で正式に紛争として提起さ

れる事案の処理に携わる制度に限定する。そのため、条約上の義務
の履行確保のために私人が行動することを認める制度（後述 II.B.1）
については、検討対象から除外する。さらに、EU については、WTO
において南米南部共同市場（Mercado Común del Sur: Mercosur / メ
ルコスル）等と同様に関税同盟と位置付けられており、その意味で
は RTA に含まれる。しかしながら、EU 自体が WTO 加盟国であると
いう点で他の関税同盟と扱いが異なることから、EU 司法裁判所（Court
of Justice of the European Union: CJEU）その他の EU 内部の紛争処
理手続については WTO 加盟国の内部法と見なして、本章の対象か
ら除外する。同様に、カナダ自由貿易協定（Canadian Free Trade
Agreement）のような、一国内でのみ効力を有する協定に基づく制度
についても対象外とする。

特徴的な紛争処理制度

1 – 争訟的手続

(1) NAFTA/USMCA

仲裁裁判に類似した国家対国家の紛争処理制度を導入した代表的
な RTA として、USMCA の前身として 1992 年に締結された北米自
由貿易協定（NAFTA）が挙げられる。国家間の紛争について、まず

協議を行わせ、それが不調に終わった場合に 3 人または 5 人で構成されるパネルが審理するという点では、当時の GATT の紛争処理手続と類似した仕組みであった（WTO 紛争処理手続におけるパネルの構成方法については、第 2 部第 3 章を参照）。ただし、付属協定で規律された労働問題や環境問題については（後述 II.B.1）、パネル審理の対象外であった。また、個別の紛争において、一方の当事国（特に被申立国）が自国側パネリストの選任や自国のパネリスト候補者リスト（ロスター）の提出を拒絶したり、パネルの長の選出を怠ったりした場合に手続が停止してしまうのは（NAFTA1901.2 条参照）、制度的な欠陥であった。

　なお、19 章に基づいて個別に設置された（アドホックの）パネルによる協定解釈に深刻な過誤や権限踰越があったり、パネリストに深刻な偏向があったりすること等によって NAFTA 紛争処理制度の実効性を脅かすと一方当事国が考える場合、非常抗告委員会 (Extraordinary Challenge Committee: ECC) に上訴することができる。ECC は、3 か国の現職または元職の連邦判事 15 名からなるロスターの中から選任される 3 名からなり、パネルの判断を破棄することも再審理を命じることもできる。ただし、これを利用できるのは、制度そのものを脅かす場合に限られる。

　WTO 紛争処理手続に上訴制度を設ける際にも当初参考とされたと言われる NAFTA の紛争処理制度は [1]、おおむね USMCA にも引き継がれた。協定全体に関する紛争処理手続を定める 31 章（NAFTA20 章に相当）は適用対象が拡大され、労働章・環境章・腐敗防止章についても適用される。それに加えて、AD や CVD に関する 10 章（NAFTA19

章に相当）や、金融サービスに関する 17 章（NAFTA14 章に相当）に基づく特別の紛争処理手続がある。さらに、USMCA10.13 条は、上記の ECC とは別に、他の締約国の国内法の解釈適用の仕方がパネル手続等に深刻な悪影響を及ぼす疑いがある場合に迅速な判断を求めることができる特別委員会手続 (Special Committee Procedure: SCP) を設けた。ただし、そもそもパネルの構成を妨害することによって紛争処理手続を停止させる恐れについては、けっきょく解消されなかったため、今後の運用を注視する必要がある。

(2) その他

CAFTA-DR16 章は、通常の国家間通商紛争処理手続とは別に、他の締約国による労働基準の執行状況に関しても協議とパネル審理を求める手続を設けた。また TPP 協定および TPP11（CPTPP）28 章は、労働基準に関する協定上の義務に違反する疑いがある場合にパネル手続を利用できる道を開いた。パネルによる違反認定がなされた後、30 日以内に代償措置について紛争当事国間で合意できない場合、申立国は自らの判断で対抗措置を取ることが認められる点で、代償の方法や程度に関してあらためて審査するのを待つことなく、迅速に効果を生じさせることを重視している[2]。

RCEP 協定も、19 章において 3 名からなるパネル手続を設けた。特徴的な点として、パネルの長は、紛争当事国の国籍保有者や紛争当事国に常居所 (usual place of residence) を有する者であってはならない (19.11 条 13 項)。CPTPP も、28 章において 3 名からなるパネル手続を設けた。被申立国がパネリストの選任や候補者リストの

提出を怠った場合は、申立国側が推薦した 3 名のうちから抽選で選任することを認めている（CPTPP28.9.2 条 c 号および 28.9.2 条 d 号 (vi)）。また、2019 年 5 月 30 日に発効したアフリカ大陸自由貿易圏 (African Continental Free Trade Area: AfCFTA) 設立協定は、上訴制度を設けた。具体的には、紛争解決手続に関する議定書 20 条において、7 人の委員（4 年任期＋ 1 回のみ延長可）からなる常設の上級委員会を創設した。その委員として誰を任命するかについて、最高決定機関である紛争解決機関（DSB）においてコンセンサスが得られない場合、DSB 議長が事務局と協議した上で任命することができる。この点で、WTO のようにいずれかの加盟国がコンセンサスを妨害することによって上級委員会が機能停止するような事態を（第 2 部第 3 章を参照）、予防することができる。

2 – 非訟的手続

(1) NAFTA/USMCA

NAFTA の付属協定である北米環境協力協定 (North American Agreement on Environmental Cooperation: NAAEC) や北米労働協力協定 (North American Agreement on Labor Cooperation: NAALC) においては、非争訟的な紛争処理手続が設けられた。ここで NAALC は、生産性の向上と労働条件の向上の両方を目的として、締約国間の協力を推進する協定であり、労働者保護水準の向上・政府による遵守確保・司法手続の保障が義務づけられる。協定の履行確保のために国

内行政制度が果たす役割を重視している。また、NAAEC は、環境保護と貿易促進との調和によって持続的発展を達成することを目的として、各締約国がとるべき措置を具体的に規定する。こちらは、非国家主体の参加を含む国際的な履行確保を重視している。

　NAALC の実施機関である労働協力委員会（Commission for Labor Cooperation: CLC）は、閣僚評議会と事務局を持つ。閣僚会合で判断しかねた事項は、ILO と協議しつつ選定された専門家諮問委員会（Evaluation Committee of Experts: ECE）に諮られる。とはいえ、違反に対して救済を行う機能は不十分であった。NAAEC の実施機関である環境協力委員会（Commission for Environmental Cooperation: CEC）の方は、公的諮問共同委員会（Joint Public Advisory Committee: JPAC）などの下部機関を通して、NAFTA 枠内の組織の中で最も活発に機能していた。また、米墨間の環境・開発問題については、国境環境協力委員会（Border Environment Cooperation Commission: BECC）と北米開発銀行（North American Development Bank: NADB）も設けられた。EU と異なり NAFTA 本体には、労働・資本移動の自由化や共通の経済・社会政策についての規律が無かった。メキシコは北米市場への参入には乗り気だが、外国投資の増大には消極的だったし、アメリカも北米市場の自由化・安定化は望んだが、安価な労働力の流入は避けたかった。そして、カナダはもともと NAFTA 構想に消極的で、共通政策や労働自由化には抵抗があった。三者三様の利害が影響したのである。これに対して USMCA では、上記のような制度が統合された。

　さらに、USMCA の 31 章には付属書 A と付属書 B が付され、それ

ぞれ米国・メキシコ間とカナダ・メキシコ間において、労働基準の遵守に関する紛争を非争訟的に処理する事業所特定の労働問題迅速対応メカニズム (Facility-Specific Rapid Response Labor Mechanism: RRLM) が設けられた。この制度は、あらかじめ特定された産業分野（航空部品・自動車部品・化粧品・陶器等）に属する個別の施設の運用実態において、労働者の権利が保障されていないと疑いを持つ締約国が他の締約国に対して申立を行うことで開始される。そして、3名からなる労働問題迅速パネルを3日以内に構成することができる。申立する側の締約国は、必要であれば事実確認(検証: verification)を相手方締約国に要請できるし、パネルは検証後30日以内に判断を示すことが予定されている（USMCA Annex 31-A-8条等参照）。もし問題となった特定の施設において労働権が保障されていないと認定された場合、当該施設において生産された物品の輸入通関手続を停止する等の、適切な対抗措置を取ることが認められている。このように、RRLM手続はそれぞれの締約国が国際義務を遵守しているか否かを問題とするものではなく、個別の施設における法令遵守状況を確認するものとして位置付けられている。これによって、国家間で政治化させずに問題に迅速に対応することを想定している。

(2) その他

　NAFTAやUSMCAも、もちろん仲介・調停・居中調停のような代替的紛争処理手続を用意しており、それらの利用を勧奨している（USMCA 31.5条を参照）。私人間で商事仲裁等の利用を促すことによって国家間紛争の発生を未然に予防することも勧奨している

（USMCA 31.22 条参照）。その他の多くの RTA も、争訟的な手続ではなく、協議や調停などのソフトな紛争処理手続を主として用いることを想定している。たとえば、西アフリカ―EU 経済連携協定（West Africa – European Union Economic Partnership Agreement: WA-EU EPA）（未発効）82 条は、発効後 10 年間は協議と調停のみを紛争処理手続として利用しうると定める（争訟的紛争処理モラトリアム）[3]。このような取扱いは、争訟的手続と非訟的手続とが互いに補完的なものとして設計されていることを示している。

3 – WTO 紛争処理手続との関係

　RTA の紛争処理手続の対象が WTO 紛争処理手続のそれと重複する場合、どのように手続的に整序するかが問題となりうる。たとえば、メキシコ―ソフトドリンク事件（DS308）は、メキシコが特定の人工甘味料への AD 税や、人工甘味料を含んだ清涼飲料水の輸入品に対して内国税を課したことに対して、米国が WTO 紛争処理手続に付託し、数次にわたって争われた[4]。とりわけ、被申立国であるメキシコは、問題となる措置は NAFTA の履行確保のために採ったものであることから、当該紛争は NAFTA20 章の下で審理されるべきだと主張し、WTO 紛争処理手続の管轄権を争う先決的抗弁を提出した。しかし、WTO 紛争処理パネルは、WTO 協定の解釈適用を争う形で紛争が付託されている限り、個別の事案において RTA の紛争処理手続を利用することが適当だと認められるような特別な事情がある場合を

除いて、WTO 紛争処理手続の管轄権や受理可能性を損なうものではないと判示した（メキシコ─ソフトドリンク事件（DS308）パネル報告書パラ 7.5-7.18）。

　このような対応が確立していることから、実質的に同一の争点を有する紛争が、相前後してまたは同時に WTO 紛争処理手続と RTA 紛争処理手続とに係属することがありうる。どちらか一方の手続しか選択できないようにすること（いわゆる分岐点（fork-in-the-road）方式）にできれば審理の重複は避けられるものの、それぞれの条約において定められた利用条件を満たしている限り、実際には紛争処理手続の二者択一（または統一）を強制することは困難である。また、後述するカナダ─軟材事件（DS257、264）（III.A を参照）やブラジル─再生タイヤ事件（DS332）（III.B を参照）のように、実質的に同一の措置が WTO と RTA とで別々に審理される場合、それぞれの実体規定において定める内容がたとえ似通っていたとしても、それぞれの紛争処理手続においては、個別の事案について協定適合性に関する評価が異なることもありうる。

Ⅲ 注目される具体的事例

1 – NAFTA/USMCA

　NAFTA の争訟的な紛争処理制度のうち、19 章に基づくパネル手続は頻繁に利用されてきた。貿易救済措置に関しては 3 か国間の間で互いに訴えたり訴えられたりする関係にあるためだと考えられる。NAFTA19 章に基づく手続において争われた事案の中でも、とりわけ WTO 紛争処理手続との関係の深いものとして、カナダ─軟材事件を挙げることができる[5]。この紛争は、カナダによる軟材産業への支援をめぐって米国が AD 措置や CVD 措置を発動したことに端を発する。米国の措置に対して、カナダが NAFTA19 章に基づく紛争処理手続とWTO の紛争処理手続の双方に付託し、20 年以上にわたって係争が続いている。

　これに対して、20 章に基づく紛争処理手続はあまり利用されてこなかった。パネル設置は 3 件にとどまり、最後の報告書が発出されたのは 2001 年まで遡る。ただし、2018 年 7 月、カナダ製太陽光パネルやその部品への米国の追加関税に対して、カナダが NAFTA20 章に基づく協議要請を行った。この事案は、後に USMCA が発効したことに伴い、USMCA31 章に基づく紛争として係属中である。この事例が示唆するように、NAFTA20 章に基づく手続の設計に瑕疵があるとはいっても、それをどのように利用するかについては、政策姿勢が大きく影響しているようである。

2020 年に発効した USMCA 紛争処理手続は、当初から積極的に利用されている。最初に付託されたのは、カナダによる乳製品に関する関税割当 (TRQ) の運用をめぐって 2020 年 12 月に米国が USMCA31 章に基づいて協議要請した事案であった。米国は、一部の種類の乳製品に関して、カナダが不当に国内産業を優遇する形で枠を設定しているのが協定違反だと主張した。その後、協議が不調であったことから、2021 年 5 月にはパネル設置要請が行われた。2022 年 1 月、同章に基づく初めてのパネル判断が公表され、カナダの措置に協定違反があると認定された。その後、カナダは、米国による対抗措置の発動を回避するため、45 日以内に措置を是正する意思を表明した。他方で、米国に対しては、太陽光パネルの輸入へのセーフガード措置に対してカナダから、そして自動車原産地規則の運用に関してメキシコから紛争が付託されている。また、メキシコに対しても、電力会社・石油会社・ガス会社への規制に対して米国とカナダから 2022 年 7 月に紛争が付託されている。この他、AD や CVD をめぐる USMCA10 章に基づく紛争も、2022 年 8 月末時点で 8 件付託されており、いずれも係争中である。

　USMCA31 章付属書 A および付属書 B に基づく非訟的な RRLM は、2022 年 8 月末時点までに 6 件の付託があった。そのうち最初の 4 件については、協議段階で合意に至った。その他（US meatpacking industry 事件を含む）については、継続中である。もともと労働者の権利に対して敏感な民主党支持者層も意識してか、米国バイデン政権は、他国が労働基準を遵守しないことによって米国生産品の競争条件が不利にならないよう、労働条項の履行確保を重視していると言われる[6]。

2 - メルコスル

　ブラジル―再生タイヤ事件 WTO 紛争においては、たとえメルコスル仲裁判断に基づいてメルコスル加盟国に対する除外措置が正当化されるとしても、それは GATT20 条柱書にいう恣意的または不当な差別に該当するため WTO 紛争処理手続においては正当化できないと判断された。ここで参照されたメルコスル仲裁とは、アルゼンチンとブラジルが再生タイヤの輸入を禁止したことに対して、域内の関税撤廃を義務付けるメルコスル上の義務に反するとしてウルグアイが両国を提訴した事案について審理するために個別に設置された（アドホックの）仲裁パネルのことである[7]。アルゼンチンは公衆衛生上の懸念を理由として正当化されると主張し、仲裁パネルはそれを認めた。これに対してブラジルは、公衆衛生例外を援用せず、再生タイヤは新品タイヤと異なる産品であり、それに輸入禁止措置を課すことは禁止されていないと主張したものの、仲裁パネルはその主張を退けた。これが、メルコスル諸国のみへの禁輸除外という形での措置の是正をブラジルに強いることとなり、WTO 紛争の契機となった。

　なお、アルゼンチンの措置については、ウルグアイからメルコスルの常設上訴裁判所へと上訴され、同裁判所は問題となる措置は主として国内産業保護のためになされたものであり、公衆衛生例外を援用できないとして、仲裁パネルの判断を破棄した。もちろん、公衆衛生例外といっても条約ごとに違いがありうるものの、こうした裁判例に照らすと、メルコスル紛争処理手続と WTO 紛争処理手続との間で、同じ国に対して相矛盾する判断が出される恐れは引き続き存在していると言える。

3 - NAFTA/USMCA 以外で米国が一方当事者であるもの

　米国は 2014 年 9 月、グアテマラが労働基準の実施に関して適切な監督を行なっていないのは CAFTA-DR16.2 条 1 項 a 号違反だと主張してパネル設置を求めた[8]。2017 年のパネル報告書は、グアテマラの複数の事業所において労働基準の遵守がなされていないことを認定しつつも、それが貿易に影響を及ぼすものだとまでは米国が立証しなかったとして、米国の請求を退けた[9]。

　ペルー・米国貿易促進協定（PTPA）18.12 条は、環境保護義務の履行に関して協議とパネル審理を求める手続を設けている。米国は 2019 年 1 月、同条に基づいて、ペルーにおける森林保護管理機関の権限変更に関して協議要請した。この事件は、ペルーが制度変更を取りやめると発表したことにより、パネルが設置されることなく終結した。

　韓国・米国 FTA（KORUS FTA）の環境章では、他の締約国における環境保護義務の履行に関して、協議やパネル審査を求める手続が設けられた（20.9 条）。米国は 2019 年 9 月、韓国における違法・無報告・無規制（illegal, unreported and unregulated: IUU）漁業の取締体制に疑義があるとして協議要請を行ったものの、同年 11 月には、韓国における対応に改善が見られたと発表した[10]。KORUS FTA の競争章では、競争法の執行に関して協議は要請できるものの、パネル審査のような争訟的な手続は設けられていない（16.8 条）。とはいえ、告知聴聞の機会を保障するよう定める 16.1.3 条を韓国公正取引委員会 (Korea Fair Trade Commission: KFTC) が遵守しておらず、関連法の改正案においてもこの問題への適切な対処がなされていないと主張して、米国は 2019 年 3 月に協議要請した[11]。

4 – EU が一方当事者であるもの

まず、RTA に基づく措置と WTO 協定との整合性が問題となった WTO 紛争として、トルコ―繊維事件（Turkey – Textiles: DS29）がある[12]。そこで問題となったのは、EU（当時は欧州共同体（EC））とトルコが最終的には関税同盟を形成することを目指したトルコ・EC 連携協定に基づいてトルコが新設した輸入制限措置が、第三国であるインドの WTO 協定上の利益を侵害したかどうかであった。上述 III.A のカナダ―軟材事件や上述 III.B のブラジル―再生タイヤ事件と異なり、RTA 締約国間同士の紛争は存在せず、その外部（非締約国）の WTO 協定上の権利・利益が関わる事案であったため、当該 RTA の紛争処理手続を利用することは必要とされなかった。

次に、EU が締結した RTA のうち、特徴的な紛争処理手続をもつものをいくつか紹介する。第 1 に、韓国・EU 経済連携協定 13.15.1 条は、協定の遵守状況に関して、協議を行なっても解決できない場合に専門家パネルによる審理を求める手続を設けている。EU は 2019 年 7 月、韓国の労働法制における結社の自由の保障が不十分であること等を理由として専門家パネルの設置を要請した。3 名からなる専門家パネルが 2019 年 12 月に構成されて審理を行い、2021 年 1 月 20 日に発出されたパネル報告書において、韓国の法令・運用の一部に協定違反があることを認定し、是正を勧告した。ただし、ILO 条約の批准に向けて積極的に動かなかったこと等のみをもって、「最善の努力」を求める協定 13.4.3 条に違反したとまでは言えないと判断した[13]。

第 2 に、ウクライナ・EU 連携協定 307 条においても、協定の遵守状況について協議が整わない場合には仲裁パネルによる審理を求める手続が設けられている。EU は 2019 年 6 月、ウクライナによる 2005 年の木材輸出禁止措置が協定上の輸出規制禁止義務に反すると主張して、仲裁パネルの設置を要請した。3 名からなる仲裁パネルが 2020 年 1 月に構成され、2020 年 12 月 10 日に発出された仲裁パネル報告書においては、一部の輸出禁止措置については GATT20 条 b 号によって正当化されると判断されたものの、他の輸出禁止措置については同情で正当化できないため協定違反だと認定され、ウクライナに対して是正が勧告された [14]。

　第 3 に、地域統合体同士の RTA である南部アフリカ開発共同体（Southern African Development Community: SADC）・EU 経済連携協定（SADC-EU EPA）も、仲裁パネルによる審査を求める手続を設けている。2018 年 9 月、SADC の構成国からなる南部アフリカ関税同盟（Southern African Customs Union: SACU）は、EU 産の冷凍骨付鶏肉に対して 15％のセーフガード関税を発動した（個別の国家ごとではなく、SACU として適用したものである）。EU は、2016 年時点で南アへの最大の骨付鶏肉輸出国であったものの、2017 年に暫定セーフガード措置が発動されて以来 29％も市場シェアを減らしたとされる。そのため EU は、SADC-EU EPA における 2 国間セーフガードに関する 34 条に違反する可能性があると主張し、2019 年 6 月に SACU を相手取って同協定 77 条に基づき協議を要請した。その後、2020 年 4 月には同協定 79 条に基づいて仲裁パネルの設置を要求し、2021 年 12 月に同協定 80 条に基づき仲裁パネルが設置された。問

国際経済紛争解決手続法

題となった措置は 2022 年 3 月に終了していたものの、同年 8 月の裁定では EU の主張が認められた [15]。

　なお、SACU の主導国である南アフリカは 2013 年から EU（オランダおよびドイツ）産冷凍鶏肉に対してアンチダンピング措置を課していたし、2021 年 2 月、別途に EU（ポーランド、アイルランド、デンマークおよびスペイン）及びブラジル産の冷凍骨付鶏肉についてアンチダンピング調査を開始したため、本件は多元的な通商紛争の様相を呈するかに見えた。しかし、2022 年 8 月の確定判断において南アは、ダンピング・損害・因果関係が全て存在することを認定しつつも、直近の食品価格高騰が消費者に及ぼす影響を考慮して、確定アンチダンピング措置の発動を 12 か月延期すると決定した [16]。

終わりに

　もちろん、前節までに見たような一部の RTA における解釈や先例が他の RTA にも影響を及ぼすことが排除されるわけではない。しかし、RTA は個別に締結される特別合意であることから、複数の RTA 上の紛争処理制度の間に一貫性や共通点を探し求めることは、あまり有益ではない。さまざまな状況の下で、様々な年代にわたって、さまざまな規模で作成されている RTA の間で、紛争処理のための制度や運用が特定の方向に収斂するようにも考えづらい。その意味で、

個別の紛争の処理について、適用される個別の RTA に基づいて個々に検討することが必要となる。とはいえ、以下の 2 つのような点には一般的に留意する必要がある。

　第 1 に、従来から、2 国間 RTA よりも地域的まとまりのある複数国間の RTA（たとえば NAFTA/USMCA やメルコスル）において、独自の紛争処理手続を利用しようとする傾向はあった。これに対して、近年では、米国や EU をはじめとして、WTO 紛争処理手続の代わりに利用するだけでなく、WTO 紛争処理手続の対象範囲外の事項について、2 国間 RTA 上に設けられた独自の手続を活用していこうとする動きが見られる。このように、RTA の紛争処理手続の利用の仕方は多様化している。このような流れは、RTA の紛争処理手続のさらなる個別化・細分化・詳細化を招くのだろうか。もし、WTO と共通の、あるいは RTA の間で共通するような基本的な解釈原則や判例法理の確立とは逆の方向に進むのであれば、複数の RTA の締約国をまたいで貿易活動を行う私人（特に零細中小企業）にとっては、多種多様な国家間紛争処理手続がどのように機能するかについて把握することが困難になる。全体としては、紛争処理手続を取り巻く手続的コストが増す恐れがある。

　第 2 に、RTA を締結するのが WTO 加盟国であり、RTA は WTO 協定と整合する限りで容認される例外としての位置づけであることから、WTO 協定との整合性の確保は、やはり求められる。RTA 上の紛争処理裁定に基づいて取った措置が、WTO 紛争処理手続において WTO 協定の解釈・適用が行われる場面では正当な例外的取扱いと認められないと判断される等（上述 III.B）の WTO ブラジル―再生タイ

ヤ事件等に関する言及を参照)、RTA 上の紛争処理手続の効果が減殺されることもありうる。

　それゆえ、RTA の紛争処理手続と WTO 紛争処理手続との間の制度的関係のみならず、その相互間で生じうる実際上の影響について整理することは、引き続き不可欠である。このような観点から、本章で示した内容をよりよく理解するためには、第 2 部の他の章と総合的に把握することが重要であろう。

1 Terrence P. Stewart (Ed.), *The GATT Uruguay Round: Negotiating History*, Vol. II: Commentary, p. 2767.

2 秋山公平「自由貿易体制と労働基準の確保（下）」『国際商事法務』47 巻 4 号 (2019), 450 頁。

3 Doris Folasade Akinyooye, "Africa‑EU Trade Relations: Legal Analysis of the Dispute Settlement Mechanisms under the West Africa‑EU Economic Partnership Agreement," *ELTE Law Journal*, 2020-1 (2020), pp. 125-146, at 145.

4 川瀬剛志「メキシコ―飲料に関する措置（パネル・上級委)」」『WTO パネル・上級委員会報告書に関する調査研究報告書（2006 年度)』。

5 梅島修「米国―カナダからの軟材に対するダンピング最終決定（パネル・上級委)」『WTO パネル・上級委員会報告書に関する調査研究報告書(2004 年度)』。

6 淀川詔子・中島和穂・大島惇至・根本拓「国際通商政策の最前線（第 8 回）：米国の通商政策 (2)」NBL1206 号 (2021 年)85-94 頁 , at 92 頁。

7 ICTSD, Litigating Environmental Protection and Public Health at the WTO: The Brazil-Retreaded Tyres Case (2010).

8 秋山公平「グアテマラが中米自由貿易協定 (CAFTA-DR)16.2.1(a) が規定す

労働法令の効果的執行義務に違反したとして米国が同協定上の仲裁パネ
ルの設置を要請した事案」『比較法学』53 巻 3 号 (2020 年)179-221 頁。

9　In the Matter of Guatemala – Issues Relating to the Obligations Under
Article 16.2.1(a) of the CAFTA-DR.

10　USTR, Welcomes Passage of Amendments to Korea's Distant Water
Fisheries Development Act Following First Ever Environment
Consultations under the United States-Korea Free Trade Agreement, 1
November 2019.

11　USTR, USTR Requests First-Ever Consultations Under the U.S.-Korea
Free Trade Agreement (KORUS), 15 March 2019.

12　岩沢雄司「トルコの繊維・繊維製品輸入制限（パネル・上級委)」『WTO
パネル・上級委員会報告書に関する調査研究報告書（1999 年度)』。

13　Panel of Experts Proceeding Constituted under Article 13.15 of the EU–
Korea Free Trade Agreement, para. 293.

14　Final Report of the Arbitration Panel established pursuant to Article
307 of the Association Agreement between Ukraine, of the one part,
and the European Union and its Member States, of the other part,
Restrictions applied by Ukraine on exports of certain wood products to
the European Union, 11 December 2020.

15　Final Report of the Arbitration Panel, Southern African Customs Union
– Safeguard Measure Imposed on Frozen Bone-In Chicken Cuts from the
European Union, 3 August 2022.

16　Department of Trade, Industry and Competition, International Trade
Administration Commission Notice of Conclusion of an Investigation

into the Alleged Dumping of Frozen Bone-In Portions of Fowls Originating/Imported from Brazil, Denmark, Ireland, Poland and Spain, Notice 1179 of 2022 (1 August 2022).

参考文献

秋山公平「自由貿易協定（FTA）に含まれる労働・環境条項の遵守確保手続の特徴」『フィナンシャル・レビュー』通巻 140 号（2019 年）61-87 頁。

飯野文 (著)『WTO・FTA・CPTPP: 国際貿易・投資のルールを比較で学ぶ』（弘文堂、2019 年）。

FTA ビジネス研究会 (著)『FTA/EPA でビジネスはどう変わるか : メリットを活用する実務ガイド』（東洋経済新報社、2014 年）。

欧州連合 (EU) ウェブサイト : https://ec.europa.eu/trade/policy/accessing-markets/dispute-settlement/bilateral-disputes/

外務省経済局 EPA 交渉チーム (著)『解説 FTA・EPA 交渉』（日本経済評論社、2007 年）。

経済産業省通商政策局 (編)「国家間における紛争解決、ビジネス環境整備」、『2022 年版不公正貿易報告書』第 III 部第 9 章。

小林友彦・飯野文・小寺智史・福永有夏 (著)『WTO・FTA 法入門 : グローバル経済のルールを学ぶ』（第 2 版）（法律文化社、2020 年）。

信山社編集部『環太平洋パートナーシップに関する包括的及び先進的な協定 (CPTPP)—TPP11 協定・TPP 整備法』（信山社、2020 年）。

末冨純子 (著)『Q&A FTA・EPA ハンドブック : 関税節約スキームとしての活用法』（民事法研究会、2013 年）。

関根豪政 (著)『国際貿易法入門：WTO と FTA の共存へ』(筑摩書房、2021 年)。

平見健太「WTO 紛争処理における FTA の位置」『フィナンシャル・レビュー』
通巻第 140 号（2019 年）165-181 頁。

ポージス通商法律事務所 (Porges Trade Law PLLC) ウェブサイト：https://
www.porgeslaw.com/rta-disputes

USMCA 協定事務局ウェブサイト：https://can-mex-usa-sec.org/secretariat/
disputes-litges-controversias.aspx?lang=eng

投資仲裁

第8章 仲裁規則の選択と仲裁廷の構成

◈ 玉田 大[1] ◈

I	投資仲裁の全体像
II	仲裁機関と仲裁規則の選択
III	仲裁廷の構成
IV	代理人・補佐人・弁護人・鑑定人の任命と忌避
V	非紛争当事者の関与
VI	事務局の役割

---

1 京都大学

投資仲裁の全体像

1 - 条約仲裁と契約仲裁

　国際投資仲裁は、仲裁設立の法的根拠の相違により条約仲裁と契約仲裁に分かれる。前者は国家間の条約に含まれる仲裁条項を法的根拠とする。これに対して、後者は投資家と国家（投資受入国）の間で締結される契約に含まれる仲裁条項を根拠とする。この契約は、国家契約、投資契約又はコンセッション契約と呼ばれ、その根拠法（妥当根拠となる法源）について議論が残っている。第2次大戦前、投資契約の妥当根拠として投資受入国の国内法が想定されていたが（国内法説）、この場合、国内法改正によって受入国が投資契約を容易に終了ないし変更し得る点で問題が生じる。そこで戦後、投資契約の根拠法を国際法と考える説（「契約の国際法」理論）が登場したが、現時点で慣習国際法の地位を得たとは言えず、今日でもなお議論が収束したとは言えない。契約仲裁の例も僅かに存在しているが、以下、本章では条約仲裁を扱う。

2 - 投資実体法と投資手続法

　条約仲裁の根拠は条約であり、二国間投資条約（BIT: bilateral investment treaty）、多数国間投資条約（エネルギー憲章条約、日中

韓投資協定など）の他、EPA や FTA に含まれる投資章（USMCA 第14 章や CPTPP 第 9 章など）がこれに含まれる。これらを合わせて、国際投資協定（IIA: international investment agreement）と称する。

条約仲裁について論じる場合、投資実体法と投資手続法を区別して考えるのが便利である。投資実体法とは、投資受入国に課される条約上の投資保護義務を指す。IIA では、一般に、収用条項、公正衡平待遇（FET）義務条項、内国民待遇条項、最恵国待遇条項、義務遵守条項（傘条項）が設けられている。他方、投資手続法とは、投資紛争が生じた際の解決方法を定めるものであり、一般に、交渉・協議、調停、仲裁のための手続が定められている。本章では、投資仲裁を扱う。投資調停の事例は（投資仲裁と比較すると）僅かであり、本章では触れない。

IIA 上の投資仲裁条項では、投資家が投資受入国を相手に仲裁付託することが認められており、同時に、投資家（仲裁申立人）の選択することができる仲裁機関及び仲裁規則が指定されている。例えば、CPTPP 9.19 条 4 では、(a) ICSID 仲裁、(b) ICSID 追加的措置、(c) UNCITRAL 仲裁、(d) 投資家と投資受入国が合意するその他の仲裁機関の 4 つが選択肢として挙げられている。他方で、通常の IIA では、投資仲裁において適用される仲裁規則までは定められておらず、IIA とは別の仲裁規則が用いられることになる。

以上のように、投資実体法と投資手続法を組み合わせることにより、個々の投資仲裁において適用される法が定まる。そのため、個々の仲裁毎に異なる適用法規が用いられる点に注意を要する。

仲裁例

事件名	事案内容	投資実体法	投資手続法
日産自動車対インド政府	補助金削減	日・インドEPA	UNCITRAL 仲裁規則（2013年）およびシンガポール法
伊藤忠商事対スペイン政府	太陽光発電固定価格買取制度の終了	エネルギー憲章条約（ECT）	ICSID 条約

　このように、個々の仲裁において投資実体法と投資手続法が異なる点は、「裁判」手続と異なる「仲裁」の特徴である。ただし、多くの場合、用いられる概念（収用やFET義務など）が共通していることから、IIAと仲裁判断例が全体として「国際投資法」を構成していると考えることができる。実際に、投資仲裁判断においては、個々の事件における投資実体法と投資手続法の違いにもかかわらず、相互引用や相互参照が広く見られる。

 II

仲裁機関と仲裁規則の選択

1－機関仲裁とアドホック仲裁

　仲裁は、機関仲裁とアドホック仲裁に分かれる。機関仲裁とは、特定の仲裁機関において、当該機関の用意する仲裁規則に基づいて行われる仲裁である。その例として、投資紛争解決国際センター

224

（ICSID: International Centre for Settlement of Investment Disputes）、
国際商業会議所（ICC: International Chamber of Commerce）、ロンド
ン国際仲裁裁判所（LCIA: London Court of International Arbitration）、
ストックホルム商業会議所仲裁裁判所（SCC: Stockholm Chamber of
Commerce）、日本商事仲裁協会（JCAA: Japan Commercial Arbitration
Association）などがある。これに対して、アドホック仲裁とは、当事
者が個々の事件毎に仲裁規則を定めて行う仲裁である。ただし、こ
の場合であっても、当事者間で仲裁規則を新規に定めるのは煩雑で
あるため、多くの場合は国連国際商取引法委員会（UNCITRAL）が作
成した UNCITRAL 仲裁規則が採用されている。投資仲裁では、（図
1 のように）ICSID 仲裁手続の利用が最も多いが、その次に多いのが
UNCITRAL 仲裁規則の利用である。

　以上の仲裁選択・仲裁規則選択の結果、個々の投資仲裁案件では、
適用される仲裁規則が異なることになる。以下では、投資仲裁で多く
用いられる ICSID 仲裁規則と UNCITRAL 仲裁規則を概観しておこう。

図 1　ICSID 仲裁と非 ICSID 仲裁の事件数

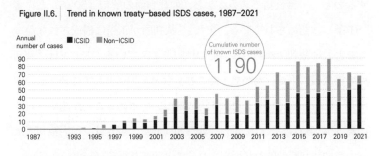

Figure II.6. Trend in known treaty-based ISDS cases, 1987-2021

UNCTAD, World Investment Report 2022, p. 73 より

2 - ICSID 仲裁

ICSID 仲裁とは、国家と他の国家の国民との間の投資紛争の解決に関する条約（ICSID 条約。1965 年署名開放、1966 年発効）に基づいて実施される投資仲裁である（ただし、ここでは ICSID 追加的措置（additional facility）にもとづく仲裁は含まない）。投資家（仲裁申立人）が ICSID 仲裁を利用するためには、投資家本国と投資受入国の双方が ICSID 条約の当事国となっており（2022 年 1 月 31 日時点で ICSID 条約当事国は 156 カ国）、加えて、個別の IIA において ICSID 仲裁の選択が認められていることが前提条件となる。

ICSID 仲裁の個々の手続については後述するが（→ 第 9 章、第 10 章）、その最大のメリットは、仲裁判断の確定方法と承認執行方法である。

第 1 に、仲裁判断の確定について、ICSID 仲裁廷（ICSID 条約 37 条の公定訳では「仲裁裁判所」であるが、本書では「仲裁廷」と呼ぶ）の仲裁判断は「両当事者を拘束し、この条約に規定しないいかなる上訴その他の救済手段も、許されない」（ICSID 条約 53 条 1 項）。すなわち、一審終結である。なお、仲裁判断の解釈（50 条）と再審（51 条）は認められている。また、「裁判所が正当に構成されなかったこと」、「裁判所が明らかにその権限をこえていること」又は「裁判所の構成員に不正行為があったこと」などを根拠として仲裁判断の取消し（annulment.）を ICSID 条約に基づいて求めることが認められている（52 条 (1)）これに対し、非 ICSID 仲裁の場合は、国内裁判所において仲裁判断の効力が否定されることがあり得る（→ 第 10 章）。

第 2 に、仲裁判断の承認執行に関して、ICSID 仲裁判断は他の仲裁と異なる独自の効力を有する。非 ICSID 仲裁における仲裁判断の場合、「外国仲裁判断の承認及び執行に関する条約」（ニューヨーク条約）にもとづき、同条約の当事国内であればどの国においても承認執行を求めることが可能である（3 条）。ただし、当事国は、「判断の承認及び執行が、その国の公の秩序に反すること」（5 条 2 (b)）を理由として仲裁判断の承認及び執行を拒否することが認められている。すなわち、仮に投資家側が投資仲裁において勝訴した場合であっても、最終的には承認執行が求められた国の「公序」が優先され、承認執行がなされない危険が残されている。これに対して、ICSID 条約の場合、「各締約国は、この条約に従って行われた仲裁判断を拘束力があるものとして承認し、また、その仲裁判断を自国の裁判所の確定判決をみなしてその仲裁判断によって課される金銭上の義務をその領域において執行するものとする」（54 条 1 項）。このように、ICSID 仲裁判断については、敗訴した被申立国が自国の国内訴訟手続においてこれを取り消すことは認められておらず、ただちに承認執行する義務を負う。以上のように、投資受入国（被申立国）の国内法や国内訴訟手続から切り離されていること（delocalisation）が、ICSID 仲裁の最大の特徴であり、メリットである。

　上記のように、ICSID 条約は投資家と投資財産及び投資家本国に有利な環境を生み出すものであるが、このことは、投資受入国（被申立国）の負担が大きいことを意味する。そのため、投資受入国が ICSID 条約の非当事国である場合が生じる（例えば、投資仲裁において被申立国となることの多いベネズエラ、ポーランドおよびロシア

はICSID条約の非当事国である）。この場合、投資家が利用し得るのは、第1に、上記の他の機関仲裁又はアドホック仲裁であり、多くの場合はUNCITRAL仲裁規則が用いられる。第2に、一方又は双方の紛争当事者がICSID条約当事国ではない、あるいは条約当事国の国民でない場合、ICSID追加的措置規則（Additional Facility Rules）の利用が可能である。同規則は1978年に定められた後、2022年に改正されている。同規則を用いる場合、ICSID条約は適用されない（2022年追加的措置規則3条）。

3 – UNCITRAL 仲裁規則

UNCITRAL仲裁は当事者自治（party autonomy）を維持し得るという点で当事者にとってのメリットが存在する。例えば、仲裁廷の結論である仲裁判断（arbitral award）の公開について、ICSID仲裁では公開が原則とされている。すなわち、「当事者の同意にもとづき、ICSIDはすべての仲裁判断を公開する（shall publish）」（2022年ICSID仲裁規則62条1項）。また、当該同意がない場合であっても、「ICSIDは仲裁廷の法的理由付けの要約を直ちに公表に付さなければならない」（62条4項）。なお、条文上、当事者を通じた公開は禁止されていないため、実際にはすべての仲裁判断がウェブ上で公開されている。これに対して、UNCITRAL仲裁では非公開が原則であり、当事者の合意がある場合に「公開され得る」に止まる（2013年UNCITRAL仲裁規則34条5項）。なお、UNCITRAL透明性規則（後

述）が適用される限りで、秘匿・非公開情報を除き（7条）、原則と
して仲裁判断は公開される（3条1項）。

仲裁廷の構成

1 – 仲裁人任命手続

ICSID 仲裁における仲裁人の任命に関する基本ルールは以下の通
りである。第1に、ICSID 条約の各当事国は、仲裁人名簿のためにそ
れぞれ4人を指名し（13条1項）、これにもとづき、ICSID が仲裁
人名簿を作成する（12条）。仲裁人名簿に登載されるために指名さ
れる者は、「徳望高く、かつ、法律、商業、産業又は金融の分野で有
能の名のある者であって、独立の判断力を行使することができると
信頼されるものでなければならない。仲裁人名簿に登載される者に
ついては、法律の分野で有能であることが特に重要である」（14条1
項）。第2に、ICSID 仲裁廷は、「両当事者の合意により任命された単
独の仲裁人又は奇数の仲裁人により構成される」（37条 (2)(a)）。両
当事者の合意がない場合、仲裁廷は、「各当事者が任命する各一人の
仲裁人と、両当事者の合意により任命され、裁判長［仲裁長］とな
る第三の仲裁人との三人の仲裁人により構成される」（37条 (2)(b)）。
仲裁人は、上記の仲裁人名簿以外から任命することができるが、こ

の場合であっても、仲裁人は「第14条(1)に定める資質を有しなければならない」(40条(2))。なお、実際にはほとんどの場合は仲裁人名簿以外から任命されている。他方で、ICSIDが選任する場合は、仲裁人名簿から選ばなければならない(40条1項)。

ICSID仲裁判断の取消に関しては、特別委員会(ad hoc committee)が設置される。この委員会の構成に関しては、ICSID理事会議長が「仲裁人名簿のうちから三人の者を任命」する。ただし、この委員は仲裁判断を行った仲裁廷の構成委員(仲裁人)や当該委員と同じ国籍の者を除くことになっている(52条(3))。

2013年UNCITRAL仲裁規則は、仲裁廷の構成について以下のように規定している。第1に、当事者間の合意がない限り、仲裁人は3名である(7条1項)。第2に、各当事者が1名の仲裁人を任命し、この2名の仲裁人が「仲裁廷の仲裁長(the presiding arbitrator)となる第三仲裁人を選出しなければならない」(9条1項)。第3に、仲裁長の選択に合意できない場合、任命機関(the appointing authority)が仲裁長を任命する(9条3項)。

実際の仲裁案件において、両当事者間で仲裁人選定に関して合意に至ることができない場合、ICSID仲裁廷は (i) 申立人が任命する仲裁人、(ii) 被申立国が任命する仲裁人、(iii) 両者が合意する仲裁長(President)、の3名で構成される。(i) と (ii) はそれぞれ任命する側の事実上の代弁者となることが多いため、仲裁廷の結論を左右するのは (iii) の仲裁長となる。また、2対1という僅差の判断で結論に至ることもあるため、仲裁人の不偏性や独立性が争われるケースが多く見られる。また、近年の傾向として、仲裁人の失格(disqualificaiton)

国際経済紛争解決手続法

だけでなく、代理人、補佐人、弁護人、鑑定人の失格や忌避が申立てられる例が増えている。

2 - 仲裁人失格提案（ICSID 仲裁）

ICSID 条約では、仲裁人の失格提案（disqualification proposal）の手続が設けられている。第1に、「当事者は、［…］裁判所［＝仲裁廷］のいずれかの構成員が第14条1項の規定により必要とされる資質を明らかに欠いていることを示す事実を理由として、その構成員の失格を［…］裁判所［＝仲裁廷］に提案することができる」（57条）。第2に、失格提案が提起された場合、その可否決定は、「それぞれ［…］裁判所［＝仲裁廷］の他の構成員が行なうものとする。ただし、それらの構成員の賛否が同数に分かれた場合又は単独の［…］仲裁人の失格若しくは過半数の［…］仲裁人の失格が提案された場合には、決定は、議長が行なうものとする」（58条）。第3に、ICSID 条約条文上は明記されていないものの、仲裁判断の解釈、再審及び取消に関する手続においても、仲裁人の失格提案の手続が準用されると解されている（2022年 ICSID 仲裁規則72条参照）。以上のように、仲裁人（委員会委員）の失格が提案された場合、残りの仲裁人（委員会委員）によって可否決定が行われる。ただし、ICSID 条約58条は以下の3つの場合に ICSID 議長による決定を想定している。(i) 3名の仲裁人のうち、1名について失格提案が提起され、残り2名の可否が同数に分かれた場合。(ii) 単独仲裁人が（当事者間合意によって）任命さ

れたものの、その後、当該人物について失格提案が提起された場合。
(iii) 3 名の仲裁人のうち、2 名又は 3 名について失格提案が提起され
た場合である。

　失格事由の 1 つとして、ICSID 条約 14 条は「独立の判断力」
(independent judgment) を挙げているが、スペイン語正文では「判
断の不偏性」(imparcialidad de juicio) と規定されている。ICSID 条
約は、英語、フランス語およびスペイン語を正文とするため、仲裁
人の不偏性（impartiality）と独立性（independence）のいずれもが
仲裁人の失格事由に該当すると解される。例えば、BSG 事件におい
て ICSID 議長は、「不偏性とは一当事者に対する偏見や贔屓がないこ
とを意味し、独立性は外部からのコントロールがないことで特徴づけ
られる」と述べている（BSG Resources Limited, BSG Resources (Guinea)
Limited and BSG Resources (Guinea) Sarl v. Republic of guinea, ICSID
Case No. ARB/14/22, Decision on the Proposal to Disqualify All
Members of the Arbitral Tribunal, 28 December 2016, paras. 56-57）。

　仲裁人の失格提案手続は頻繁に利用されており、1982 年から
2017 年までに 121 件の失格提案がなされている。ただし、（取下
げ等の事案を除き）審査された 93 件のうち、実際に失格が認め
られたのは 5 件に止まる（Jeffery Commission and Rahim Loloo,
Procedural Issues in International Investment Arbitration (Oxford
University Press, 2018), p. 53. Appendix 3A）。なお、最終的に失格
が認められなかった場合であっても、（仲裁人の自発的な辞退により）
仲裁廷の構成が修正される場合がある（23 件）。このように、失格
提案が認められた事案（5 件）と後者の事案（23 件）を合わせると、

上記121件のうちの28件において仲裁人が交代していることになる。

　近年の投資仲裁では、異なる事件であっても類似の争点を扱うものが増えており、この関係で上記の失格提案が行われる例が見られる。例えば、A事件において仲裁人に任命されたX氏の所属する法律事務所Y（実際にはBaker & McKenzie Madrid）が、A事件と類似の争点が争われているB事件において申立人（投資家）側の弁護を務めていた場合、X氏が、B事件で投資家側（Y）が有利となるような判断をA事件において示す可能性があるため、不偏性が欠如している（すなわち失格事由に該当する）と判断された例がある（Blue Bank International & Trust (Barbados) Ltd. v. Bolivarian Republic of Venezuela, ICSID Case No. ARB 12/20, Decision on the Parties' Proposals to Disqualify a Majority of the Tribunal (12 December 2013), paras. 68-69）。最近の投資仲裁実務では、特定の法律事務所が複数の類似の投資仲裁案件を同時に扱う傾向が見られるため、上記のような不偏性を根拠とした失格が問題となるケースは今後も生じると考えられる。

3 - 仲裁人忌避（UNCITRAL 仲裁）

　ICSID仲裁における仲裁人失格提案手続と同様の手続として、2010年UNCITRAL仲裁規則は「仲裁人の開示と忌避」（Disclosures by and challenge of arbitrators）の規定を設けている（11 〜 13条）。用語法に関して、ICSID条約は「失格」（disqualificaiton）という用語

を用いているが、2010年UNCITRAL仲裁規則は「忌避」（challenge）という用語を用いている。ただし、一般に両者をあわせて「忌避」（challenge）手続と称される。UNCITRAL仲裁規則における忌避手続は以下の内容である。第1に、仲裁人の任命の申込を受けた場合（[w]hen a person is approached）、当該人物は自身の「不偏性または独立性（impartiality or independence）に関する正当な疑義（justifiable doubts）を生じ得る状況を開示する（shall disclose any circumstances）」ものとし、任命後、仲裁人は「任命のときから、また仲裁手続を通じて、当事者または他の仲裁人に遅滞なくそのような状況を開示する」（11条）。第2に、仲裁人の不偏性または独立性に関して正当な疑問を生ぜしめる状況が存在する場合には、「仲裁人は忌避され得る（any arbitrator may be challenged）」（12条1項）。

UNCITRAL仲裁規則における忌避手続は、ICSID仲裁の場合と以下の点で異なっている。第1に、忌避通告書について、15日以内に「すべての当事者がその忌避に同意せず、また、忌避を申し立てられた仲裁人が辞任しない」場合、忌避を申し立てた当事者は、その忌避の追及を選択することができる（may elect to pursue it）。この場合、忌避通知日から30日以内に、当該当事者は、「忌避について任命機関（the appointing authority）の決定を求めなければならない（shall seek）」（13条(4)）。第2に、任命機関の選択について当事者間で合意に至らない場合は、いずれの当事者もPCA事務局長に対して任命機関を指名することを要求することができる（6条(2)）。実際の事例では、ICJ所長やICSID事務局長などが任命機関に指名され、仲裁人の忌避についての決定が行われている。

1999 年から現在まで、（公表されている限りで）47 件の仲裁人忌避申立が行われている（2018 年以前につき、Commission op. cit., p. 65 参照）。うち 4 件では、仲裁廷の決定前に忌避申立てを受けた仲裁人が辞任している。残りの 31 件では、忌避承認が 8 件、忌避不承認が 23 件である。例えば、被申立国（カナダ）の任命した仲裁人が、同国内における登録ロビー活動家であった事案では、仲裁人の独立性の欠如を根拠として仲裁申立人が忌避提案を行い、仲裁廷がこれを認めている（S.D. Myers, Inc. v. Government of Canada, UNCITRAL Arbitration Rules, Partial Award, 13 November 2000, paras. 25-29）。

4 – 仲裁人の多様性

　近年、投資仲裁の関係者（主に仲裁人、特別委員会委員）における多様性確保の問題が指摘されるようになっている。常設の裁判機関と異なり、事件毎に仲裁当事者（申立人と被申立国）が仲裁関係者を任命し得ることから、被任命者が特定の個人やグループに固定される傾向が生じてきたためである。第 1 に、仲裁人に関しては、特定個人の判断傾向（申立人に有利な判断傾向又は被申立国に有利な判断傾向）が人物選定に如実に反映される。第 2 に、弁護人・補佐人に関しては、仲裁実務経験が豊富な大手の（西欧・北米の）法律事務所の法律家が任命される傾向がある。投資仲裁における関係者の任命は、基本的に仲裁当事者（申立人と被申立人）の自由選択に委ねられているため、市場ルール・自由競争の下で行われている。その結果、前評判や仲裁

実務実績を根拠として、特定のカテゴリーの人物（西欧・北米出身の男性）が仲裁関係者として任命され、これが固定化される傾向が見られる。多様性に関連して、以下の点が問題となる。

　第1に、男女比が問題となる。ICSID 統計（2021 年まで）によれば、ICSID 条約と ICSID 追加的措置規則上の登録事件における仲裁人、調停人、特別委員会委員の男女比は、男性 85％、女性 15％である（The ICSID Caseload-Statistics Issue 2022-1）。また、指名主体別の数字は図 2 の通りである。なお、この男女比が ICSID 統計上で示されるようになったのは 2019 年以降のことであり、それ以前は男女比統計は発表されていない。

図 2　ICSID 条約および追加的措置規則上で登録された事件における
仲裁人、調停人および特別委員会委員の男女比較

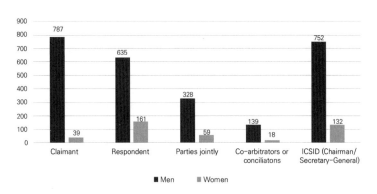

The ICSID Caseload-Statistics Issue 2022-1, p. 20.

　第2に、出身地が問題となる。ICSID 条約と ICSID 追加的措置規則上の登録事件における仲裁人、調停人および特別委員会委員の出

身別統計によれば、西欧46％、北米20％、南米11.4％、南アジア・東アジア・大洋州10.8％、中東・北アフリカ3.7％、東欧・中欧2.5％、中米・カリブ2.5％、サハラ以南アフリカ2.32％である。西欧と北米を合わせると66％となる（図3）。

図3　ICSID条約と追加的措置規則上の登録事件における仲裁人、
調停人および特別委員会委員の出身別の統計

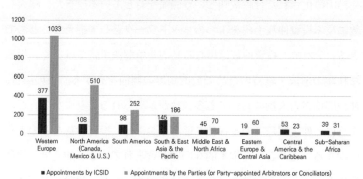

The ICSID Caseload-Statistics Issue 2022-1, p. 17.

　そもそも仲裁当事者（申立人と被申立国）に偏りが見られるため、仲裁関係者の任命においてもこの偏りが一定程度反映される。すなわち、西欧・北米の投資家に関連する投資案件が多いことから、自然と仲裁関係者もこの地域の出身者が多くなると考えられる。また、仲裁における事実上の公用語という点から、英語・仏語・西語話者が多く任命されるのも不可避である。他方、仲裁関係者の多様性の欠如については、投資仲裁の正統性を損なうという批判が強く、幾つかのフォーラムにおいて改革が議論されている。議論の焦点は、

投資仲裁における正統性の捉え方、すなわち「投資仲裁は誰のためのものか（誰の利益を反映すべきか）」という点に帰着する。一方で、投資仲裁における当事者主義や当事者自治を重視する場合、投資仲裁は当事者間の紛争解決のための私的手続と解されるため固定メンバーで仲裁が繰り返し行われても正統性の問題は生じない。他方で、投資仲裁は投資受入国内の公的・行政的な作用に関連する側面が強く、国際化された行政裁判という側面を有している。また、膨大な数に及ぶ投資仲裁手続を1つのネットワークとして捉えることもできる。それ故、投資仲裁は単なる私的紛争解決手続ではなく、投資法秩序の形成・維持のための公的制度の側面を有する。この場合、仲裁関係者の人選においても多様性が求められることになる。このように、仲裁関係者の多様性を巡る議論には、投資仲裁をどのように捉えるべきかという根本的な問題が含まれている。加えて、具体的にどのような多様性をどのように実現すべきか、議論が多く残っている。

Ⅳ 代理人・補佐人・弁護人・鑑定人の任命と忌避

1 – 任命

ICSID 仲裁の場合、仲裁当事者（申立人と被申立国）は代理人

（agent）、補佐人（counsel）、弁護人（advocate）、証人（witness）及び鑑定人（expert）を任命し、仲裁手続において自らを代表させ、又は補助をさせることができる。なお、これらの人物について、ICSID条約はその免除を定めるに止まり（22条）、具体的な任務等は2022年ICSID仲裁規則が次のように定める。「各当事者は、代理人、補佐人、弁護人又はその他の支援者によって代理又は補助を受けることができる。それらの者の氏名及び権限の証拠につき、当該当事者は即座に事務局長に通知しなければならない（「代表者」と呼ぶ）」（2条2項）。なお、2006年ICSID仲裁規則では、「『当事者』（party）という表現は、当事者を代表する権限を付与された代理人、補佐人又は弁護人を含む」（18条(2)）と規定されていたが、2022年ICSID仲裁規則では、「当事者（party）は、申立人又は被申立国として行動するすべての当事者（parties）を含む」と定められている（2条1項）。上記のように、2022年規則では、代理人、補佐人、弁護人は「代表者」（representatives）と称されており、「当事者」とは区別されている。なお、上記の「代表者」の任命方法や任命要件については具体的に規定されていないため、実務上の慣行に委ねられていると解される。

　UNCITRAL仲裁では、より一般的な規定が存在するに止まる。2013年UNCITRAL仲裁規則によれば、「いずれの当事者も自らが選ぶ人物によって代表又は補助されることができ」、当該任命をすべての当事者と仲裁廷に通知する際に「当該任命が代表又は補助を目的としたものであるか否かを明らかにしなければならない」と定めるに止まる（5条）。このように、2013年UNCITRAL仲裁規則では、代理人、補佐人、弁護人、証人、鑑定人という詳細な区別も設けら

れておらず、当事者を「代表又は補助」するか否かを明確にしてお
くことだけが求められている。実際の任命については、ICSID 仲裁の
場合と同様に、実務上の慣行に基づいて行われている。

2 – 仲裁廷任命鑑定人

　上記のように、仲裁当事者が代理人・補佐人・弁護人・証人・鑑
定人を任命するのに加えて、仲裁廷自身が鑑定人を任命する場合が
あり、「仲裁廷任命鑑定人」（tribunal-appointed expert）と呼ばれる。
ICSID 条約と 2006 年 ICSID 仲裁規則にはこの点に関する明文規定は
存在していなかった。ただし、「仲裁廷は証人又は鑑定人が書面供述
書において提出する証拠を認めることができる」（2006 年 ICSID 仲
裁規則 36 条 (a)）と定められており、鑑定人の任命権者は仲裁当事
者に限定されていなかったと解される。

　これに対して、2013 年 UNCITRAL 仲裁規則では、仲裁廷が鑑
定人を任命し得ることが明記されている。すなわち、当事者との
協議の後、仲裁廷は「一又は二以上の独立の鑑定人（independent
experts）を任命し、仲裁廷によって決定される特定の問題につい
て、書面により仲裁廷に報告を行わせることができる」（29 条 1 項）。
また、仲裁廷による鑑定人任命に対して、当事者は「鑑定人の能力
（qualifications）、不偏性（inpartiality）又は独立性（independence）
に対する異議を有するか否かを仲裁廷に知らせなければなら」ず、
異議がある場合、仲裁廷は当該異議を認めるか否かを直ちに決定し

なければならない（29条2項）。

　ICSID に関しては、2022 年 ICSID 仲裁規則において仲裁廷任命鑑定人の任命について明文規定が設けられた（39条）。すなわち、両当事者が別に合意しない限り、仲裁廷は、「紛争の範囲に含まれる特定の事項について、仲裁廷に報告を行うための一又二以上の独立した鑑定人（independent experts）を任命することができる」（39条1項）。

　ICSID 仲裁と UNCITRAL 仲裁における仲裁廷任命鑑定人は、多くの場合は賠償算定のための鑑定人（特に企業評価の専門家）であるが、その他にも、環境問題や掘削技術、国内法（ロシア法やウクライナ法など）に関する鑑定人が任命された例がある。

3 – 忌避

　ICSID 条約、ICSID 仲裁規則および UNCITRAL 仲裁規則には、補佐人、弁護人及び鑑定人の忌避に関する明文規定は存在しない。そもそもこれらの人物の任命方法や任命要件に関する規定が存在しないため、何を根拠として忌避を申立てることができるのかも定かではない。ただし、2006 年 ICSID 仲裁規則 19 条（2022 年 ICSID 仲裁規則 27 条）では、仲裁廷は「仲裁手続の実施のために必要とされる命令及び決定を行わなければならない」と定められており（ICSID 条約 44 条および 56 条参照）、仲裁廷が忌避申立を審査するための固有の権限を有すると解される。また、実際に忌避審査が行われた

例も見られる（ただし、こうした権限を否定する判断が示された例もある）。

　ICSID 仲裁において補佐人の忌避が申し立てられた事案は 11 件あり、鑑定人忌避（鑑定書の排除を含む）の申立ては 8 件ある（2018年以前の事例につき、Commission op. cit., p. 68. Appendix 3C 参照）。補佐人（弁護人）忌避については、例えば、被申立国が口頭弁論の直前という手続の遅い段階で、仲裁長と同じ法曹団（具体的には Essex Court Chambers London. 日本でいう「法律事務所」とは異なる）に所属する人物を自身の弁護団に加えたことから、申立人が忌避の申立てを行い、仲裁廷がこれを承認した例がある（Hrvatska Elektroprivreda d.d. v. Republic of Slovenia, ICSID Case No. ARB/05/24, Tribunal's Ruling regarding the participation of David Mildon QC in further stages of the proceedings, 6 May 2008）。　なお、この判断は本件に固有のものであり、その他の事件では、補佐人任命が「明白な予断」を生み出すことはないという理由で忌避申立てが退けられている。次に、鑑定人忌避については、被申立国の任命した賠償算定鑑定人が申立人から非公開文書を受領していたことを理由として、申立人側が忌避を申し立てた例がある。ただし、この事件で仲裁廷は、当該文書に含まれる情報が非公開のものではないとして申立てを棄却している（Flughafen Zürich A.G. y Gestión e Ingenería IDC S.A. c. Republica Bolivariana de Venezuela, Caso CIADI No. ARB/10/19, Decision sobre la inhabilitacion del Sr. Ricover como experto en este procedimiento, sobre la exclusion del Informe Ricover-Winograd y sobre la Peticion Documental, 29 de agosto de 2012.）。

UNCITRAL 仲裁例では、被申立国（カナダ）の補佐人（Ms. Alexandra Dosman）につき、申立人に関する秘匿情報を有することを理由として申立人から忌避が申立てられ、仲裁廷がこれを認容した例がある（Einarsson v. Canada, ICSID Case No. UNCT/20/6, Decision on Claimant' Motion to Disqualify Counsel, 24 Febraury 2022）。

非紛争当事者の関与

1－アミカス・キュリイ（非当事者）

　投資仲裁は私的性質（当事者間だけの紛争解決という側面）と公的性質（投資受入国の内外における公共政策に関わる側面）の両面を有している。前者の側面が強い事件の場合、仲裁の非当事者（第三者）が関心・関係を有することはないが、後者の側面が強い事件の場合、非当事者（第三者）の関心・関係が広く生じることになる。例えば、仲裁で争点となっている論点に関連する NGO や国際機関が当該仲裁案件に対して関与を求めることが想定される。このように、仲裁当事者（party）ではないものの、一定の利害関係を有する主体は、一般に「アミカス・キュリイ」（amicus curiae、法廷の友）と呼ばれる。なお、後述のように、投資仲裁においては「非紛争当事者」（non-disputing party）という用語が広く用いられている。問題とな

るのは、この非紛争当事者の関与をどの程度認めるべきかという点であり、とりわけ、非紛争当事者による文書（アミカス・ブリーフ）の提出を認めるか否かが争われる。

2 - アミカス・ブリーフ

投資仲裁が発展するに伴い、徐々にアミカス・ブリーフの提出が広く認められる傾向が強まっている。第1に、NAFTAに基づく投資仲裁において、アミカス・ブリーフの提出を認める事例が登場した（2001年のMethanex事件およびUPS事件）。その後、2003年にNAFTA自由貿易委員会（FTC）が「非紛争当事者の仲裁への参加に関する声明」（Statement of Non-Disputing Party Participation）を発表し、アミカス・ブリーフの仲裁廷への提出を認めた。第2に、この動きに倣い、ICSIDは2006年に手続規則を改正し、これにより、仲裁廷の承認及び仲裁当事者との協議を得た上で、一定条件下において「非紛争当事者」（non-disputing party）による書面提出を認めた。さらに、2022年ICSID仲裁規則では、非紛争当事者による申立につき、仲裁廷が考慮しなければならない関連状況を例示している（67条2項）。実際のICSID仲裁においても、上記の規定（2006年規則）に基づいてアミカス・ブリーフの提出が認められた事例が生じている（2003年Tunari事件、2006年Suez事件、2007年Biwater事件）。第3に、2013年に改正されたUNCITRAL仲裁規則は、当該規則が「条約に基づく投資仲裁における透明性に関するUNCITRAL規則

（透明性規則：the UNCITRAL Rules on Transparency in Treatybased Investor-State Arbitration）を含む」と定める（1条4）。この透明性規則では、一定条件下において、仲裁第三者（third person(s)）が書面を提出することを認めている（4条）。第4に、個別の IIA においても、仲裁廷の透明性確保との関連でアミカス・ブリーフに触れるものがある。例えば、CPTPP 9.23条3は次のように規定している。「仲裁廷は、紛争当事者との協議の後、紛争の範囲内である事実に関する問題又は法律上の問題についてのアミカス・キュリイの書面による意見（written *amicus curiae* submissions）であって、当該仲裁廷が紛争当事者の意見及び主張を評価するに当たり当該仲裁廷を補助することができるものを、当該仲裁の手続において重大な利害関係（a significant interest）を有する紛争当事者でない者又は団体から受領し、考慮することができる。［…］仲裁廷は、意見の提出が、仲裁の手続を妨害せず、若しくは当該手続に不当に負担を与えず、又はいかなる紛争当事者も不当に害しないことを確保する」。以上のように、NAFTA の文脈で認められたアミカス・ブリーフの提出は、その後、ICSID 仲裁規則や UNCITRAL 仲裁規則（透明性規則）でも認められるようになり、個々の IIA でも同様の規定が設けられるようになっている。

3 – アミカス・ブリーフの受理要件

アミカス・ブリーフ（「非紛争当事者」又は「第三者」による書面）の受理要件として、2006 年 ICSID 仲裁規則 37 条 2 項は次の要件を定めている。(a) 非当事者の申立てが、紛争当事者の見解、特定の知見又は識見と異なるものをもたらすことによって仲裁手続に関する事実又は法に関する問題の決定に際して仲裁廷を援助すること（援助要件）。(b) 非当事者の申立てが紛争の射程に含まれる事項(matter)を扱っていること（事項要件）。(c) 非当事者が仲裁手続に重大な利益(a significant interest) を有していること（利益要件）。これらの 3 要件に加えて、仲裁廷は以下のことを確保しなければならない。(d) 非当事者の申立てが仲裁手続を阻害し、不要に引き延ばし、又は一方の当事者に対して不正な予断を与えることがないこと（阻害要件）。(e) 非当事者の申立てについて、両当事者が自身の見解を提示する機会を与えられること（機会要件）。以上のように、非紛争当事者による書面（アミカス・ブリーフ）の提出について、条文上は厳格な要件（5 要件）が定められている。これらの要件は、NAFTA FTC の声明（2003 年）の内容を忠実に反映したものである。なおその後、2022年 ICSID 仲裁規則は、非紛争当事者による申立を認めるか否かに際して、仲裁廷が考慮しなければならない要素として以下を例示している。上記の (a) 事項要件、(b) 援助要件、(c) 利益要件、に加えて、(d) 非紛争当事者の身分、活動、組織及び所有関係、(e) 非紛争当事者に対して何らかの人物又は組織が経済的又はその他の支援を提供するか否か（67 条 2 項）。

4 – その他の関与

以上のような方法の他にも、非仲裁当事者が仲裁手続に実質的に関わることがある。第1に、投資仲裁において適用されるIIAにおいて、非仲裁当事者であるIIAの当事国（投資家本国）が、当該IIAの解釈について書面見解を仲裁廷に提出することが認められる場合がある。例えば、Tamimi事件では、米＝オマーンFTAについて、（非仲裁当事者である）米国が慣習国際法の内容および最低限の待遇に関する書面見解を仲裁廷に提出することが認められた（Adel A Hamadi Al Tamimi v. Sultanate of Oman, ICSID Case No. ARB/11/33, Submission of the United States of Amecia, 22 September 2014）。同様に、Bear Creek Mining事件では、（非仲裁当事者である）カナダが、カナダ＝ペルーFTAの収用及び最低限の待遇義務に関して書面見解を仲裁廷に提出している（Bear Creek Mining Corporation v. Republic of Peru, ICSID Case No. ARB/14/21, Submission of Canada Pursuant to Article 832 of the Canada-Peru Free Trade Agreement, 9 June 2016）。第2に、上記のようなIIA上の明文の根拠がない場合であっても、仲裁廷が非仲裁当事者による書面見解を勧奨する（invite）例がある。例えば、EURAM事件のUNCITRAL仲裁廷は、オーストリア、チェコおよび欧州委員会に対して、オーストリア＝チェコBITが（Achmea事件後も）有効であるか否かという問題についてアミカス・ブリーフの提出を勧奨している（EURAM v. The Slovak Republic, UNCITRAL, Award on Jurisdiction, 22 October 2012, paras. 22-23）。これらの例が示すように、投資仲裁の当事者は申立人（投

資家）と被申立国（投資受入国）であるが、仲裁において解釈・適用される IIA については投資家本国が当事国であることから、同国による条約解釈に関する書面見解の提出は上記の受理要件を満たすと解される。

なお、2022 年 ICSID 仲裁規則は、紛争当事者でない条約当事国（non-disputing treaty party）の参加についての条文を設け、次のように定めている。「仲裁廷は、紛争当事者でない条約当事国が、紛争の争点となっている条約の解釈についての申立を行うことを認めなければならない。仲裁廷は、紛争当事者と協議した後に、当該申立を行うことを紛争当事者でない条約当事国に勧奨することができる」（68 条 1 項）。

事務局の役割

1－投資仲裁事務

投資仲裁手続では、膨大な量の事務作業が発生する。例えば、関係書類のやりとり、その保管、日程調整、各種の通知、口頭弁論の設定、通訳・翻訳などである。こうした仲裁事務について、ICSID 仲裁の場合は ICSID 事務局にすべてを依頼することができる。他方、非 ICSID 仲裁の場合（特に UNCITRAL 仲裁の場合）、幾つかの選択肢

がある。アドホックの事務局を開設することも可能であるし、ある
いは ICSID 事務局又は PCA 事務局に仲裁事務を依頼することも可能
である。例えば、ICSID 事務局に仲裁事務を依頼する場合、仲裁の事
務機関（Administering Authority）として ICSID を指定し、仲裁廷の
事務局（Secretary of the Tribunal）として ICSID の事務局次長（Deputy
Secretary-General）を任命する例がある。

2 − ICSID 事務局

　ICSID には、理事会（Administrative Council）と事務局（secretariat）
が設置されている（ICSID 条約 3 条）。事務局は、「事務局長（Secretary-
General）、一人又は二人以上の事務局次長（Deputy Secretary-General）
及び職員で構成する」（同 9 条）。現在、約 70 名の職員が事務局に所
属しており、事務局次長が 2 名在籍している。
　投資仲裁の事務においては、事務局が重要な役割を果たす（2022
年 ICSID 行政財政規則 8 〜 13 条および 23 〜 29 条に規定が設けら
れている）。第 1 に、ICSID 仲裁において、仲裁手続のあらゆる側面
に関与する。(i) 仲裁手続における書記（registrar）として行動する
（2022 年 ICSID 行政財政規則 26 条。例：仲裁要請の受領、審査及び
登録、並びに仲裁判断の認証）。仲裁手続を開始するための申立人の
訴状は、ICSID 事務局に対し「書面によりその旨の請求を行う」こと
とされている（ICSID 条約 36 条 (1)）。なお、ICSID 条約 36 条 3 項
（2022 年 ICSID 仲裁開始規則（Institution Rules）6 条も参照）にお

いて、事務局は、「紛争が明らかにセンターの管轄外のものであると認めない限り」、申立人の請求を登録することとされている。「明らかに管轄外」か否かに関しては、ICSID 条約 25 条の管轄権要件の欠如が明白か否かが審査され、本案にかかわる判断は行われない（例えば、申立人本国と被申立国がいずれも ICSID 条約当事国ではないような場合がこれに該当する）。(ii) 仲裁廷や特別委員会の構成の支援。(iii) 仲裁手続における当事者、仲裁廷及び委員会の支援。(iv) 個々の事件の会計監督。(v) 仲裁廷や委員会から要請されるその他の事務的支援の提供である。

　第 2 に、非 ICSID 仲裁（例：UNCITRAL 仲裁やアドホック仲裁）においても、ICSID 事務局は投資仲裁手続の支援を行っている。支援の内容は当事者の合意内容に依存するが、例えば、口頭弁論の組織における支援に止まるものから、ICSID 事案で提供されるのと同等の完全な事務サービスまでが含まれる。第 3 に、ICSID は、他の機関（例：ICC、LCIA、PCA など）のもとで行われる仲裁手続の口頭弁論の実施についても支援を行っている。

3 – ICSID 事務局長

　ICSID 事務局の職務に加え、ICSID 事務局長は独自の職務を有する。事務局長は、「センターの法律上の代表者及び職員の長であって、この条約［= ICSID 条約］の規定及び理事会が採択する規則に従ってセンターの管理（職員の任命を含む。）を行う責任を負う。事務局長は、

裁判所［＝仲裁廷］書記（registrar）の職務を遂行し、また、この条約に従って行われた仲裁判断を認証し（authenticate）、及びそれらの謄本を証明する（certify）権限を有する」（ICSID 条約 11 条）。なお、ICSID 追加的措置仲裁の場合、ICSID 事務局長が仲裁人の失格提案についての決定を行うことが認められている（2022 年 ICSID 追加的措置仲裁規則 31 条 1 項）。

4 – PCA 事務局

PCA は、紛争当事者の合意にもとづき、当事者間の公式の通信仲介、仲裁文書の保管、仲裁支出管理、一般的な事務的・言語的支援といった投資仲裁行政サービスを提供している。PCA 事務局に仲裁事務を依頼する場合、書記局（registry）として PCA が指定される（例えば、Philip Morris Asia Limited v. Australia, UNCITRAL, Procedural Order No. 1, 7 June 2012）。

参考文献

「投資協定仲裁判断例研究（1）～」JCAジャーナル56巻10号（2009年）
　　より連載。

大貫雅晴「投資紛争解決制度の展開―投資仲裁制度と国際商事仲裁制度の親
　　和性と相違」国際商取引学会年報17号（2015年）146-153頁。

濵本正太郎「国際裁判・仲裁における判断者の多様性に関する覚書―投資仲
　　裁における仲裁人の属性をめぐる議論を手がかりに」法学論叢188巻4
　　～6号（2021年）166-182頁。

福永有夏「UNCITRAL仲裁規則に基づく投資仲裁」仲裁ADRフォーラムVol.
　　5（2016年）7-16頁。

David D. Caron and Lee M. Caplan, *The UNCITRAL Arbitration Rules: A*
　　Commentary, 2nd ed., (Oxford University Press, 2013).

Jeffery Commission and Rahim Moloo, *Procedural issues in international*
　　investment arbitration, (Oxford University Press, 2018).

Guy Fouret et al., *The ICSID Convention, Regulations and Rules: A Practical*
　　Commentary, (Elgar, 2019).

Stephan W. Schill et al., *Schreuer's Commentary on the ICSID Convention*,
　　3rd ed., (Cambridge University Press, 2022).

Thomas H. Webster, *Handbook of UNCITRAL Arbitration*, 3rd ed., (Thomson

Reuters, Sweet & Maxwell, 2019).

Astrid Wiik, *Amicus Curiae before International Courts and Tribunals*, (Nomos, Hart, 2018).

参考文献

第9章

仲裁廷構成後から本案判断まで

❖ 濱本正太郎[1] ❖

I	仲裁廷の管轄権
II	受理可能性
III	適用法
IV	手続の進行（仲裁廷構成後、仲裁判断まで）
V	証明責任・証拠
VI	複数の手続間の関係

1　京都大学

本章では、仲裁廷が構成された後、仲裁判断が下されるまでに生じる手続問題を扱う。

仲裁廷の管轄権

1 – 仲裁合意の根拠

仲裁廷の管轄権、すなわち当該紛争の本案につき判断を下す仲裁廷の権限は、紛争当事者の合意に基づく。投資仲裁の場合、

① 被申立国が、IIA の当事国となることにより仲裁に同意し、

② 投資家が、当該 IIA の規定に基づき仲裁申立をすることにより仲裁に同意し、

③ ①＋②により仲裁合意が成立する。

という仲裁への時間差ある同意により仲裁合意が成立する。このような形態での仲裁合意に基づく仲裁が初めて成立したのは AAPL 事件においてであるが、そこでは被申立国が仲裁廷の管轄権を争わなかったため、仲裁廷は仲裁合意成立の論理について説明していない（AAPL v. Sri Lanka, Final Award (1990)）。その後、AMT 事件において、このような時間差ある仲裁合意の成立が初めて明示的に認められた（AMT v. Zaire, Award (1997), paras. 5.17-5.23）。

2000 年代から投資仲裁が爆発的に増加した理由は、仲裁合意の

この構造にある。投資家としては、国籍国が投資受入国とこのような IIA を締結している場合、仲裁申立をするだけで仲裁手続を利用することができ、紛争の度に投資受入国から仲裁への同意を取り付けるべく交渉する必要がなくなるのである。

　注意を要するのは、上記の①は関連 IIA 規定の解釈問題であり、投資家対国家仲裁に関する規定は IIA ごとに異なることである。たとえば、当該規定が、投資家が仲裁申立をしたときには被申立国たる IIA 当事国は仲裁に同意しなければならない（shall consent）、と定めている場合、IIA 当事国になっただけでは同意を与えたことにはならず、仲裁申立があればそれに同意する義務を被申立国は負うものの、その同意が表明されるまでは仲裁合意は成立しない、と判断されることがある（インドネシア・オーストラリア BIT 11 条 4 項 (a) につき、Planet Mining v. Indonesia, Decision (2014), paras. 153-198）。

2 - 事項的管轄権

(1) IIA による決定

　仲裁合意の根拠が IIA にあるのだから、仲裁廷が扱うことのできる事項も当該 IIA の定めるところによる。したがって一般論は困難であるが、あえて類型化するならば、範囲の広い方から、①投資紛争一般、②当該 IIA 規定のいずれかの違反に関する紛争、③当該 IIA により特定された類型の紛争、がある。

　① IIA の中には、「投資から生ずるいかなる法的紛争も（any legal

dispute that may arise out of investment)」仲裁に付すことができる と定めるものがある（例、日・パキスタン BIT 10 条 2 項〔公定訳一 部改変〕）。"Any dispute" を文字どおり解釈すれば契約上の紛争も国 内法上の紛争も含まれ、それについても当該 IIA に基づく仲裁申立が できることとなる（RFCC c. Maroc, Décision (2001), par. 67）。他方、 IIA の目的は不当もしくは差別的待遇から投資を保護することである として、このような条項の場合であっても IIA 違反から生じる紛争に ついてのみ管轄権が及ぶとする判断もある（LESI-Dipenta c. Algérie, Sentence (2005), par. 25）。

　② 多くの IIA は、当該 IIA に定められた義務の違反（あるいは権 利の侵害）に関する紛争について仲裁申立を認める（例、エネルギー 憲章条約 26 条 1 項・2 項）。この場合は当然ながら契約違反や国内 法違反の主張について仲裁廷が扱うことはできない。また、当該 IIA に定められた義務の違反（あるいは権利の侵害）に関する紛争であっ て投資家に損害が生じているものについてのみ仲裁申立の対象とな ると定める IIA も多い（例、日・モロッコ BIT 16 条 1 項・4 項）。

　③ IIA によっては、仲裁廷の管轄権を極めて狭く限定するものが ある。かつての社会主義国が締結した IIA の多くは、収用の際に支払 われるべき補償の額に関する紛争についてのみ仲裁廷の管轄権を認 めていた（例、日中 BIT 11 条 2 項）。仲裁廷の中には、この種の IIA であるスペイン・ソ連 BIT 10 条 1 項にある「支払われるべき（due）」 という文言に着目し、この条項は収用の有無に関する紛争について も仲裁廷の管轄権を認めていると判断するものもある（Renta 4 v. Russia, Award (2009), para. 28）が、これに対しては批判が強い（Renta

4 仲裁判断を取り消したストックホルム地裁判決（2011 年）および
スヴェア高裁判決（2013 年））。

　もとより、これらの 3 類型に収まらない IIA も少なくない。たと
えば、課税措置については当該 IIA を適用しないと定める IIA（例、
インド・日 EPA 10 条）の場合、仲裁廷は課税措置について管轄権を
持たない（Nissan v. India, Decision (2019), para. 377）。しかし、同
様の規定を置きつつ収用規定が適用される場合はその例外とする IIA
（例、エジプト・米 BIT 11 条）の場合、課税措置であってもそれが
収用を構成するのであれば仲裁廷の管轄権の範囲内にあるとされる
（Ampal v. Egypt, Decision (2016), para. 267）。

(2)「投資」に関する紛争

　上記（1）のいずれの場合であっても、当該紛争が「投資」（日本
語の公定訳では investments を「投資財産」と訳すことが多い）に関
するものでなければ仲裁廷は管轄権を持たない。そして、IIA のほと
んどは、当該 IIA における「投資」の定義を明示している。多くは、
極めて広い定義を採用しており、たとえばエネルギー憲章条約 1 条
6 項は「『投資財産（investment）』とは、投資家によって直接又は間
接に所有され又は支配されているすべての種類の資産（every kind of
asset）をい」うとし、財産権・企業・株式・債券・契約・金銭債権・
知的財産権・収益等を例示列挙している。これに基づき、Petrobart
事件仲裁廷は、1 回限りのガス売買契約に関する金銭債権を同条約に
いう「投資財産」であると認めている（Petrobart v. Kyrgys Republic,
Award (2005), pp. 69-72）。このような場合を IIA 上の「投資」から

外したいのであれば、たとえば日・コロンビア BIT 1 条（a）のように、「「投資財産」とは、［……］全ての種類の資産であって、投資としての性質を有するものをい」うとして、「締約国は、次の金銭債権が投資としての性質を有しないことを認める。(i) 物品又はサービスの販売のための輸出入の契約（反復して取得される注文に基づくものを除く。）のみから生ずる金銭債権であって、直ちに支払が行われるもの　(ii) (i) に規定する契約に関連して与えられる信用から生ずる金銭債権であって、償還期間が十二箇月未満であるもの」と定めることが考えられる。したがって、ある IIA においては「投資」とされる資産が、他の IIA においては「投資」とされないこともある（公債につきこの点を強調する Poštová Banka v. Greece, Award (2015), paras. 300-306）。

　少なからぬ IIA は、当該 IIA における「投資」を「投資受入国国内法に従ってなされた投資」に限定している。この場合、申立人の投資をなす行為が投資受入国国内法に従っていない場合、当該 IIA における「投資」とされず、仲裁廷の事項管轄外となる（Fraport v. Philippines, Award (2014), para. 401）。もっとも、このような条項がある場合であっても、会社設立時に提出された文書に些細な不備がある程度であれば「投資」とされ（Tokios Tokelės v. Ukraine, Decision (2014), para. 86）、また、投資が合法的になされたのであれば、その後に何らかの国内法違反が生じた場合でも「投資」であり続ける（Teinver v. Argentina, Decision (2012), paras. 318, 326-327）。

　ICSID 仲裁が申し立てられる場合は、さらに壁が一つ増える。

国際経済紛争解決手続法

ICSID 条約 25 条は「投資から直接生ずる法律上の紛争」について ICSID の管轄権が及ぶと定めているため、ある IIA に基づいて ICSID に仲裁を申し立てる場合には、当該 IIA における「投資」であって、かつ、ICSID 条約 25 条にいう「投資」でもあるものに関する紛争でなければ、仲裁廷の管轄権は否定されることになる。ICSID 条約 25 条にいう「投資」については、Salini 対モロッコ事件仲裁廷が示した出資・期間・リスク・受入国経済発展への貢献の 4 つの要素を充たすものをここにいう「投資」とする考え方（Salini Costruttori c. Maroc, Décision (2001), par. 52）と、そのような要素は ICSID 条約上明示されておらず、より柔軟に全体的に検討すべき（Biwater Gauff v. Tanzania, Award (2008), paras. 312-316）との考え方がある。先例を見ると後者の立場が採られることが多く、その場合は適用される IIA における「投資」の定義と実践的には大差ないことになる。ただし、そのような立場を取る場合も、ICSID 条約の起草過程に鑑み、単純な売買は「投資」から除外されると理解されている（Malaysian Historical Salvors v. Malaysia, Decision (annulment) (2009), para. 69）。

3 - 人的管轄権

投資家対国家仲裁の場合、当然ながら、仲裁申立資格を有するのは投資家である。そして、ここでもまた、その定義は IIA ごとに異なる。

(1) 法人たる投資家

仲裁を申し立てる投資家の多くは法人である。オランダ・チェコ BIT 1 条 (b) のように、「条約当事国の法令に基づいて設立された法人」を投資家としている場合、当該法人が当該当事国において実質的な事業活動を行っていないいわゆるペーパーカンパニーであっても、当該 IIA 上は投資家として扱われる（Saluka v. Czech Republic, Partial Award (2006), para. 241）。他方、当該当事国法に基づいて設立され、かつ、当該当事国に「会社本拠（siège social）」を置いている法人を投資家とするという IIA（例、ベルギー・ルクセンブルク経済同盟・カメルーン BIT 1 条 2 項）の場合、当該当事国内で実質的事業活動を行っていなければならない（Capital Financial Holdings c. Cameroun, Sentence (2017), par. 237）か、当該当事国に登記されていればそれで足りる（Orascom v. Algeria, Award (2017), para. 314）か、仲裁判断例は分かれている。

さらに、A 国法に基づき設立された法人が B 国民により所有ないし支配されている場合、当該法人を A・B 国間 BIT に基づき A 国の投資家として扱うことができるか、という問題もある。ここでも、「条約当事国の法令に基づいて設立された法人」を投資家とする IIA が適用される場合は、たとえばウクライナ人が 99％株式を保有するリトアニア法人も、ウクライナ・リトアニア BIT 1 条 2 項 (a) に基づいてリトアニアの投資家として扱われる（Tokios Tokelės v. Ukraine, Decision (2014), para. 38）。

ペーパーカンパニーや自国民が所有・支配する法人を IIA の保護対象から外したい場合は、「投資家」の定義にその旨明記することが

国際経済紛争解決手続法

考えられる（例、日・スイス EPA 85 条 (g)(ii)）。あるいは、定義は「条約当事国の法令に基づいて設立された法人」としておいて、別の条項に、第三国民または自国民が所有・支配する法人であって、設立国において実質的事業活動を行っていないものについては、投資受入国は当該 IIA による利益を否認することができる、と定めておくという方法もある（例、日・ジョージア BIT 21 条 2 項）。このような利益否認条項がおかれる場合、そのような投資家に IIA 上の保護を与えるか否かの選択権を投資受入国たる IIA 当事国が有することになる。もっとも、紛争発生前に利益否認をしておくことを求める仲裁判断例もある（エネルギー憲章条約 17 条に関する判断として、Plama v. Bulgaria, Decision (2005), para. 157）が、そう解すると利益否認条項の実践的意義はほぼなくなってしまうため、紛争発生後合理的期間内に利益否認をすればよいと考えられる（Littop v. Ukraine, Award (2021), para. 592）。

　逆に、投資家の範囲を拡張するような定義を置く例もある。たとえば、A 国において A 国法に基づき設立された法人であっても、それが B 国の投資家により所有・支配されている場合は B 国の投資家として扱う、という規定である（例、ボリビア・パラグアイ BIT1 条 2 項 (c)）。これは、A 国において特定の産業分野への従事が A 国法人にのみ認められるとされている場合にも B 国資本を保護することを目的とする（ICSID 条約 25 条 2 項 (b) も同旨）。オランダ・マカオ BIT 1 条 (b)(iii) のように、IIA 当事国以外の法に基づいて設立された法人であっても、IIA 当事国の投資家に支配されていれば投資家とする、と定める例もある。

投資家についてもまた、ICSID仲裁の場合には追加的な問題がある。ICSID条約は「投資家」という概念を用いておらず、「締約国……と他の締約国の国民」との間の投資紛争を対象としている（25条）。国営企業につき、それは「締約国」であって「国民」ではないのではないか、しばしば問題となる。ある国営企業がICSID条約上の「国民」ではないとされると、適用されるIIAによれば「投資家」とされる場合であっても、ICSID仲裁を申し立てることはできないことになる。仲裁廷は、当該国営企業が公権力を行使していたか、国の実効的支配の下にあったかのいずれかの場合はICSID条約25条にいう「他の締約国の国民」ではないとする傾向にある。もっとも、国家責任の問題ではないにもかかわらず国家責任法の帰属の規則を援用したり（Masdar v. Spain, Award (2018), paras. 168-169）、ICSID初代事務局長Broches個人の見解に依拠したり（CSOB v. Slovakia, Decision (1999), para. 17)するなど、その判断の根拠は必ずしも明確ではない。

(2) 自然人たる投資家

自然人について、多くのIIAは、当該IIA当事国の法令に基づき国籍を有する者を当該当事国の投資家とする。ただし、次のような者を投資家とするIIAもある。

- 居住権を有する者（香港につき、日・香港BIT 1条4項(b)(i)）
- 国籍または永住権を有する者（カナダ・チェコBIT1条(e)(i)）

このようなIIAが適用される場合、一方当事国の国籍を有し、他方当事国の永住権を有している場合に仲裁申立が認められるか、という問題が生じ得る。NAFTA（201条）について、米国籍とメキ

シコ永住権とを有する者は米国民としてメキシコに対して仲裁を申し立てることができると判断された例がある（Feldman v. Mexico, Decision (2000), para. 36）。TPP 9.1 条の「申立人」の定義はこの判断を踏まえたものと思われる（参照、「締約国の投資家」の定義（TPP 9.1 条）、および「国民」の定義（1.3 条））。

　IIA 当事国の国籍を有する自然人を投資家とする IIA の場合、重国籍者の扱いが問題となり得る。仲裁申立人が IIA 当事国の国籍と非当事国の国籍とを有している場合は、IIA 当事国の国籍を有している以上、当該 IIA における投資家として扱われる。当該 IIA 当事国の国籍は実効的でなければならないとする先例もあるが、その場合でも国籍の実効性の判断は極めて緩やかである（Olguín c. Paraguay, Laudo (2001), párr. 61. なお、→本節 7.）。

　仲裁申立人が投資受入国の国籍をも有している場合については、ICSID 仲裁とそれ以外とを区別して考える必要がある。ICSID 条約は 25 条 2 項 (a) によりこの場合を明示的に除外しているため、当該投資家が投資受入国との間に実質的連関を有するかどうかとは関係なく（Champion Trading and Wahba v. Egypt, Decision (2003), p. 288）、ICSID 条約に基づく仲裁申立は不可能である。ICSID AF についても同様である（AF 規則（2006）1 条 6 項、AF 規則（2022）1 条 5 項 (a)）。

　非 ICSID 仲裁を申し立てる際には、適用される IIA の規定をまず見る必要がある。多くの IIA は明文規定を置いていないが、最近の IIA の中には以下のような例も見られる。

　• 投資受入国国籍を有する者は「投資家」ではない（日・イスラエル BIT1 条 (c)(i)。ルーマニアにつき、カナダ・ルーマニア BIT1 条 (h)）

・支配的かつ実効的（dominant and effective）な国籍の国の「投資家」とする（日・モロッコ BIT 1 条 (b)(i)）

この後者の場合、どちらの国籍が「支配的かつ実効的」かは、常居所や経済・社会・家族生活の場などを考慮して判断されている（CAFTA-DR 10.28 条につき、Ballantine v. Dominican Republic, Award (2019), para. 559）。

では、仲裁申立人が投資受入国の国籍をも有している場合に関する規定を置いていない IIA に基づき、非 ICSID 仲裁が申し立てられる場合はどうか。この場合も、適用される IIA において「国民」あるいは「投資家」概念が ICSID 条約のそれと結びつけられている場合には、投資受入国の国籍を有する者は当該 IIA の適用対象外となる（Rawat v. Mauritius, Decision (2018), paras. 174-183; Manuel García Armas y Venezuela, Laudo (2019), párr. 721-723. 同旨（ただし傍論）Heemsen y Venezuela, Laudo (2019), párr. 413）。難しいのは、IIA における「投資家」あるいは「国民」概念が ICSID 条約と結びつけられていない場合である。この場合については判断が分かれており、投資受入国の国籍をも有する投資家の仲裁申立を排除する規定がないことを理由に人的管轄権を認める例（Serafín García Armas y Venezuela, Laudo (2014), párr. 206; Aboukhalil c. Sénégal, Award (2019) の取消手続における Sénégal c. Aboukhalil パリ控訴院判決 (2021), par. 32-37）と、外交的保護に関する慣習国際法に照らして解釈し（条約法条約 31 条 3 項 (c)）、実効的かつ支配的な国籍が投資受入国国籍である場合には仲裁申立を認めない例（Fraiz y Venezuela, Laudo (2022), párr. 382）とがある。

国際経済紛争解決手続法

(3) 間接的所有・支配

　仲裁申立人自身ではなく、その子会社や孫会社が投資を行っている場合に仲裁廷の管轄権は認められるか。投資家が「直接又は間接に」所有・支配している投資を保護対象とする IIA（例、オーストリア・リビア BIT 1 条 (b)）が適用される場合は、「間接に」投資がなされているとして仲裁廷の管轄権が認められる（Strabag v. Libya, Award (2020), paras. 118-119）。のみならず、「間接に」なされる投資を保護対象とする明文規定がない場合も、間接投資を排除する明文規定がないという理由で同様の結論が示される（Cairn v. India, Award (2020), para. 716）。このように考えると、間に何層もの会社を挟んでいても間接的に投資をなしているとして仲裁申立が可能となることになってしまうため、どこかに限界があるのではないかと指摘されることも少なくない（Enron v. Argentina, Decision (2004), para. 52）が、余りに間接的すぎるとの理由で管轄権を否定した先例はなく、間接性の程度は実際には考慮されていない（Kim v. Uzbekistan, Decision (2017), paras. 318, 320）。このため、同一の事実関係から複数の申立人が生じることがある（→本章第 6 節）。

4 – 時間的管轄権

(1) IIA 発効時との関係

　IIA に基づく仲裁において当該 IIA の違反を主張する場合、まず、IIA 違反と主張される事実が生じた時点において IIA が有効でなけ

ればならない（Generation Ukraine v. Ukraine, Award (2003), para. 11.2）。すなわち、適用される IIA の発効前に「行われた行為、……生じた事実又は……消滅した事態」（条約法条約 28 条）について仲裁廷は管轄権を有さない。投資に関する紛争が既に生じている時点において、何らかの IIA に基づく申立人の資格を得るために、投資受入国と IIA を締結している国の企業に投資が移転される場合、そのような投資は IIA あるいは ICSID 条約にいう「投資」に含まれないとして事項的管轄権を否定する例もあるが（Phoenix v. Czech Republic, Award (2009), paras. 136-145）、そのように ICSID 条約上の根拠なしに「投資」概念を操作せずとも、IIA 違反と主張される行為がなされた時点において申立人は当該 IIA における「投資家」ではなかったとして管轄権を否定すれば足りる。

　IIA 発効前に開始された行為が発効後も継続する場合（国家責任条文 14 条 2 項）には、発効後にも当該 IIA の違反がなされたと考えられるため、仲裁廷の管轄権は成立する。IIA 違反（たとえば義務遵守条項違反）を生ぜしめる債務不履行（一般論として、SGS v. Philippines, Decision (2004), para. 167）、公正衡平待遇条項等の違反を構成する国内裁判手続の遅延（Chevron v. Ecuador, Interim Award (2008), para. 298）や道路通行料値上げの拒否（Bau v. Thailand, Award (2009), para. 12.37）や認可の不付与（Pac Rim Cayman v. El Salvador, Decision (2012), para. 292）等がその例である。ただし、IIA 発効前の事実から生じた紛争が発効後も継続しているだけでは仲裁廷の管轄権は認められない（Lucchetti v. Peru, Award (2005), para. 53）ことに留意する必要がある。

さらに、複数の行為がそれぞれ単独で見た場合には違法行為を構成せずとも、全体としてみれば違法行為を構成する場合（複合的行為。国家責任条文 15 条）、それにより全体として違法行為が成立することとなる行為が IIA 発効後になされていれば、仲裁廷は管轄権を有する（Rios c. Chile, Laudo (2021), párr. 190, 197-198）。

(2) IIA 終了（脱退）時との関係

IIA が終了する（条約法条約 54 条）場合、当該 IIA に基づき終了前に申し立てられた仲裁手続は、終了前に仲裁合意が成立しているため、当該 IIA の終了と関係なく継続する。また、多くの IIA には、終了前になされた投資については当該 IIA の規定が一定期間適用され続けるとの規定（例、日・ジョージア BIT28 条 4 項）が置かれている。

やや複雑なのは ICSID 条約からの脱退（71 条にいう「廃棄」）である。71 条は、廃棄通告後 6 か月で廃棄の効力が生ずると定める。その一方で、72 条は、71 条の通告以前に与えられた管轄への同意から生じる権利義務には影響を及ぼさないと定める。

廃棄通告後 6 か月以内に ICSID 条約に基づく仲裁申立がなされる場合、71 条により廃棄の効力はまだ生じていないので管轄権を認めるとする判断（Blue Bank v. Venezuela, Award (2017), para. 108; Transban v. Venezuela, Award (2017), para. 85）と、71 条は ICSID 条約当事国としての地位を、72 条は ICSID 条約に基づく仲裁当事国としての地位をそれぞれ定めると解し、72 条にいう同意は仲裁合意を意味するとして廃棄通告後に仲裁申立がなされた場合には管轄権を否定する判断（Fábrica de Vidrios Los Andes v. Venezuela, Award

(2017), paras. 269, 282）とに分かれている。

　廃棄通告から 6 か月以降に ICSID 条約に基づく仲裁申立がなされる場合について明確な先例はないが、廃棄通告後 6 か月以内に申立がなされた例において、72 条にいう同意は国家の同意であり、国家の同意は IIA の発効により ICSID 条約廃棄通告前に与えられているから管轄権が認められると判断した例（Venoklim c. Venezuela, Laudo (2015), párr. 65）はあり、この理由付けを採用するならば 6 か月以降に申し立てられる仲裁についても管轄権が認められることになる。

5 - 地理的管轄権

　IIA の中には、IIA 当事国の領域内でなされた投資のみを保護対象とすることを明示するものがある（例、アルゼンチン・イタリア BIT 1 条 1 項）。また、少なからぬ IIA は、IIA 当事国は公正衡平待遇などの待遇を自国領域内において与える義務を負うと定める（例、日ロ BIT 3 条 3 項）。IIA の地理的適用範囲は理論的には事項的管轄権にかかる問題に含まれるが、説明の便宜上独立の項目として扱う。

　投資の中には、それが「領域内で」なされたかどうか判然としないものもあり得る。アルゼンチンが発行した国債を引き受けた金融機関がそれを証券化したものを（第三国法に基づき）購入した個人がアルゼンチンに対して仲裁を申し立てた事例において、当該個人の証券購入行為はアルゼンチン領域外でなされていても、その資金が究極的にはアルゼンチンに到達していることを理由に、仲裁廷

は当該投資がアルゼンチン領域内でなされたものと判断している（Abaclat v. Argentina, Decision (2011), paras. 373-374; Ambiente v. Argentina, Decision (2013), para. 499-508）。

　また、領域の帰属が争われている地域における投資に関する紛争については、それが被申立国の領域内で生じたものかどうかという問題が生じ得る。たとえば、2014年のロシアによるクリミア「併合」については、それを承認しないこと、および、承認すると理解されるような行動も採らないことを全ての国に求める国連総会決議68/262が賛成100・反対11・棄権58で採択されている（2014年3月27日）。しかし、「併合」が違法・無効であるとしても、クリミアにおいてロシアの行為により被害を受けた投資家はロシアに対して仲裁申立をせざるを得ず、実際に、「条約当事国の領域内でなされた投資」のみを保護対象とするロシア・ウクライナBIT（1条1項）に基づいてウクライナの投資家がロシアに対して仲裁を申し立てた事例が複数ある。これら事例においてはウクライナ政府が同BITに関する限りクリミアはロシア領として扱われるとの意見書を提出しており、仲裁廷も、同BITにいう「領域」は、事実上支配している国の「領域」を意味するのであって、一般国際法上の「領域」と必ずしも合致するわけではない、と判断している（Stabil v. Russia, Award (2017), para. 175）。

6 - 国内裁判前置・冷却期間

　IIA には、紛争当事者間あるいは IIA 当事国間の交渉や投資受入国国内裁判所による紛争処理を促すことを目的に、仲裁申立に一定の要件を付すものがある。①仲裁申立の少なくとも 90 日前には仲裁申立の意図を通告しなければならない（日・ヨルダン BIT 23 条 3 項）、②当該紛争につき投資受入国国内裁判所に提訴してから 18 か月経過後に仲裁申立が可能になる（アルゼンチン・ドイツ BIT 10 条 3 項）、③課税措置が収用を構成すると主張する場合には、IIA 両当事国当局に検討を求め、180 日以内に両当事国当局が当該課税措置が収用を構成すると合意しない場合に限り仲裁申立が可能になる（日・ウルグアイ BIT 25 条 3 項）、などがその例である。この場合、これらの要件が充足されないままに仲裁申立がなされると、仲裁廷の管轄権は否定される（Dede v. Romania, Decision (2013), paras. 262-263）。ただし、①の冷却期間要件については、被申立国側が交渉に応じない場合（Al-Bahloul v. Tajikistan, Award (2009), para. 154）や、申立人の子会社が被申立国と十分な期間交渉を行っていた場合（Enkev v. Poland, First Partial Award (2014), paras. 318-321）、②の国内裁判前置要件については、国内裁判に訴えても敗訴することが判例などから明らかである場合（Ambiente Ufficio v. Argentina, Decision (2013), para. 620）などにおいて、これらの要件不充足を理由に管轄権を否定するのは形式的に過ぎるとして管轄権を認める例がある。

7 – 申立人の行為の不当性を根拠とする管轄権の否定

　ここまでに挙げた管轄権成立の諸要件は、いずれも IIA あるいは ICSID 条約に定められているものである。それに加えて、仲裁廷は、条約に定められていない根拠に基づいて管轄権を否定することがある。紛争発生が予期される時点において IIA に基づく仲裁を利用できるようにするために当該 IIA により保護される投資家に投資を移転する場合（Philip Morris v. Australia, Award (2015), paras. 569, 588. なお、第 2 節参照）、投資家に出資する者の身元につき不実表示を行う場合（Plama v. Bulgaria, Award (2008), paras. 129, 144, 146）、投資活動に要する認可文書が偽造されていることを知りつつ何らの措置もとらずに活動を続ける場合（Churchill Mining v. Indonesia, Award (2016), paras. 255, 288, 504, 508. なお、第 2 節参照）、贈収賄を用いて投資がなされる場合（Littop v. Ukraine, Award (2021), para. 485）などである。

　これらの例では、適用される IIA あるいは ICSID 条約上に管轄権を否定する明文の根拠がない。これらのうち、最初の類型における管轄権否定の根拠は、「権利濫用」（Philip Morris v. Australia, Award (2015), paras. 569, 588）、「手続濫用（abuse of process）」（Levy v. Peru, Award (2015), para. 195）、あるいは「投資条約制度濫用（abuse of investment treaty system）」（Transglobal v. Panama, Award (2016), para. 118）であり、より根本的には国際法上の信義則違反（Phoenix v. Czech Republic, Award (2009), para. 113）に求められる。

　投資が贈収賄によりなされるなど、投資設立行為が投資受入国国

内法違反を伴う場合、適用される IIA における「投資」の定義が「投資受入国国内法に従ってなされた投資」であれば（→本節 2.(1)）、その定義に収まらないことを理由に事項的管轄権を否定することができる（Metal-Tech v. Uzbekistan, Award (2013), para. 372）が、適用される IIA がそのような定義条項をおいていない場合や、投資設立時以外の場面で上記のような不当な行為（不実表示・文書偽造・贈収賄など）がなされる場合には、IIA 以外に管轄権否定の根拠を求めるほかない。その根拠として頻繁に用いられるのが、「国際公序（ordre public international）」である（契約仲裁ではあるが、投資仲裁におけるこの概念の適用の最初の例として、World Duty Free v. Kenya, Award (2006), para. 138）。この「国際公序」の法的地位は必ずしも分明ではないが、やはり信義則の具体的な現れと理解されている（Churchill Mining v. Indonesia, Award (2016), para. 528）。なお、国内裁判所で取消手続が行われる場合に適用される「国際公序」は当該国内法（の国際私法）における「国際公序」である（マネーロンダリングに関し、Belokon v. Kyrgiz Republic, Award (2014) を取り消した Kirghizstan c. Belokon パリ控訴院判決（2017））。

　なお、利益否認条項の適用を回避するためだけに自然人が IIA 当事国の国籍を取得する場合、その国籍を根拠に利益否認条項の適用を回避することはできないと判断されることがある（Littop v. Ukraine, Award (2021), para. 612）。これは厳密に言えば管轄権が否定される例ではないが、理由付けにおいても実質的効果においても類似している。

8 – 最恵国待遇条項による他 IIA の紛争処理規定の援用

　適用される IIA によれば仲裁廷の管轄権が否定される場合、当該
IIA の最恵国待遇条項を通じて、申立人により有利な条件を定める他
の IIA の紛争処理条項が援用されることがある。スペイン・アルゼン
チン BIT に基づいて仲裁申立がなされた Maffezini 事件において、投
資受入国国内裁判所に提訴して 18 か月後に初めて仲裁申立が可能
となる同 BIT 10 条 3 項によれば管轄権が否定されるはずのところ、
同 BIT 4 条 2 項の最恵国待遇条項を通じて、そのような条件を付さ
ないスペイン・チリ BIT 10 条 2 項の援用が認められ、投資受入国国
内裁判所への提訴なしに仲裁廷の管轄権が認められて（Maffezini y
España, Decisión (2000), párr. 64）以降、類似の仲裁申立が多発し
ている。

　仲裁判断例の流れは一貫しているというにはほど遠いが、おおま
かに以下のような傾向を示す。まず、仲裁申立の根拠となる IIA にお
いて仲裁申立要件として国内裁判前置や冷却期間（→本節 6.）が定
められている場合であって、かつ、当該 IIA の最恵国待遇条項が「全
ての事項（all matters）」を対象としているとき、当該国内裁判前置
や冷却期間要件を回避するための最恵国待遇条項を通じた他の IIA
の紛争処理条項の援用は認められる（Teinver v. Argentina, Decision
(2012), para. 186）。他方、それ以外の場合、たとえば仲裁申立の根
拠となる IIA の最恵国待遇条項が「全ての事項」を対象としていない
場合（ICS v. Argentina, Award (212), paras. 299, 326）、あるいは、
国内裁判前置や冷却期間要件を回避するのではなく、当該 IIA ではそ

もそも仲裁の対象とされていない事項について仲裁を申し立てる場合（Berschader v. Russia, Award (2006), paras. 194, 202, 208）などについては、最恵国待遇条項を通じた他の IIA の紛争処理条項の援用は認められない。ただし、この大まかな傾向から外れる仲裁判断も少なくなく、また理由付けもまちまちであり、混乱状況が続いている。

この状況を受けて、最近の IIA では、適用範囲を明示する最恵国待遇条項が増えつつある。すなわち、紛争処理条項を含まないことを明示する条項（日・アルゼンチン BIT 3 条 3 項）、逆に含むことを明示する条項（イギリス・ウクライナ BIT 3 条 3 項）である。しかし、この後者の場合であっても、当該最恵国待遇条項を通じて紛争処理条項のあらゆる要素が取り込まれるとは限らないと指摘されている（Krederi v. Ukraine, Award (2018), para. 296）ことに留意する必要がある。

Ⅱ
受理可能性

第 1 節 6. および 7. の類型の事例において、仲裁廷の管轄権の有無ではなく請求の受理可能性の問題である、といわれることがある（6. につき Hochtief v. Argentina, Decision (2011), para. 96）、7. につき Churchill Mining v. Indonesia, Award (2016), para. 528; Philip Morris v. Australia, Award (2015), para. 588）。同じ問題が仲裁廷によって管轄権の問題とされたり受理可能性の問題とされたりするこ

とが示すように、管轄権と受理可能性との区別は曖昧である。

　国際司法裁判所（ICJ）は、管轄権の問題とは紛争を ICJ に付託する紛争当事国それぞれの「同意の範囲の決定」の問題であり（刑事司法共助判決 C.I.J. Recueil 2008, p. 200, par. 48）、受理可能性の問題とは、「裁判所が管轄権を有するにもかかわらず……本案審理に進むべきでない理由がある」かどうかの問題であるという（石油プラットフォーム判決 I.C.J. Reports 2003, p. 177, para. 29）。投資仲裁においても、この区別が基本的に採用されている（Micula v. Romania, Decision (2009), para. 63）。しかし、いかなる理由によるものであれ本案審理に進むべきでないのならば結局管轄権がないことになる、と言う（Urbaser v. Argentina, Decision (2012), para. 125）ことも不可能ではなく、この区別の実践的意義に疑問が呈されることも多い。

　区別の実践的意義としてしばしば指摘されるのは取消手続における扱いの違いであり、取消審は管轄権の有無について審理することはできても、受理可能性の有無については審理できない、といわれることがある（Supervisión y Control v. Costa Rica, Award (2017), para. 268）。もっとも、ICSID 仲裁の場合、取消要件は ICSID 条約 52 条 1 項に示されているとおりであり、それが管轄権の問題であるか受理可能性の問題であるかは一切関係がない。他方、非 ICSID 仲裁において国内裁判所で取消手続がとられる場合、適用される国内法次第では、受理可能性に関する判断の誤りを理由に仲裁判断を取り消すことはできないとされることがある（Rusoro c. Venezuela フランス破毀院判決 (2021), par. 8）。しかし、この場合にいう「受理可能性」とは当該国内法上の概念であるため（Rusoro 判決ではフラ

ンス民事訴訟法典 122 条、1520 条 1 項）、投資仲裁手続において管
轄権と受理可能性とを区別する実践的意義を示す根拠にはならない。

適用法

適用法について、ICSID 条約は、①両紛争当事者が合意する法、
②その合意がない場合は被申立国国内法および該当する国際法の規
則（42 条 1 項）、UNCITRAL 仲裁規則（2010）は、①両紛争当事者
が指定する法、②その合意がない場合は仲裁廷が適切と考える法（35
条 1 項）、とそれぞれ定めている。すなわち、いずれもまず紛争当事
者間で合意があるかどうかを見る必要がある。

IIA に適用法が定められている場合は、それが紛争当事者間で合意
された適用法となる。たとえば、当該 IIA と「関係する国際法の規則」
とを適用法とする IIA（日・オマーン BIT15 条 8 項）があり、この場
合は国際法のみに基づいて判断が下される。また、第 1 節 2.（1）に
述べた②の類型の IIA の場合も、国際法のみが適用法となる。

ただし、これらの場合においても国内法に基づく判断がなされな
いわけではない。申立人の国籍を決定する場合、投資財産（たとえ
ば契約）の有無とその財産的価値を判断する場合、国内法違反を根
拠に IIA の義務遵守条項の違反を主張する場合などは、国内法に基
づく判断が IIA に基づく判断の前提となる。このような場合に、国

内法の「適用」がなされているとみるのか（Duke Energy v. Ecuador, Award (2008), paras. 440-441）、事実として国内法が扱われているに過ぎないのか（Alps v. Slovakia, Award (2011), para. 197）は、理論的には様々に論じることが可能であるが、実践的には何ら差異をもたらさない（Invesmart v. Czech Republic, Award (2009), para. 198）。

これに対し、第2節2.（1）の①の類型の紛争処理規定について IIA 違反から生じる紛争に限定されるとの立場を取らない場合、投資受入国国内法違反に基づく申立がなされ、同法が適用法とされる可能性がある。これも当該 IIA の紛争処理規定をそのように解釈するからであり、紛争当事者間で投資受入国国内法違反を適用法とする合意があると理解することになる。

また、非 ICSID 仲裁の場合、仲裁手続については、IIA とそれに基づき指定される仲裁規則に加えて、仲裁地の国内法（仲裁法）が適用される（Chevron v. Ecuador, Interim Award (2008), para. 117）。

手続の進行（仲裁廷構成後、仲裁判断まで）

1 – 第一手続命令

第8章で述べたように、仲裁手続で用いられる仲裁規則は紛争当事者による修正が一定の範囲内であるにせよ想定されている上、仲

裁規則が定めていない細部についてもあらかじめ紛争当事者間で合意しておくことは手続の効率的な進行に資する。そこで、仲裁廷が構成されると、まず当該事件の手続進行の詳細について仲裁廷と紛争当事者との間で協議がなされ、手続の詳細を定める手続命令（「第一手続命令」）が仲裁廷によって出されるのが通例である（詳細な第一手続命令の例として、Westmoreland Mining Holdings v. Canada, Procedural Order No. 1 (2020)）。第一手続命令では、書面提出や口頭弁論などのスケジュール、管轄権・受理可能性に関する争いを本案と切り離して審理する（bifurcation）かどうか、（非 ICSID 仲裁の場合）仲裁地の決定、事務局費用や仲裁人報酬の決定、使用言語、証拠の提出方法、第三者による意見提出、仲裁手続の透明性、などが定められる。

2 - 迅速棄却手続（ICSID 仲裁規則）

ICSID 仲裁規則は、2006 年の改正時に、濫訴対策として、「明らかに法的根拠を欠く（manifestly without legal merit）」請求を簡易な手続で却けることを認める 41 条 5 項（および ICSID AF 仲裁規則（2006）45 条 6 項）を導入した（ICSID 仲裁規則（2022）45 条、ICSID AF 仲裁規則（2022）51 条）。これまでのところ、この条項に基づき却下された例としては、IIA に基づく ICSID 仲裁申立が、契約に基いて既に下された別の ICSID 仲裁判断を実質的に覆すことを求めものであり不適切とされた事例（Grymberg and RSM v. Grenada,

Award (2010), para. 7.2.1. →第 6 節 2.(1)）や、売買契約に関する紛争であって ICSID 条約 25 条にいう「投資」から生じた紛争でないことが明白であるとされた事例（Global Trading v. Ukraine, Award (2010), para. 56)、あるいは仲裁申立期限を過ぎた事実に基づく主張が却けられた事例（Min v. Republic of Korea, Decision (2021), paras. 84-85, 98(3)）などがある。本来の慎重な手続を経ずに結論に至る手続であるため、「およそ反論のあり得ない」程度に明白な法的根拠の欠如であることが求められ（Lotus v. Turkmenistan, Award (2020), para. 40)、事実関係の決定的部分に争いがある場合（Mainstream v. Germany, Decision (2022), paras. 101-102）や、あり得る法的主張が双方からなされている場合（MOL v. Croatia, Decision (2014), para. 46）にはこの手続による棄却は認められない。

　なお、迅速棄却手続は、ICSID 条約 51 条に基づく再審請求（InfraRed v. Spain, Decision (2012), paras. 61-75）や、52 条に基づく取消請求（Elsamex y Honduras, Decisión (2014), párr. 89）においても適用される。

3 – 暫定措置（仮保全措置）

　仲裁廷が構成されても、仲裁判断が出されるまでには一定の時間が必要である。その間に事態が変動することにより仲裁判断が無意味になってしまうことのないように、「各当事者の権利を保全するために」（ICSID 条約 47 条）あるいは資産維持や証拠保全のために

（UNCITRAL 仲裁規則（2010 年）26 条 2 項）命じられる措置である。ICSID 条約では provisional measures / mesures conservatoires、UNCITRAL 仲裁規則では interim measures / mesures provisoires と異なる名称が与えられているが、その内容に差はない。

　暫定措置を命じる基準について、UNCITRAL 仲裁規則（1976）や 2022 年改正前の ICSID 仲裁規則は規定を置いていない。これら仲裁規則に基づき暫定措置申請を検討する際、仲裁廷は、ICJ の仮保全措置（ICJ 規程 41 条）に関する判例などを参照しつつ、（1）管轄権が一見する限り認められること、（2）本案の主張がある程度成り立ちそうであること、（3）適切に回復されない侵害の差し迫った恐れがあること、（4）措置により生じる当事者間の利害のバランス、を基準としている（UNCITRAL 仲裁規則（1976）につき Paushok v. Mongolia, Order (2008), para. 45、2022 年改正前 ICSID 仲裁規則につき Pey Casado c. Chili, Décision (2001), par. 8-13; City Oriente v. Ecuador, Decision (2008), para. 20）。　UNCITRAL 仲裁規則（2010）26 条 3 項はこのうち（2）（3）（4）を、ICSID 仲裁規則（2022）47 条 3 項は（3）（4）をそれぞれ明文化している。もっとも、これは明文化されていない要素を考慮する必要がないことを意味するものではない。

　ICJ などの国家間訴訟・仲裁では見られない暫定措置に、仲裁費用担保拠出がある。申立人が無資力である場合、仮に被申立国が勝訴して仲裁費用の全部または半額超を申立人が負担すべきと判断されることになっても、被申立国が仲裁開始時に暫定的に払い込んだ仲裁費用の払い戻しが現実には得られなくなる。そこで、申立人に対

し、仲裁費用相当額をエスクロー口座に預金することを命じる暫定措置が発出されることがある（Herzig (Unionmatex) v. Turkmenistan, Decision (2020), paras. 58-59）。ただし、被申立国の措置により申立人が無資力となった場合にもそれを命じると申立人の法的救済へのアクセスを否定することにつながるという問題があり、Unionmatex事件の仲裁廷は上記の暫定措置を後に撤回している[2]。

暫定措置命令の拘束性については、UNCITRAL 仲裁規則（26 条、34 条 1 項（2010 年版）、26 条 2 項（1976 年版））では明確である。これに対し、ICSID 条約 47 条は措置の「勧告」について定めており、その拘束性には争いがあった。しかし、ICJ がやはり拘束性に争いのあった ICJ 規程に基づく仮保全措置の拘束性を認めた（LaGrand 判決 I.C.J. Reports 2001, p. 466, p. 506, para. 109）ことなどを受けて、「勧告」に拘束力を認めるに至っている（Perenco v. Ecuador, Decision (2009), paras. 66-76）。もっとも、暫定措置違反の実践的効果が示された先例はなく、仲裁費用分担の際に考慮されたり、文書保全命令に違反した場合に不利な推定を受けたりする可能性が考えられるにとどまる。仲裁費用担保拠出を命じる暫定措置に対する違反は仲裁手続の停止・終了をもたらすが、仲裁廷はそれを 47 条違反の効果ではなく、44 条 2 文に基づく仲裁廷の裁量の行使と理解している（RSM v. Saint Lucia, Decision (2015), para. 68）。

常設裁判所と異なり、仲裁の場合、仲裁廷が構成されるまでは

---

[2] その決定は公表されていない。参照、ラース・マーケルト「投資協定仲裁判断例研究（125）柔軟な要件解釈により仲裁費用の担保拠出命令を下した事例」JCA ジャーナル 67 巻 10 号（2020 年）23 頁、29 頁。

暫定措置命令を下すことができないという欠点がある。これに対応するため、SCC 仲裁規則（2017）附属書 II は、仲裁廷が構成されるまでの間になされる暫定措置申請を扱う機関として、SCC 仲裁機関により選任される緊急仲裁人を置いており、投資仲裁でも利用されることがある（Munshi v. Mongolia, Award (2018); Komaksavia v. Moldova, Award (2020)）。他方、より頻繁に投資仲裁で用いられる ICSID 条約・仲裁規則や UNCITRAL 仲裁規則は類似の制度を有しておらず、上記の欠点を抱えてたままである。直近の ICSID 仲裁規則改正の際には緊急仲裁手続の導入が検討されたが、同手続は短期間で進行するため国家には対応が難しいとの理由で導入しないこととされた（Proposals for Amendment of the ICSID Rules – Working Paper (2018), paras. 478, 492）。もっとも、国家間仲裁においても、国連海洋法条約 290 条 5 項に基づく国際海洋法裁判所（ITLOS）の暫定措置命令という類似した制度が既に一定の実績を上げていることを考えると、必ずしも説得的な理由ではない。

4 – 手続分岐（bifurcation/trifurcation）

　管轄権・受理可能性に争いがある場合、本案と切り離して管轄権・受理可能性についてのみ審理することが考えられる。この場合、まず管轄権・受理可能性に関する判断が示され、管轄権・受理可能性が肯定されて初めて本案に進むこととなる。このように、手続が二つに分かれるため、このような審理方法を bifurcation と呼ぶことが

ある。これに対し、管轄権・受理可能性を本案と併せて審理することもあり得る。さらに、本案を違反（責任）の有無と損害賠償額の算定との二つに分けることもあり、管轄権・受理可能性→違反（責任）の有無→損害賠償額算定という 3 段階に分けることを trifurcation と呼ぶ。

Bifurcation の利点は、管轄権あるいは受理可能性が否定されるならばそこで手続が終了するため、本案について議論せずにすみ、手続が効率的に進められるところにある。その欠点はその利点の裏返しであり、管轄権・受理可能性が肯定される場合、そこで初めて本案についての議論が始まるため、手続に時間が（したがって費用も）かかってしまうことである。もっとも、手続に時間がかかることは、問題の先送りと申立人への負荷増大を期待する被申立国にとっては必ずしも欠点とは言えない。また、本案を違反（責任）の有無と損害賠償額の算定との二つに分ける利点は、違反（責任）が否定されれば損害賠償について議論する必要がなくなるという効率性に加えて、違反（責任）が認定された場合、損害賠償額について一旦当事者間で交渉することが可能になるという点も挙げられる。

ICSID 仲裁規則は、2006 年の改正まで、いずれかの紛争当事者が管轄権（・受理可能性）抗弁を提起した場合には、当然に本案の審理を停止してまず管轄権（・受理可能性）について審理することとしていた（ICSID 仲裁規則（2003）41 条 3 項）。この規定に対しては手続の遅延を招くとの批判が強く、2006 年規則では本案の審理を停止するかどうかは仲裁廷が判断することとされた（41 条 3 項）。2022 年規則も同様である（44 条 1 項 (e)）が、本案の審理を停止す

るかどうかについて判断が下されるまでの間は本案の審理を停止すると定めている（同項 (c)）。

UNCITRAL 仲裁規則は、1976 年版では管轄権（・受理可能性）抗弁が提起された場合には当該抗弁を先決問題として扱うのを基本とすると定めていた（21 条 4 項）。しかし、ICSID 仲裁規則 2006 年改正と同様の考慮により、2010 年版では先決的問題とするかどうかは仲裁廷の判断によるとされた（23 条 3 項）。もっとも、常に最新版が適用される ICSID 仲裁と異なり、UNCITRAL 仲裁の場合、2010 年以降であっても 1976 年規則を採用することに問題はなく、2010 年以降に署名された IIA の中には 1976 年規則の適用を定めるものもあり（例、日・クウェート BIT 16 条 4 項（c））、1976 年規則をあえて採用する理由の一つは 21 条 4 項にあるとも考えられる。

手続を分岐するかどうかにつき紛争当事者間で合意がある場合、仲裁廷はそれに従うのが通例である。紛争当事者間で対立がある場合、仲裁廷は、①管轄権（・受理可能性）抗弁が内実を伴ったものであるか、②本案に立ち入らずに判断できるか、③抗弁が受け容れられると請求の全部または主要部分を排除することになるか、などを考慮して手続分岐の是非を決定する（Philip Morris v. Australia, Procedural Order No. 8 (2014), para. 109）。もっとも、重要なのは、分岐することにより手続が公正かつ迅速に進められることになるかどうかであり、手続分岐の形式的な要件があるわけではない（Sumrain v. Kuwait, Procedural Order No. 2 (2021), para. 16）。

5 – 反対請求

　投資仲裁においては、その構造上、申立人は常に投資家である。仲裁を申し立てられた投資受入国が、当該仲裁手続において、申立人たる投資家側にも違法行為があるとの判断を仲裁廷に求めること（反対請求）が可能かは、手続の根拠となる条約および仲裁規則に依存する。

　まず、UNCITRAL 仲裁規則（1976）は、申立の根拠となったものと「同一の契約から生じる」反対請求を認めている（19条3項）。これに基づき、申立の根拠となる IIA の紛争処理条項が本章第1節 2.(1) の①の類型である場合、一般論としては反対請求にも仲裁廷の管轄権が及ぶものの、「同一の契約から生じる」という文言は申立と反対請求との間に密接な関連が必要との「一般的法原則（a general legal principle）」を反映したものであり、被申立国国内法違反を理由とする反対請求については、IIA 違反を理由とする申立と密接な関連を欠くため仲裁廷の管轄権は及ばない、と判断されている（Saluka v. Czech Republic, Decision (2004), paras. 39, 76; Paushok v. Mongolia, Award (2011), paras. 688, 693）。

　UNCITRAL 仲裁規則（2010）も反対請求を認めているが、「同一の契約から生じる」という文言が含まれていない（21条3項）。同規則が適用された事件で、申立の根拠となる IIA が投資家にも義務を課しており、同 IIA が「本条約から生じる紛争」について仲裁廷の管轄権を設定している場合に、IIA 上の投資家の義務違反に関する反対請求に関する管轄権が認められている（Al-Warraq v. Indonesia, Final Award (2014), paras. 660-664）。他方、申立の根拠となる IIA が被

申立国による IIA 上の義務違反についてのみ仲裁廷の管轄権を設定している場合は、UNCITRAL 仲裁規則（2010）は管轄権を創出するものではないとして、反対請求に関する管轄権は否定されている（Oxus Gold v. Uzbekistan, Final Award (2015), paras. 944-948）。

　ICSID 条約に基づく仲裁における反対請求についてはやや複雑である。ICSID 条約 46 条は、「紛争の対象に直接関連する……反対請求について、それらが両当事者の同意の範囲内にあり、かつ、センターの管轄に属することを条件として」仲裁廷の管轄権を認めている。Roussalis 事件では、申立の根拠となる IIA が被申立国の義務についてのみ仲裁を認めていることを根拠に、被申立国による反対請求に関する管轄権が否定された（Roussalis v. Romania, Award (2011), para. 869）。これと同じ基準を用い、申立の根拠となる IIA が「投資に関して生じた紛争」につき仲裁を認めている場合、申立人の行為が水道に関するコンセッション契約の目的である水へのアクセスの権利を侵害しているとの被申立国の反対請求に関する管轄権が認められている（Urbaser v. Argentina, Award (2016), paras. 1143-1155. 類似の判断として、Tethyan v. Pakistan, Decision (2017), paras. 1418-1420）。これに対し、Goetz 事件では、申立の根拠となる IIA が、投資受入国により与えられた投資認可の解釈適用についても仲裁廷の管轄権を認めている場合において、当該 IIA が反対請求を明示的に認めておらずとも、ICSID 条約に基づく仲裁を定めているということはすなわち同条約 46 条に基づく反対請求をも含めて仲裁を認めていることであるとして、投資認可に定められた条件の申立人による違反に関する反対請求についても管轄権を認めている（Goetz c.

Burundi, Sentence (2012), par. 276-281)。この判断によれば、仲裁の根拠となる IIA が仲裁廷の管轄権をどのように設定しているかにかかわらず、ICSID 条約に基づく仲裁を認めていさえすれば常に反対請求は認められると理解することもでき、注目される。

証明責任・証拠

　投資仲裁においても、一般論としては、ある事実については当該事実を主張する当事者が証明責任を負う（actori incumbat probatio）と言うことができる（Salini v. Jordan, Award (2006), para. 70. ICSID 仲裁規則（2022）36 条 2 項）。ただし、具体的場面における適用は複雑である。たとえば、仲裁先例の多くは、仲裁廷が管轄権を有することの証明責任は申立人にあり（Saipem v. Bangladesh, Decision (2007), para. 83）、管轄権抗弁を根拠付ける事実の証明責任は被申立国にある（Philip Morris v. Australia, Award (2015), para. 495）としても、抗弁への反論を根拠付ける事実の証明責任は申立人にある（von Pezold v. Zimbabwe, Award (2015), para. 174）という。そうであるならば、単純に、管轄権に関する証明責任はいずれの当事者にもなく、仲裁廷が管轄権の有無を確定しなければならない、と述べても（Çap v. Turkmenistan, Decision (2015), para. 119）大差はない。これは ICJ がとる立場でもある（Spain v. Canada, Judgment (1998), p. 450, para. 37）。

　証拠提出方法については、通常は第一手続命令（→第 4 節 1.）で定められる。その際、紛争当事者間で証拠提出方法につき合意がなされる場合、仲裁廷はそれに従うのが通例であり、たとえば国際法曹協会（IBA）国際仲裁証拠調べ規則を（部分的に）用いることに紛争当事者が合意するのであれば、仲裁廷は同規則をその限りで適用する（Methanex v. USA, Final Award (2005), Part II, Chapter B, para. 10）。証拠提出をめぐって実際に問題が生じるのは、一方当事者からの証拠提出要求を他方当事者が拒否する場合であり、その場合は、仲裁廷が必要と判断すれば証拠提出を求める（ICSID 条約 43 条 (a)、UNCITRAL 仲裁規則（2010）27 条 3 項）。その判断の際の考慮要素については、ICSID 条約・仲裁規則（2006）や UNCITRAL 仲裁規則は沈黙している。紛争当事者が IBA 国際仲裁証拠調べ規則の適用に合意していればそれ（同規則（2020）9 条 2 項）により、そのような合意がなければ仲裁廷の裁量によるが、後者の場合も IBA 国際仲裁証拠調べ規則が参照されることが多い（例、Gran Colombia v. Colombia, Procedural Order No. 11 (2021), para. 7）。なお、ICSID 仲裁規則（2022）は、これまでの仲裁判例を踏まえて、仲裁廷が判断する際の考慮要素として、適時性・関連性・証拠提出の負担・拒否の理由などを挙げている（37 条）。

　仲裁廷からの要求にもかかわらず紛争当事者が証拠の提出を拒む場合、ICSID 仲裁規則（2006）34 条 3 項は、紛争当事者が仲裁廷の証拠提出要求に従わない場合、仲裁廷はその不遵守およびその理由につき正式に記録する（take formal note）と定めている。不遵守の

理由についても記録すべきとされていることから（ある程度は）正当な不遵守もあり得ることが示唆され、また、take formal note という中立的な文言が用いられていることもあり、不遵守の場合に不遵守当事者に不利な推定が当然に働くことはない、と考えられている（Rompetrol v. Romania, Award (2013), para. 185）。もちろん、不遵守の際、諸事情を考慮した上で不利な推定に至ることもある（Metal-Tech v. Uzbekistan, Award (2013), paras. 245, 265）。ICSID 仲裁規則（2022）からは take formal note という文言もなくなっており（36条）、不遵守当事者に不利な推定が当然に働くことはないが、仲裁廷は諸事情を考慮して不利な推定をすることも可能である、というこれまでの仲裁判断例の流れは維持されると思われる。この点では、UNCITRAL 仲裁規則（2010）27条3項、IBA 国際仲裁証拠調べ規則（2020）9条6項も、実質的に同様である。

VI
複数の手続間の関係

1 – 並行手続

　同一の事実関係から生じた問題に関して、ある仲裁手続と同時に別の手続が進行する場合、それら複数の手続相互の関係が問題になり得る。

(1) 複数の仲裁手続の並行

　同一の事実関係から複数の投資家が仲裁申立をする場合、少なくとも被申立国の立場からは、複数の仲裁手続を一つにまとめてしまう方が時間・費用の両面において効率的である。また、実質的に同一の紛争に関して異なる仲裁判断が下されると、国側が負けた判断を履行することが政治的に困難になる恐れがある上、矛盾する判断を生み出す仲裁制度そのものの正統性が害される恐れがある。

　そこで、複数の投資家が申し立てた複数の仲裁手続を一つにまとめることが考えられる。これを手続の併合（consolidation）という。IIA の中には、併合に関する規則を置いているものがある。たとえば、NAFTA1126条2項は、共通の法問題あるいは事実問題を有する複数の手続につき、それが公正かつ効率的な紛争処理につながる場合には併合することを定めている（公正かつ効率的の要件を充たさないとして併合を否定した例として Corn Products v. Mexico and Archar Daniels v. Mexico, Order (2005), paras. 15, 18-19、肯定した例として Canfor v. USA, Tembec v. USA and Terminal Forest v. USA, Order (2005), paras. 208-220）。このような規定が IIA にない場合は、全紛争当事者間の合意がなければ併合されることはない（なお、TPP/CPTPP 9.28条にも併合に関する規定があるが、全紛争当事者間の合意を前提としている）。ICSID 仲裁規則（2006）にも UNCITRAL 仲裁規則（2010）にも併合に関する規定は置かれていないが、ICSID 仲裁規則（2022）46条は、全紛争当事者間の合意を前提として併合と調整（coordination）とを認めている。

　調整とは、形式的には併合しないまま、実質的に同じあるいは近

い効果を生むための方法である。最も極端な例は、ICSID 条約に基づく仲裁 3 件と UNCITRAL 仲裁規則に基づく仲裁 1 件とを同一構成の仲裁廷の下にて同一の手続で進め、仲裁判断文も同一とすることに全紛争当事者が合意した例である（Suez v. Argentina and AWG v. Argentina, Decision (2010), paras. 1, 7）。この場合、おそらくは仲裁規則が異なるため「併合」という表現は用いられていないが、併合されたのと実質的には全く変わらない。また、仲裁廷の構成を完全に同一とし、書面・口頭審理も同時に進めるが、仲裁判断文は別々に書かれる、という例もある（von Pezold v. Zimbabwe, Award (2015), paras. 5, 15-16）。このような場合も、仲裁判断文はほぼ完全に同一となることがある（Hulley v. Russia, Veteran v. Russia and Yukos v. Russia, Final Award (2014) それぞれの paras. 1-2）。さらに、仲裁人 3 名のうち 2 名を共通とし、手続進行は別々になされるものの決定文がほぼ同一という例もある（El Paso v. Argentina, Decision (2006) and Pan American v. Argentina, Decision (2006)）。どのような形で調整を図るかは全紛争当事者間の合意に基づく。

　基本的に同一の事実関係から生じた紛争であっても、相互に支配関係のない複数の投資家が仲裁申立をする場合は、仲裁手続戦略の相異や企業秘密などの関係で併合・調整に合意できないこともあろう。しかし、親会社とその 100％子会社のように明確な支配関係がある場合にそのような困難はあまりないと思われ、実際、最初から一つの手続として申し立てられることも少なくない。親会社と子会社とで「国籍」が異なる場合、複数の IIA に基づくことになるが、それでも単一の手続にまとめることは可能である（Tenaris and Talta v.

Venezuela, Award (2016), paras. 1, 4, 11-12)。

　しかし、相互に支配関係のある複数の会社からなる申立人側が、どれか一つの仲裁だけにでも勝訴すれば良いと考えて、あえて複数の仲裁手続を申し立てて併合や調整に応じないこともあり得る。そのような場合には、手続濫用（→第 1 節 7.）として管轄権または受理可能性を否定することも考えられる。Lauder 事件において仲裁が申し立てられた半年後にその Lauder 氏が過半数株主として支配する会社がほぼ同一の内容の請求を伴う仲裁を申し立てた CME 事件において、被申立国は手続濫用を主張したが、申立人側がこれら 2 件の併合を提案したにもかかわらず被申立国が応じなかったという事情が考慮され、手続濫用の主張は認められなかった（CME v. Czech Republic, Partial Award (2001), paras. 302, 310, 412）。しかし、実質的に同内容の仲裁手続が並行する結果となり、しかも Lauder 事件では申立人ほぼ敗訴（Lauder v. Czech Republic, Final Award (2001), dispositif）、CME 事件では申立人全面勝訴 CME v. Czech Republic, Partial Award (2001), para. 624）という結論となり、適用された IIA の違いによってその結論の相異は説明しにくいことから、矛盾した判断であるとの批判を呼んだ。その後、支配関係にある複数の会社および株主が、ほぼ同一の事実関係から生じた紛争について 2 件の投資仲裁を申し立てた別の事件において、やはり申立人側からの併合提案を被申立国が受け入れなかったことを理由に手続濫用がここでも否定された。しかし、仲裁廷はさらに進んで、管轄権が認められるかどうか不確かな状況の下で複数の仲裁申立をすることは理解できるものの、両方の仲裁廷で管轄権が認められた以上、「他のいか

なる救済手段をも排除」するとする ICSID 条約 26 条に基づき、両仲裁間で請求の重複がないように請求内容を整理することを申立人に命じた（Ampal v. Egypt, Decision (2016), paras. 329-339）。これを受けて申立人側は請求内容の整理を行い、二つの仲裁手続のそれぞれで仲裁判断が下された（Ampal v. Egypt, Decision (2017), paras. 11 および Maiman v. Egypt。後者は非公表だが、2018 年に申立人一部勝訴と報じられている）。これに対し、Orascom 事件では手続濫用が認められ、請求の受理可能性が否定された。この事件では、同一の事実関係から生じた紛争につき、会社 A とその会社の持分を間接的に 36% 保有する会社 B とのそれぞれが異なる IIA に基づく異なる仲裁を申し立て、その後会社 A は和解し合意による仲裁判断が下された（OTH v. Algeria, Award (2015)（非公表））にもかかわらず、会社 B は仲裁手続を維持した。仲裁廷は、当該和解の効果は本仲裁手続にも影響するとし、このような場合の仲裁は、投資受入国の経済発展に寄与することが期待される投資の保護という IIA の目的から逸脱するとして、手続濫用を認定した（Orascom v. Algeria, Award (2017), paras. 153, 422-423, 541-545）。

(2) 国内訴訟と投資仲裁手続との並行防止

多くの IIA は、同一の紛争が国内裁判所（あるいは他の何らかの手続）と投資仲裁との両方に係属することを妨げる規定を置いている。国内裁判所に「当該投資紛争を付託しなかったときには……仲裁に付託することができる」と定められている場合（例、日・ラオス BIT17 条 4 項）は、既に国内裁判所に当該紛争が提訴されていれ

第3部　投資仲裁

ば IIA に基づく仲裁の申立は認められない。他方で、国内裁判所への提訴から 30 日以内に提訴を取り下げれば仲裁申立可能と定める IIA（例、日印 EPA96 条 6 項）や、国内裁判所の「最終決定が行われる前に」提訴を取り下げさえすれば仲裁申立可能と定める IIA（例、日・モザンビーク BIT17 条 7 項 (a)）もある。これら条項は fork-in-the-road（逆戻りできない分岐点）あるいは electa una via（一つの道の選択）規定と呼ばれることが多いが、fork-in-the-road という表現は上記の第一の例にのみ当てはまるため、これら条項の総称としては electa una via あるいは単一手続選択条項の方が適切である。

　これらの規定の適用に際しては、「同一の紛争」かどうかをどのようにして判断するかが問題となる。少なからぬ仲裁廷は、紛争の当事者、請求原因（cause of action）、請求対象（object of action）の3つの同一性（triple identity）を基準とする（Azurix v. Argentina, Decision (2003), paras. 88-89）。しかし、この基準を用いると、たとえば投資仲裁では A 社が申立人であり、国内裁判では A 社の現地子会社が申立人であれば、当事者が異なるとして仲裁申立が可能となる（LG&E v. Argentina, Decision (2004), para. 75）。また、投資仲裁では IIA の違反が、国内裁判では国内法違反が問われていれば、請求原因が異なるとして仲裁申立が可能となる（Occidental Exploration v. Ecuador, Final Award (2004), para. 58）。このように、「3 つの同一性」基準では手続選択規定が実質的に無意味になってしまうとして、その採用を否定する仲裁廷も現れている（H&H v. Egypt, Award (2004), para. 367）。これら仲裁廷は、より柔軟な基準として、請求の根本的基礎（fundamental basis of a claim）の同一性を基準として採用する

国際経済紛争解決手続法

(Pantechniki v. Albania, Award (2009), paras. 61, 67)。この基準に
よれば、たとえば国内裁判所で契約違反が、投資仲裁で当該契約違
反を根拠とする IIA 違反が争われている場合、根本的基礎は同一であ
るとして同一の紛争として扱われる（Supervisión y Control v. Costa
Rica, Award (2017), paras. 315-316)。

　いずれにせよ、IIA ごとに規定ぶりが異なっていることにはここ
でも注意が必要である。たとえば、「当該国民または会社が」国内裁
判と投資仲裁との両方を利用することはできないと定められている
場合（例、エジプト・米 BIT7 条 3 項 (a))、投資仲裁の申立人の子会
社が国内裁判の当事者であるならば、当該条項により仲裁申立が妨
げられることはない（Champion Trading v. Egypt, Decision (2003),
section 3.4.3)。また、IIA が同一の措置（measure）について国内裁
判と投資仲裁との両方を利用することはできないと定めている場合
（例、NAFTA1121 条 2 項 (b))、国内裁判では当該措置による国内法
違反のみが争われていたとしても、投資仲裁において当該措置によ
る IIA 違反を主張することはできない（Waste Management v. USA,
Decision (2002), para. 12)。

2 – 時間的に前後する手続

　関連する複数の手続が同時に進行するのではなく、一つが終了し
た後に新たな手続が開始される場合、類似はしているが異なる問題
が生じる。

(1) 時間的に前後する仲裁

仲裁判断の法的拘束力は、IIA に定められており（例、日・カンボジア BIT17 条 19 項）、ICSID 仲裁の場合は ICSID 条約 53 条にも根拠付けられる。この場合、仲裁判断に既判力（res judicata）があり、同一の紛争について改めて仲裁を申し立てることはできない。既判力は法の一般原則（ICJ 規程 38 条 1 項 (c)。Elsamex c. Honduras, Laudo (2012), párr. 212）あるいは国際法上の原則（慣習法規範）（Lucchetti v. Peru, Decision (annulment) (2007), para. 86）とされる。また、ある IIA に基づいてたとえば ICSID 仲裁が申し立てられて仲裁判断が出た後、同一の紛争をたとえば UNCITRAL 仲裁として申し立てようとする場合には、当該 IIA の単一手続選択条項に基づいて UNCITRAL 仲裁の管轄権を否定することもできる（Iberdrola v. Guatemala, Award (2020), paras. 336-337）。

既判力は、本案判断について主張されることが多いものの、管轄権判断についても生じる（一部取り消された仲裁判断の取り消されなかった管轄権判断部分につき、CAA and Vivendi v. Argentina, Decision (2005), para. 78）。ただし、ある IIA に基づいて ICSID 仲裁が申し立てられた事案において ICSID 条約上の理由で仲裁廷の管轄権が否定される場合、既判力が生じるのは「当該 IIA および ICSID 条約に基づく管轄権判断」であるため、当該管轄権判断後に当該 IIA に基づいてたとえば UNCITRAL 仲裁が申し立てられるときには既判力の効果は及ばない（Iberdrola v. Guatemala, Award (2020), para. 267）。

なお、ある仲裁手続における管轄権判断がその後の本案判断段階において既判力を持つと言われることもある（RREEF v. Spain,

Decision (2018), para. 209）が、通常、既判力は異なる仲裁手続との関係において用いられる概念である（Cavalum v. Spain, Decision (2022), para. 71）。

　既判力は、既に仲裁判断が下された手続と新たに申し立てられた手続との間に、単一手続選択条項について述べた「3つの同一性」（→第6節1.(2)）がある場合に認められる。この「3つの同一性」基準は、もともと既判力の基準として用いられてきているものである（Apotex Holdings v. USA, Award (2014), para. 7.13）。

　もっとも、投資仲裁において実際に問題になることが多いのは、ある会社が申立人となった仲裁手続において仲裁判断が下された後で当該会社の株主が新たに仲裁を申し立てる場合、あるいはその逆の場合である。この場合、形式的に見れば紛争当事者は同一でないため、既判力の問題は生じない。このような場合には、本節1.（1）で述べた複数の仲裁手続の並行と同様の対応がなされる。ある会社が契約に基づく ICSID 仲裁を申し立て、敗訴した（RSM v. Grenada, Award (2009)）後で、当該会社とその株主3名（合計で当該会社持分を100％保有）が IIA に基づく ICSID 仲裁を申し立てた事件において、仲裁廷は、申立人側の主張が被申立国による契約違反を前提としていることを指摘し、このような申立は ICSID 条約53条（仲裁判断の拘束力）および51条（再審）に定められた基本原理を回避しようとする不正な試みであるとして、迅速棄却手続（→第4節2.）により棄却した（Grynberg and RSM v. Grenada, Award (2010), paras. 1.2.1, 7.2.1, 7.2.9, 7.2.12, 7.2.17, 7.3.7）。仲裁廷は法の一般原則としての付随的禁反言（collateral estoppel）にも触れており（Ibid., para. 7.1.2)、付随的禁反言が法の一般原則であるとすることが適切かどうかはさておき、基本的に手続濫用と捉えていることがわかる（Orascom v. Algeria, Award (2017), para. 542, n. 835）。

(2) 時間的に前後する国内訴訟と投資仲裁手続

　この場合は、IIA に手続選択に関する規定が置かれていればその内容次第では管轄権が否定され得る（→本節 1.（2））。IIA には、国内裁判所が判決を下した後に仲裁申立の可能性を認めるもの（例、独・ポーランド（改正）11 条 2 項）もある（Nordzucker v. Poland, Partial Award (2008), paras. 115, 117, 127）ことには注意が必要である。なお、国内裁判所か投資仲裁かのいずれか（either… or…）に申し立て可能と定める規定（コソヴォ・スイス BIT11 条 2 項）につき、これは国内裁判所が判決を下した後の仲裁申立を認めるものと解釈した判断例（Mabco v. Kosovo, Decision (2020), paras. 217-222, 433）もある。

3 – 多重回収の防止

　実質的には関連する複数の手続のいずれかについて管轄権ないし受理可能性を否定できない場合、申立人がそれら複数の手続を通じて損害賠償（→第 10 章 I.3.）を多重に受け取ることのないように必要な措置を執ることを制約し、仲裁廷がそれを仲裁判断に明記することがある（Deutsche Telekom v. India, Final Award (2020), paras.

329, 357(e))。多重回収になりそうな場合は、当事者間の交渉で回避できることが多いであろうし、交渉で決着できず強制執行手続（→第10章 III.3.）に入る場合、同手続の中で多重回収の回避を主張することもできる（Standard Chartered Bank v. Tanzania, Award (2019), para. 526）。

第3部　投資仲裁

参考文献

猪瀬貴道「投資条約仲裁の人的管轄権」東北法学 34 号（2009 年）。

猪瀬貴道「投資条約仲裁手続における国籍国に対する請求」東北法学 37 号（2011 年）。

猪瀬貴道「投資条約仲裁手続における請求主体の権利濫用による制約」日本国際経済法学会年報 21 号（2012 年）。

猪瀬貴道「投資条約仲裁手続の人的管轄権の判断基準としての『会社の国籍』（一）・（二・完）」法学 77 巻 4 号・5 号（2013 年）。

岩月直樹「国際投資仲裁における管轄権に対する抗弁とその処理」RIETI Discussion Paper Series 08-J-012（2008 年）。

菊間梓「投資協定仲裁における投資家の違法行為の取扱い」国際法研究 7 号（2019 年）。

坂田雅夫「投資協定仲裁における国内法の位置づけ――事実論を再考する――」国際法外交雑誌 117 巻 4 号（2019 年）。

玉田大「国際投資仲裁における仮保全措置手続――制度欠陥と仲裁補完――」浅田正彦ほか（編）『国際裁判と現代国際法の展開』（三省堂、2014 年）。

中島啓「国際投資仲裁における証拠法論――公法訴訟類推論の見地から――」国際法研究 3 号（2014 年）。

山下朋子「投資条約仲裁における国内的救済完了原則の適用例外――無益性

の抗弁──」国際法外交雑誌 117 巻 1 号（2018 年）。

Jeffrey Commission and Rahim Moloo, *Procedural Issues in International Investment Arbitration*, (Oxford University Press, 2018), Chs. 3, 5, 7 and 9.

Max Planck Encyclopedia of International Procedural Law <https://opil. ouplaw.com/page/803> の以下の項目

Julien Chaisse, "Plea of Illegality: Investment Arbitration" (2020).

Emmanuel Gaillard, "Parallel Proceedings: Investment Arbitration" (2019).

Javier Garcia Olmedo, "Nationality of Claim: Investment Arbitration" (2019).

Grant Hanessian, "Emergency Arbitration Procedure" (2020).

Ursula Kriebaum, "Previous Exhaustion of Local Remedies: Investment Arbitration" (2018).

Hanno Wehland, "Forum Shopping: Investment Arbitration" (2020).

Klaus Reichert et al., "Proof: Investment Arbitration" (2020).

Uktu Cosar, "Fraudulent Evidence: Investment Arbitration" (2020).

Edoardo Stoppioni, "Jurisdictional Impact of Most Favoured Nations Clause" (2017).

参考文献

第 10 章

本案判断とその後
および国家間手続

❖ 猪瀬貴道[1] ❖

I	救済内容
II	費用
III	仲裁判断の承認・執行
IV	解釈・再審・取消し
V	国家間紛争処理

---

[1] 北里大学

本章では、主に本案判断とその後の手続の論点について扱う。また国家間手続についても取り上げる。

救済内容

1－総論

投資仲裁における救済（remedies）とは、投資家の請求（投資受入国による IIA 違反）が認められた場合に投資受入国に命じられる内容である。投資仲裁における仲裁廷は、IIA 違反の有無を判断する管轄権がある場合には、違反があった場合の効果、すなわち救済についても管轄権を有する。

IIA の ISDS 条項を根拠とする投資仲裁において判断されるのは投資受入国による IIA 違反である。したがって投資仲裁における救済内容は、当該 IIA に規定がある場合には、その規定に従って決定される。しかし、多くの IIA は、投資受入国による IIA 違反に対する救済措置については明文規定を持たない。OECD の調査[1]によると ISDS 条項がある条約例のうち、救済内容に関する文言が含まれているのはわずか 9％であり、金銭的救済を明示した条約は 3％程度であるとされる。ただし、日本が締結した IIA では、違反があった場合の救済措置について規定する例が多い。そこでは、損害賠償（利子を含む）と原状回

復が規定され、かつ、被申立国（投資受入国）が原状回復に代えて損害賠償を支払うことを認めると規定される。ICSID 条約、ICSID 仲裁規則（2022）、UNCITRAL 仲裁規則（2010）のいずれも、手続の枠組みを定めるのみであり、救済措置に関する明文規定をもたない。

　IIA に救済内容について規定がない場合、IIA 違反に対する救済は、国家の国際違法行為に対する責任（国家責任）における責任解除の問題の一類型ともいえることから、国家責任に関する国際慣習法に従って決定される。国際慣習法の法典化を含む国連国際法委員会（ILC）による国家責任条文[2]は、31 条において国際違法行為への完全賠償(full reparation)義務を確認する。常設国際司法裁判所(PCIJ)は、*Chorzów* 工場事件において完全賠償について「違法行為のすべての結果を拭い去り、その行為が行われなかった場合に存在したであろう状況を再確立する」[3]ことを意味すると判断している。ILC 国家責任条文は、第Ⅱ章において「侵害に対する賠償（Reparation for Injury）」について規定する。32 条において賠償の形式として「原状回復（restitution）」「金銭賠償（compensation）」「満足（satisfaction）」を定める。

　まず、原状回復について、ILC 国家責任条文 36 条は、責任国に「不正な行為が行われる前に存在していた状況を再確立する」義務を課す。投資仲裁において、原状回復について投資の維持と投資家と受入国の関係の維持ができるため、二国間投資条約の目的により合致していると述べる事例も存在する（*Arif v. Moldova*, Award (2013), para. 570）。しかし、その事例においても、被申立国による原状回復が不確実であり、仲裁廷も履行を監督できないことから、原状回

復と代替としての金銭賠償（compensation）を命じたうえで、金銭賠償については 90 日間停止し、被申立国に対して原状回復のためのメカニズムを策定する猶予を与えた（*Arif v. Moldova*, Award (2013), para. 571）。投資仲裁の仲裁廷は、被申立国の主権に対する不当な干渉とみなされる可能性があることや、その履行を強制する手段がないことから、原状回復を命じることに消極的である（*LG&E v. Argentina*, Award (2007), para.87）。

　投資仲裁における賠償の形式は、IIA の規定のほか、損害の性質と程度、仲裁を申立てた投資家の選択にも左右される。

2 – 非金銭的救済

　まず、具体的な救済方法には、原状回復も含む非金銭的救済がある。非金銭的救済には、国家の措置・決定の取消し命令、特定履行命令、当事者の権利と義務の宣言、または特定の行政決定が違法であることの宣言などがある。なお、国際法では、国際裁判・仲裁において国家の国内法上の措置を当該国内法上無効にすることはできない。

　投資仲裁においては、国家の措置・決定の撤回を命じる判断がなされることは極めて少ない。投資仲裁における宣言については、投資受入国による IIA 義務違反を宣言することが認められる。しかし、IIA を根拠とする投資仲裁は、原則として IIA 違反のみに管轄権を有することになるため、国内法違反を宣言することはできない。「満足（satisfaction）」が選択肢となる場合もある。具体的な内容は、国家

責任条文 37 条 2 項に「違反の承認、遺憾の意、正式な謝罪または
その他の適切な様式」と例示列挙されるほか、さまざまな形態をと
る。なお、投資家が提起した手続濫用などによる不当な請求に対して、
国側が「宣言」や「満足」という救済を請求したり、仲裁廷が言及
したりする場合がある（*Cementownia 'Nowa Huta' v Turkey*, Award
(2009), paras. 162-163, *Europe Cement v Turkey*, Award (2009),
para. 176, 181）。

3 - 損害賠償および算定

原状回復には困難が伴うため、投資仲裁における救済方法は、利
子を含む損害賠償の支払いという金銭的救済が中心となる。完全賠
償の原則から、実損害（*damnum emergens*）だけではなく、逸失利
益（*lucrum cessans*）が認められる（*ADM v. Mexico*, Award (2007),
para. 281）。賠償額の算定は、根拠となった IIA に関連規定があれば、
それに従う。IIA に関連規定がない場合、投資家に生じた損害の性質
と程度によって算定される。補償可能な損害が定義された後、損害の
価値が算定される。算定の方法は非常に多様であり、事案の具体的な
状況に依存する。具体的な方法としては、割引キャッシュフロー（DCF）
法などに基づいて事業価値を推定するインカムベース・アプローチ、
評価対象を他の類似した事業と比較する市場ベースアプローチ、資産
はその構成部品をすべて交換するのにかかるコスト以上の価値はない
という原則に基づく資産ベースアプローチが用いられる。このうち、

DCF法が用いられることが多い。事業を継続する継続企業について、DCF法は事業資産の評価に適切な方法として、多くの仲裁裁判を含め、普遍的に採用されていると述べる事例もある（*CMS v. Argentina*, Award (2005), para. 416）。また、完全賠償の原則から、被申立国（投資受入国）によるIIA違反がなければ投資家が置かれたであろう状況に置くことが必要となり、その方法としてDCF法は適切であるとする事例もある（*CEF Energia v. Italy*, Award (2019), para. 275）。

　DCF法は、収益資産を評価日時点の正味現在価値に割り引くことによって評価するものである。伝統的な計算方法は、主に2つある。負債返済のキャッシュフローから計算を開始し、加重平均資本コスト（WACC）で割引き、そのキャッシュフローを加算して企業価値とする方法と、まず資本へのキャッシュフロー（営業キャッシュフローから利息と債務返済を差し引いたもの）を計算し、それを資本コストで割引き、資本への割引キャッシュフローを加えて、資本の価値（「直接資本価値」）を確立し、次に債務の価値を加えて会社の価値を確立する方法である（*CMS v. Argentina*, Award (2005), paras. 430-433）。なお、「モダンDCF法」と呼ぶ算定方法を採用している事例もある（Tethyan Copper Company v. Pakistan, Award (2019),para. 361）。従来の伝統的DCF法との主な違いは、前者が資産のキャッシュフロー全体に対して総合的なリスク割引率を採用するのではなく、キャッシュフローの各要素に対してリスク割引率を導入している点にある。この仲裁廷が示した「モダンDCF法」は、複雑なモデルであり、より多くのデータと取引される資産の価格の推移を正確に予測する必要がある。

国際経済紛争解決手続法

なお、将来のキャッシュフローの予測可能性や安定性が高い場合には、たとえ投資のプロジェクトが初期段階にあるとしても、DCF法が用いられ、投資の将来の利益に関する確実性が低い場合には、DCF法は用いられない。

　利子が付与される場合もある。利子の付与の目的は、債務者による不払いの期間中、債権者が受け取るはずの金額の使用および処分を奪われたことから生じる損害を補償することである。したがって、仲裁判断前の利子（投資受入国の行為により損害が発生した時点から仲裁判断日までの期間を補償するもの）と仲裁判断後の利子（仲裁判断日から仲裁判断が執行までの期間を補償するもの）がある。利子は自動的に付与されるわけではなく、完全賠償を確保するために利子の付与が必要な場合、すなわち、被申立国（投資受入国）が条約違反行為を行わなかった場合に投資家が置かれたであろう状況に置くために必要な場合にのみ発生する。

　IIAでは、利子について通常または合理的な商業レートで計算されるべきであるとのみ規定されており、利子の利率や算定方法について明示的に規定されていないことが多い。投資受入国と投資家との間で契約などの形で別段の合意がなされておらず、適用されるIIAにも規定されていない場合には、利子の利率や算定は、仲裁廷の裁量に委ねられる。また、仲裁廷は、利子について単利か複利かの判断も行う。近年は、「投資の経済的現実をよりよく反映する」（*Burlington v. Ecuador*, Decision on Reconsideration and Award (2017), para. 539) として複利を採用することが多い。

Ⅱ
費用

1 - 仲裁における費用

投資仲裁における費用は、通常、仲裁費用（仲裁機関に支払う管理費用、仲裁廷費用（報酬および経費））と当事者の法務費用（弁護士費用、証人に関する費用、専門家の鑑定費用、翻訳費用、旅費・宿泊費など）に分類される。これらの費用は、損害賠償の金銭的請求とは区別される。

IIA では、費用について規定されない場合が多く、選択された仲裁手続・仲裁機関のルールが規律することになる。仲裁手続・仲裁機関のルールには、ICSID のように仲裁機関費用、事務手数料、および仲裁廷費用の決定に関する明確な規定がある場合もあるが、その場合でも費用配分と当事者費用に関する問題は、仲裁廷と当事者の手に委ねられている。

ICSID 仲裁手続が利用される場合、ICSID 条約第 6 章および運営・財務規則（Administrative and Financial Regulations）によって規律される[4]。ICSID 条約 59 条は、ICSID に対する仲裁機関費用（施設・サービスの利用料金）は、「理事会が採択した規則に従つて事務局長が定める」と規定する。仲裁廷費用（仲裁人報酬など）については、ICSID 条約 60 条に従い、理事会が定めた範囲内で、仲裁廷が事務総長と協議の上で決定する。ICSID 仲裁手続では、費用の前払いが求められる。ICSID は、請求提出（lodging requests）手数料、事務

手数料（administrative charge）、支払方法、特別サービス費用、仲裁人などの報酬について、料金表（Schedule for fees）を定める[5]。さらに、仲裁人などの手数料、経費の計算、請求、支払い方法について説明する料金・費用に関する覚書（Memorandum on the Fees and Expenses）を定める[6]。仲裁機関費用にあたる ICSID の利用料は、年間 42,000 ドルである。仲裁人などには、手続に関連して行った作業 1 時間につき 500 ドル、遠隔地での手続については日当 900 ドル、移動時間 1 時間につき 250 ドル、宿泊不要な会合については日当 200 ドル、往復交通費が支給される。書記官などについては、1 時間当たり 200 ドルと定められる。

　UNCITRAL 仲裁規則では、ICSID のような制度的制限は小さい。通常、仲裁人費用は、当事者との合意により決定される。UNCITRAL 仲裁規則（2010）41 条 3 項は、当事者に対し、仲裁人の報酬および費用の妥当性について任命した当事者による見直しを要求する機会を与えている。UNCITRAL 仲裁規則による仲裁の場合、仲裁機関として常設仲裁裁判所（PCA）が利用されることがあるが、その場合、PCA の定める費用が必要となる[7]。SCC 規則[8]は、補遺 6（費用表）において、賠償請求額に応じた形で仲裁人費用を支払うことを規定する。また、UNCITRAL 仲裁規則による仲裁の場合に SCC が仲裁機関として利用される場合の費用を含めたルールも定められる[9]。ICC 仲裁規則（2021）は、38 条および 39 条で費用について定める[10]。

　投資仲裁のデメリットの 1 つとして「高コスト」が挙げられる。とくに、紛争当事者が負担する費用の 8 割以上は法務費用とされる[11]。投資家の法務費用は、請求についての立証責任を原則として負

うため証拠の収集や主張の形成に高いコストがかかることから高額となる傾向がある。投資受入国は、代理人選定における競争入札を利用したり弁護士を政府職員として雇用したりすることによって法務費用の削減を図っている。また、後述の通り、費用を紛争当事者間で配分するためのルールが柔軟であることから、紛争当事者にとって費用負担の予測可能性が低いこともデメリットとなる。

　最近の投資仲裁をめぐる改革では、仲裁に伴う費用削減と手続の合理化が図られている。例えば、ICSID は、16 人の常勤弁護士を含む新しいスタッフの増員やスタッフの専門性の向上、新しい電子システムの導入、ベストプラクティス・プロジェクトによるサービスの改善など、手続事務を強化する措置をとっている。手続の所要期間は短縮されている（仲裁申立の登録は 27 日以内、仲裁廷の設置は要請から 6 週間以内など）。また、ICSID は、仲裁人および候補者のスケジューリング管理への支援を強化している。さらに、ICSID 仲裁規則（2006）41 条では、紛争当事者が仲裁の開始時に「明らかに法的なメリットがない」請求に異議を唱え、迅速な仲裁廷の決定を得ることができる制度が導入された（→第 10 章第 4 節 2）。ただし、当事者負担費用の大部分は法務費用のため費用削減の実践的効果は限定的である。

　なお、高い費用がかかる投資仲裁の問題点の認識もあって、紛争予防と仲裁に代わる代替的紛争解決（ADR）への関心も高まっている。

2 - 費用配分

　費用配分とは、仲裁人が、それぞれの紛争当事者に法務費用・仲裁費用を負担させる割合を決定して金銭を支払うよう命じることで、費用配分決定は執行可能な仲裁判断の一部となる。例えば、ICSID 条約 61 条 2 項は、最終仲裁判断で法務費用と仲裁費用の問題を扱うことを要求している。

　費用配分について IIA が定めることは稀であり（例外として、EU-シンガポール IPA 3.21 条など最近の EU の条約）、したがって仲裁廷は、一定の裁量権を持つ。ICSID 仲裁規則（2022）51 条（1）は、手続の費用を配分する際に、仲裁廷は、(a) 手続の結果又はその一部、(b) 命令・決定の遵守など手続中の当事者の行為、(c) 争点の複雑さ、(d) 請求された費用の妥当性を含むすべての関連事情を考慮しなければならないと規定する。しかし、費用をどのように配分するかについての指針はない[12]。それに対して UNCITRAL 仲裁規則（2010）は、合理的な弁護士費用を含む仲裁のすべての費用は「原則として不成功に終わった紛争当事者が負担する」ことを規定する。かつては、ICSID と UNCITRAL 仲裁規則（2010）とでは、費用負担に対するアプローチが異なることから、投資家による仲裁手続の選択が重要な意味を持っていたが、現在は ICSID でも敗訴者負担が通例となっている。なお、契約仲裁では、費用配分について紛争当事者の合意に基づいて処理される場合もある（*Benvenuti & Bonfant v. Congo*, Award (1980), paras. 4.124-125）。

　このように、費用負担について適用されるルールが、仲裁規則

や仲裁機関によって異なるため、一般化することは困難である。初期の投資仲裁、とくにICSIDが利用された場合には、国家間訴訟・仲裁で一般的に適用されている「pay your own way」ルールが用いられる場合が多かった。このルールでは、費用の転嫁が行われず、各当事者が自己の法務費用を負担し、仲裁費用を均等に負担する。IIA上の紛争でこのアプローチを取ることは、当事者間の緊張を避けることを意図した友好的な措置として、あるいは不利な費用命令が国家や小規模な投資家に与える潜在的な経済的影響への懸念として正当化されうる。それに対して、国際商事仲裁の手続を用いるUNCITRAL仲裁では、原則として「敗訴」当事者が費用を負担する「costs follow the event」ルールが用いられてきた。

　ただし、2010年以降、ICSID仲裁においても一部の費用を「敗訴」紛争当事者に負担させる判断がなされる傾向があり、前述の通りICSID仲裁規則（2022）52条1項では、費用負担の配分における考慮事項について規定している。上記の最近のEUの条約もそうであり、TPP(CPTPP)も迅速棄却手続に限定して類似規定を置いている（9.23条5項）。このようなアプローチを取ることにより、違法行為による損害について賠償を得るために仲裁を提起しなければならなかった紛争当事者に手続費用の補償を確保することができる。また、根拠のない請求から投資受入国を、根拠のない抗弁から投資家を守るためにも必要であると考えられる。この場合、すべての費用を「敗訴」紛争当事者に負担させるわけではなく、仲裁廷は、すべての問題に対する結論（*Burlington v. Ecuador*, Decision on Reconsideration and Award (2017), para. 620）、紛争当事者の主張の合理性（*Ansung*

国際経済紛争解決手続法

Housing v. China, Award (2017), para. 159)、争点の複雑性や新規性
(*Uzan v. Turkey, Award* (2016), para. 203)、費用の合理性（*Ansung*
Housing v. China, Award (2017), para. 163）当事者の行動（*Uzan v.*
Turkey, Award (2016), para. 203）などを考慮する。この考慮事項は、
前述のICSID仲裁規則（2022）52条1項に反映されている。仲裁廷は、
本案判断の結果のほか、不誠実な請求や「濫訴」など紛争当事者の
不正な行為にも注意を払っている（Uzan v. Turkey, Award (2016),
para. 203）。

　紛争当事者の法務費用とされる額の立証責任の問題、例えば、費
用に関する提出書類の形式、必要な立証のレベルや種類は、さまざ
まなアプローチがとられ、当事者の合意に基づいて判断されたり、
完全な立証は不要と判断されたりする場合もある。投資仲裁におけ
る費用配分の決定には理由や法的根拠が含まれていないことが多
かったが、近年、費用配分の決定に理由や法的根拠が付されること
が増えている。

　費用配分は、仲裁手続のある段階が終了した後（例えば、仲裁手
続が分離された場合、管轄に関する決定の後）、または仲裁手続の終
了時に決定される。しかし、紛争当事者は、各決定またはイベント（例
えば、暫定措置の申請や開示決定の後）の後に費用の支払いを求め
ることもできる。仲裁手続では、命令または部分判断の形でも費用
の問題を扱うことができるが、投資仲裁では、最終仲裁判断で費用
を扱うことが多い。

3 – 課題など

　投資仲裁の法務費用の高さは、多くの政策的課題を提起する。た
とえば、国家、とくに発展途上国は、投資紛争の経験が少なく弁護
士事務所に依存することになりがちである。投資家が大企業である
場合、豊富にリソースを利用できるが、中小の投資家にとっては高
い法務費用によって投資仲裁を利用することのハードルが高くなっ
ている。また、数百万ドル以下の小規模な請求は、このような高コ
ストの制度では効果的に扱えない可能性がある。なお、外国投資家
から仲裁を申立てられた場合、投資受入国は、投資仲裁における費
用支出が適切な公的支出であるかどうかについて国内的に説明責任
を負うことになるため、法務費用にも制約がありうる。

　資金力ある投資家は、紛争解決のために国家を交渉のテーブルに
つかせるために、投資仲裁の高コストやそのリスクを利用できるこ
とも指摘される。逆に、投資受入国による不当な措置により財産を
全面的に剥奪された投資家は、第三者出資を得られない限り投資仲
裁を提起できないとも指摘される。いずれの場合も、投資仲裁の高
コストは、資金的優位に立つ紛争当事者に有利に働くことになる。

仲裁判断の承認・執行

　IIA（および ICSID 仲裁の場合は ICSID 条約 53 条）に基づき、仲裁判断の執行は国際法上の義務となる。ICSID 仲裁の場合、仲裁判断において「敗訴」した国が仲裁判断を遵守しなければ、少なくとも理論的には、ICSID 条約 64 条によって、投資家の国籍国から国際司法裁判所に対して ICSID 条約上の義務違反を理由に提訴される可能性がある。また、IIA が国家間仲裁を定めている場合（例えば、日本＝モロッコ BIT17 条）、投資家国籍国たる当該 IIA 当事国から国家間仲裁を申し立てられる可能性もある。ただし、実際にはそのような例はこれまでのところない。また、ICSID 条約 27 条 1 項に規定されている外交的保護の禁止も解除されるが、外交的保護は国家の権利であるため、その行使は当該国家の政策判断次第である。

　したがって、仲裁判断を執行できる資産・財産がある法域の国内裁判所において仲裁判断の承認・執行の手続をとることが考えられる。投資仲裁における仲裁判断の承認・執行は、ICSID 条約に基づいて行われる仲裁判断の執行と非 ICSID 手続（ICSID 追加手続 (AF) 手続を含む。）による仲裁判断の承認・執行とに大別される。

1 - ICSID 手続による仲裁判断の承認・執行

ICSID 条約は、自己完結型の仲裁システムを提供しており、国内

裁判所の役割は非常に限定的である。ICSID 手続による仲裁判断の承認・執行については、ICSID 条約 54 条に規定される。

　ICSID 仲裁の「敗訴」国が自発的に仲裁判断に従わない場合、仲裁判断を執行できる資産・財産がある ICSID 条約締約国の国内裁判所に仲裁判断の承認・執行の請求がなされると、ICSID 条約 54 条 1 項により、ICSID 条約の締約国は、仲裁判断を自国の裁判所の確定判決とみなして、金銭的義務を執行する義務を負う。執行手続は、執行地の国内法に基づいて行われる。ICSID 条約は、締約国の国内裁判所が ICSID 仲裁判断の承認・執行を拒否することを一切認めておらず、強力な承認・執行制度となっている。ただし、執行義務があるのは「金銭的義務」についてのみであり、原状回復や特定履行の執行義務は定められていない。

　しかし、多くの国内法秩序においては憲法が国際法に優越するため、憲法との整合性が問題となりうる。例えば、*CMS v. Argentina* に関連して、当時のアルゼンチン司法長官は、ICSID 仲裁判断はアルゼンチン最高裁判所によって再検討され、憲法と相容れないと判断されれば、遵守されることはないと公言した。なお、同事件仲裁判断は米国裁判所において執行判決が出された。また、2020 年 7 月 4 日に施行されたロシア連邦憲法の改正により、ロシア憲法裁判所は、ロシア連邦に義務を課す外国または国際的な仲裁判断がロシアの公序に反するとみなされるかどうかについて判断を下すことができるようになった [13]。このように、憲法違反などの国内法上の制約を根拠として ICSID 仲裁判断の承認・執行が拒否される場合、ICSID 条約 53 条・54 条の違反が生じる（条約法条約 27 条、国家責任条文 32

条も参照)。

ICSID 条約には、「勝訴」当事者による仲裁判断の承認・執行の手続開始時期についての規定がない。したがって、後述の取消しや再審手続の前に、あるいはそれらの手続と並行して行われる可能性がある。この場合の対応は分かれる。たとえば、米国の国内裁判所は、このような状況下で ICSID 仲裁判断を承認する傾向がある。なお、後述の解釈、再審、取消しの手続が開始された場合、手続がすべて解決されるまで、執行が停止されることもある。

2 – 非 ICSID 手続による仲裁判断の承認・執行

仲裁地以外の地(国)における仲裁判断の承認と執行は、通常、外国仲裁判断の承認及び執行に関する 1958 年条約(以下、「ニューヨーク条約」)と関連する国内法に基づいて取り扱われる。また、締約国間または特定の条件下での仲裁判断の承認と執行を扱う地域的あるいは二国間条約も存在する。

執行地が、ニューヨーク条約の締約国である場合、仲裁判断の承認・執行はニューヨーク条約に従う(1 条 1 項および 3 条)。なお、相互性留保(相互主義の宣言)がなされている場合、仲裁地についてもニューヨーク条約締約国であることが必要となる(1 条 3 項)。紛争当事者は、最終的な仲裁判断の執行を考慮して、ニューヨーク条約の締約国に仲裁地を置くことを選択する。ニューヨーク条約は、2022 年 9 月時点で 170 カ国が締約国となっている。ニューヨーク

条約5条は、裁判所が仲裁判断の承認・執行を拒否できる事由を1項（a）～（e）号および2項（a）（b）として定めている。5条1項は、仲裁合意の無効、仲裁人の選定・仲裁手続の瑕疵、仲裁付託事項外、仲裁合意または仲裁地の法に反した仲裁手続、仲裁判断が最終的でない、仲裁判断の取消・停止の決定の存在などを「敗訴」当事者が立証した場合を定め、5条2項は、裁判所自体の判断として、判断事項の仲裁不適格、執行地の公序違反を規定する。ニューヨーク条約5条の承認・執行の拒否理由は限定列挙であるとされる。

3 - 強制執行（execution）

「勝訴」当事者が仲裁判断における金銭的義務について承認・執行を裁判所に申立てて、裁判所が判決を下した後、「敗訴」当事者が承認・執行判決に従わない場合、「勝訴」当事者は、「敗訴」当事者の特定の資産・財産に対する強制執行（execution）を裁判所に申立てることができる。

　ICSID条約54条3項は、「仲裁判断の執行は、執行が求められている領域の属する国で現に適用されている判決の執行に関する法令に従つて行なわれる」と規定する。、強制執行が執行（enforcement）とは独立した問題であり、国内法が適用される問題であることを認めている。多くの国の強制執行に関する国内法では、特定の資産・財産に対する強制執行を許可するかどうかを決定する際に、裁判所が公共政策やその他の問題を考慮することを認めている。

日本において仲裁判断の執行を求める場合は、仲裁法による。仲裁法 45 条 1 項により、外国での仲裁判断に基づき民事執行を行うためには、日本の裁判所による執行決定が必要である。したがって、管轄の裁判所に仲裁判断執行決定の申立てをすることになる。仲裁法 45 条 2 項では、裁判所による仲裁判断の承認拒否事由は限定的である。執行決定が確定したのちに、民事執行法 22 条 6 号の 2 により「確定した執行決定のある仲裁判断」を債務名義として管轄の裁判所に強制執行の申立てをするという手順となる。この場合も、国内法のみを根拠として（強制）執行を拒否すると、ICSID 条約やニューヨーク条約の違反が成立しうる。

4 – 主権免除

　主権免除（国家免除、国家の裁判権免除）とは、国は、その同意なしに他国の裁判権に服することはないということを出発点とする。投資仲裁判断の執行との関係では、強制執行からの免除が問題となる。

　執行免除を規律する法源については、まず国際慣習法があげられる。執行免除の問題を扱っている条約は数少ない。2004 年の「国及びその財産の裁判権からの免除に関する国際連合条約」（国連国家免除条約）は、国家の執行免除に関連する規定を有するが、未発効である。また、ニューヨーク条約は、国家による執行免除の問題については直接言及していない。ICSID 条約 55 条が「54 条のいかなる規定も、いずれかの締約国の現行法令でその締約国又は外国を執行か

ら免除することに関するものに影響を及ぼすものと解してはならない」と規定する。主権免除について国内立法を制定している国もあり、その場合は執行免除についても定められている。また、判例法によって執行免除について規律する国内法もある。したがって、（強制）執行地の執行免除に関する国内法を根拠に「敗訴」当事者が強制執行に抵抗する可能性がある。*LETCO v. Liberia* についての米国ニューヨーク州南部地区連邦地方裁判所の判決では、ICSID 条約 55 条を確認した上で、リベリアの米国内の資産が、USC28 編（司法および司法手続）1610 条（a）の商業活動財産の免除否定の例外（すなわち、免除の対象）となるかどうかを判断している（結論としては税に関して強制執行からの免除を認めている）[14]。*Eiser v. Spain* についてのオーストラリア連邦裁判所判決は、まず承認と執行の独立性を論じた後、さらに仲裁判断は、国内判決によらなければ強制執行されえない（cannot be executed）と述べ、ICSID 条約 54 条および 55 条の文言（英語、仏語、西語）を他国での判決や Schreuer による ICSID 条約コメンタリーから検討して、強制執行についてのみ執行免除に関する法令が維持されると判断している（ただし、スペインの免除の主張は否定している）[15]。

　執行免除の対象となる財産・資産に関して、絶対免除主義、すなわち、外国が保有するすべての財産・資産を免除の対象とする考え方もあるが、近年、国際慣習法および各国国内法では、制限免除主義が支配的となっている[16]。この考え方によれば、国家の主権的行為（*acta jure imperii*）に使用されない外国国家の財産・資産は、執行免除の対象とはならない。

国家は、免除を放棄することができる。ただし、裁判権免除の放棄は、特定の資産・財産に対する執行免除を自動的に放棄することにはならない。

「勝訴」当事者（投資家）には、仲裁判断の承認・執行に成功した後、免除の対象ではなく強制執行に使用することができる国の資産・財産を特定するという困難がある。すなわち、「勝訴」当事者（投資家）は、強制執行の対象となる特定の資産・財産が執行免除の対象外となること、あるいは当該資産・財産について国がその免除を有効に放棄したことを示す必要がある。

Ⅳ

解釈・再審・取消し

1 – ICSID 条約上の手続

紛争当事者は、ICSID 条約の義務に基づき執行停止が認められない限り、直ちに仲裁判断に従う義務が生じる。ICSID 条約は、50 条から 52 条に仲裁判断の解釈、再審および取消しを規定し、その手続の間について仲裁判断全体の執行停止、または部分的な執行停止が定められる。なお、ICSID 条約 49 条は、仲裁判断の補足や訂正について規定する。

仲裁判断の解釈、再審および取消しの請求者がその請求において

仲裁判断の執行の停止を要請するときは、執行は、裁判所がその要請について判断するまで暫定的に停止される。執行停止を要請する紛争当事者は、停止を必要とする状況を明示しなければならず、再審などの請求があった場合、各紛争当事者に意見を述べる機会を与えた後、当該請求について仲裁廷が判断するまで、仲裁判断の執行を暫定的に停止しなければならない。仲裁廷は、いずれかの当事者の要請に基づいて30日以内に暫定的な執行停止の継続について判断する。

(1) 仲裁判断の解釈・再審

仲裁判断の範囲または意味について当事者間に争いがある場合、いずれの当事者も仲裁判断の解釈を求めることができる（ICSID条約50条、ICSID仲裁規則（2022）50条、51条、53条、54条）。解釈に関する決定は、仲裁判断の一部とはならない。仲裁判断の解釈に関する紛争は、可能なときは原仲裁廷に付託され、不可能なときは新たな仲裁廷が構成される。仲裁判断の解釈の先例である *Wena Hotels v. Egypt* では、原仲裁廷の長を務めた Monroe Leighn の死去に伴い新たな仲裁廷が構成された。その際、仲裁人の人数や指名方法は原仲裁廷と同一とすることが求められた（*Wena Hotels v. Egypt*, Decision (2005), para. 8）。

ICSID条約51条は、再審を規定する。紛争当事者は、仲裁判断に決定的な影響を及ぼす性質の事実の発見を理由として仲裁判断の再審を請求することができる。ただし、仲裁判断が行なわれた時にその事実が裁判所および再審の請求者に知られておらず、かつ、事実の不知に請求者の過失がない場合に限られる。また、再審請求は、

当該事実の発見の後 90 日以内に行なわなければならず、かつ、いかなる場合にも、仲裁判断が行なわれた日の後 3 年以内に行なわなければならない。再審手続も解釈と同様、可能なときは原仲裁廷に付託され、不可能なときは新たに仲裁廷が構成される。

(2) 仲裁判断の取消し

ICSID 条約 52 条は仲裁判断の取消しを規定する。紛争当事者による取消し請求は、仲裁判断が行なわれた日の後 120 日以内に行なわなければならない。ただし、その請求は、不正行為を理由として取消しが請求されるときは、不正行為の発見の後 120 日以内に行なわなければならず、また、いかなる場合にも、仲裁判断が行なわれた日の後 3 年以内に行なわなければならない。

取消し請求に対して、ICSID 理事会の議長（世銀総裁）が、仲裁人名簿から 3 人を任命して特別委員会を構成する。

取消しの対象は、仲裁判断（award）に限定され、管轄権に関する決定、暫定措置、仲裁人に対する異議申し立て、手続上の命令などの開始前の予備的決定は対象とならない。ICSID 仲裁の場合、管轄権などについての判断には decision や order という名称が与えられており、名称上も award とは区別されている。

特別委員会の手続および決定については、ICSID 条約 41 条から 45 条まで、48 条、49 条、53 条および 54 条ならびに第 6 章および第 7 章の規定が準用される。また、関連する ICSID 仲裁規則についても必要な修正を加えて準用される。ICSID 仲裁規則（2022）43 ～ 45 条（ICSID 仲裁規則（2006）41 条）に基づく先決的抗弁、ICSID

仲裁規則（2022）67条（ICSID仲裁規則（2006）37条）による第三者参加などが可能となっている。

ICSID条約53条1項では、紛争当事者がICSID条約外、たとえば国内裁判所で仲裁判断に異議を唱えることを禁じている。その意味で、取消し手続を含め「自己完結的」で「国内法から自律的」であるとされる（*OIEG v. Venezuela*事件取消し決定）。

取消し手続は仲裁判断の「上訴」ではなく、事案の実体を再検討するものではない。ICSID仲裁は上訴構造を欠いている。取消し手続の特別委員会は、その役割をICSID「判例」の差異を調和または解決することではないとする（*MCI v. Ecuador*取消し決定など）。ただし、最初期の取消し手続（*Klöckner v. Cameroon*、*Amco v. Indonesia*など）については、事件の実体・本案を不適切に再検討しているとの批判もある[17]。

特別委員会は、事情により必要と認めるときは、決定まで仲裁判断の執行を停止することができる（ICSID仲裁規則（2022）73条（ICSID仲裁規則（2006）54条））。仲裁判断の取消しの請求者がその請求において仲裁判断の執行の停止を要請するときは、執行は、特別委員会がその要請について裁定を行なうまで暫定的に停止される。

取消し理由は、ICSID条約52条1項において、（a）仲裁廷の正当ではない構成、（b）仲裁廷の権限踰越、（c）仲裁人の不正行為、（d）手続の基本原則からの重大な離反、（e）仲裁判断における理由不記述と限定列挙される。

特別委員会の裁量は無制限ではないものの、取消しの理由の1つが確立されても自動的に仲裁判断の全部または一部を取消すわけ

ではない。取消し理由が紛争当事者の一方に重大な悪影響を及ぼしている場合にのみ仲裁判断の取消しがなされる（*Wena v. Egypt, Vivendi v. Argentina, Tulip Real Estate v. Turkey*）。

　仲裁判断の取消し手続では、仲裁判断の全部または一部が取消される。仲裁廷が管轄権を否定する「仲裁判断（award）」を出した場合、一部取消しはできない。仲裁廷の正当ではない構成など一部の取消し理由は仲裁判断全体に影響するため、仲裁判断全体を取消すことになる。仲裁廷の責任（liability）に関する判断の取消しは、金銭賠償（compensation）に関する判断に影響を及ぼす場合がある。取消しされなかった仲裁判断の部分は、拘束力および既判力を維持する。

　特別委員会は、取消し手続における費用と法務費用の配分に裁量権を有する。手続費用は当事者が均等に負担し、法務費用は各自で負担する場合（MTD v. Chile, Decision on Annulment, para. 110 and fn. 139）もあるが、手続費用が「敗訴」者負担とされた場合には、決定後に「敗訴」当事者が「勝訴」当事者の法務費用についても一部または全部を支払う場合がある（*TECO v. Guatemala*）。一部取消しが認められた（すなわち、大部分の取消しは認められなかった）当事者が手続費用の大部分を負担して、法務費用は各自で負担するパターンもある（*Tidewater v. Venezuela*）。

　仲裁判断が取消された場合、ICSID条約52条6項およびICSID仲裁規則（2022）74条（ICSID仲裁規則（2006）55条）にしたがって、紛争は、いずれか一方の当事者の要請により新たな仲裁廷に付託されうる。新たに付託された仲裁廷では、仲裁判断の取消された部分のみを再検討することができる。

2011 ～ 2020 年の 10 年間の仲裁判断の全部または一部を取消す決定が 7 件に対して、請求却下が 56 件であり、その前の 2001 ～ 2010 年の 10 年間が取消し決定 8 件、却下 13 件に比べて、取消し請求は増加しているが、却下も増えている（The ICSID Caseload – Statistics, Issue 2022-1）。

2 – 非 ICSID 仲裁判断の取消し

ICSID 条約に基づく手続以外の手続による仲裁の場合、仲裁判断の解釈については仲裁規則により原仲裁廷によるとされる（例えば、UNCITRAL 仲裁規則（2010）37 条）が、再審および取消し手続は、仲裁規則上は規定されず、仲裁地の国内法（仲裁法）に基づき国内裁判所によるのが一般的である[18]。国内法に基づく審査メカニズムは仲裁地によって異なるため、ICSID 以外の手続で仲裁を開始する前に慎重に仲裁地を検討する必要がある。したがって取消し要件も国内法ごとに異なるが、多くの場合、仲裁手続において仲裁廷がその権限を超えている、適正手続を尊重していない、などの場合に取消しが認められることが多い（たとえば、日本の仲裁法 44 条）。また、仲裁廷が適切な適用法を適用したかどうかを確認するだけでなく、それが適切に適用されたかどうかを再検討する場合もある。仲裁判断が仲裁地国の公序に反する場合も取消される。

なお、仲裁判断の取消し手続が行われる場合、仲裁判断の執行が停止される可能性がある。仲裁判断の執行停止は、ニューヨーク条

約6条および執行が求められる国の国内法によって規律される。また、執行を求められた裁判所は、執行停止の条件として「相当な保障」を立てることを命じることができる（ニューヨーク条約6条）。裁判所は、仲裁判断を一部執行した上で、取消し手続の最終決定が出るまで、他の部分の執行停止を命じることも可能である。なお、仲裁地で仲裁判断の執行停止が行われた場合、他のニューヨーク条約締約国は、ニューヨーク条約5条1項（e）に基づき、仲裁判断の執行を拒否することができる。ニューヨーク条約6条は、仲裁判断の執行停止の基準を定めていないため、締約国の裁判所は、「困難さ」「合理的な期間内に成功する可能性」「外国の手続における審査基準やその特徴」「国際礼譲」など、紛争解決を容易にし迅速化するというニューヨーク条約の目的を考慮する[19]。仲裁判断が仲裁地の裁判所によって取消され、別の裁判所で執行判断がなされるという矛盾した結果になることを避けることが、執行停止を認める要因の一つとなる。

　なお、仲裁取消し手続の国内裁判所が三審制の場合などに手続が長期間にわたるという問題がある。取消し手続が遅延戦術である可能性もある。

コラム　投資仲裁への批判と改革案

　投資仲裁に対しては、さまざまな批判がある。とくに、先進国の投資家から投資仲裁を提起され、途上国は、投資仲裁の根拠となるIIA交渉時には、巨額の賠償請求を受けることを必ずしも予測していなかったということもあり、不満を抱えている。投資仲裁は、手続

や適用法である IIA の解釈方法や解釈内容に対する批判のほか、仲裁廷の構成が紛争当事者が対等な立場で指名する個人資格の仲裁人であるという仲裁の「私的」性質から、そのような仲裁廷によって、国家の「公的」行為（場合によっては、民主的手続により決定された措置）について「審査」がなされることへの批判などがある。また、米国からも、とくにトランプ政権下の一国主義に基づく批判があり、NAFTA の改正（USMCA）の一因となった。その他の国においても、IIA の見直し（IIA の多くは自動更新ではあるものの 10 年などの期限が定められている）や新規交渉において ISDS 条項の削除や投資仲裁の対象を限定するなどの動きがある。

　EU は、仲裁の「私的」性質の克服のため、仲裁に代えて「投資裁判所」を設置することを提唱し、実際にカナダとの間の経済連携協定（CETA）などにおいて導入している。

　投資仲裁についても改革作業が進められており、たとえば、UNCITRAL の作業部会 III（投資家＝国家間紛争解決改革）は、2017 年から活動している。制度改革の一つとしては、仲裁の本来的にもつ性質である機密性とは真逆ではあるが「透明性」の確保がある（第 9 章も参照）。

国家間紛争処理

1 - 総論

　初期の IIA には、ISDS 手続は規定されず、他の条約と同じく締約国間の紛争解決（State-State Dispute Settlement, SSDS）手続のみ規定されていた。現在の多くの IIA には、ISDS 手続と締約国間の紛争解決手続の両方が定められる。

　1990 年代に利用されて以来、ISDS 手続は飛躍的に増加しているのに対して、国家間手続の利用は非常に限定的である。ただし、ISDS 手続への懸念から、SSDS 手続への注目が集まっている。また、FTA ／ EPA 内に投資章が包含されることにより、投資に関する問題も FTA ／ EPA における国家間紛争解決の対象となる。

　投資紛争の解決については、投資受入国の国内手続の排除とともに投資家国籍国による外交的保護を排除する「脱政治化」（脱国家化）を志向し、投資家と投資受入国との間で仲裁が利用され、IIA 上の ISDS 手続としても発展してきた。その点で、IIA 上の国家間手続については、投資紛争の「再政治化」につながるという見解もある。しかし、国家間紛争を法的に解決することは、かならずしも政治化につながるわけではない。むしろ、ISDS 手続への懸念が高まるなかで、ISDS 手続と国家間手続との関係を整理して明確化することが求められる。

2 - 手続の類型

友好通商航海（FCN）条約の流れをくむ初期の IIA における国家間紛争解決手続は、国際司法裁判所（ICJ）による手続が指定されている場合が多い。また、ICJ を含む複数の手続から国家による選択が定められる場合もある。地域統合内における IIA については、当該地域裁判所が規定される場合がある。たとえば、東南部アフリカ市場共同体（COMESA）投資協定では、COMESA 裁判所が手続の選択肢として規定される。

また、WTO 紛争解決手続と類似の制度を規定する IIA もある。ASEAN 包括投資協定（ACIA）が代表例である。ASEAN「強化型紛争解決メカニズム」議定書による WTO 類似のパネルと上訴審の２審制および報告書方式の紛争解決手続を利用することが規定される。

国家間紛争解決においても、ISDS 手続と同様に仲裁が規定される場合もある。一定期間（６か月など）の協議義務を課した上で、紛争当事国がそれぞれ１名、長１名の３名の仲裁によって手続が行われる場合が多い。NAFTA は、第 20 章の手続により、５名による仲裁パネルが利用される。

3 - 紛争の類型

IIAにおける国家間紛争は、3つの類型に整理できる。第１の類型は、条約に関する一般的な国家間紛争と同様に、問題となっている IIA の

解釈・適用に関する紛争である。第2の類型は、自国の投資家についての「外交的保護」による紛争である。第3の類型は、他の締約国のIIA違反の宣言的判断を求める紛争である。

　条約の解釈・適用に関する紛争は、非常に包括的なものであり、広範囲に及ぶ。そのため、対象を特定条項に限定するIIAも存在する。なお、「紛争」という文言によっても一定の制限が生じると考えられる。IIAに基づく国家間紛争では、ICJ南西アフリカ事件によって示された「明確な反対」の要件によって、紛争の存在が否定された事例が存在する（*Ecuador v. U. S.*）。IIAの条項の解釈に関しては、ISDS手続が提起されるのと並行して国家間手続が提起される場合もある。*Peru v. Chile*は、ISDS手続（*Lucchetti v. Peru*）における条約解釈をコントロールするため、締約国間で条約解釈について一致することを目指したものの意見の一致を得られず国家間手続が提起された事例である（ISDS手続はPeruに有利な判断（*Lucchetti v. Peru, Award* (2005)）、国家間手続は未公開のため結論不明）。

　外交的保護による紛争は、投資家国籍国が、他国のIIA違反行為による投資家の損害について請求を行うものである。外交的保護については、国際慣習法／慣習国際法のいずれかに教科書全体で統一が確立しており、ILCによる法典化が行われている[20]。IIAに基づく国家間手続においても、国籍継続原則、国内救済完了原則など外交的保護に関する国際慣習法／慣習国際法のいずれかに教科書全体で統一上のルールが適用される（*Italie c. Cuba*）。

　他の締約国のIIA違反の宣言的判断を求める紛争に関して、国家による政策措置（課税や財政措置）については、IIA違反の判断を国

家間手続によることを明示的に定める IIA が存在する（カナダ・中国 FIPA）。このような場合、まず締約国間の一定の協議・共同決定のための期間が定められ、その期間内に決定できない場合に国家間手続が開始される。

NAFTA の場合、投資家＝国家間の具体的紛争の ISDS 手続が存在しない段階で、国家間手続が先行した事例がある（*Mexico v. U. S.*）。この事件では、米国の NAFTA 違反（第 11 章（投資）、第 12 章（サービス）についての無差別義務違反）が認定された。その後、メキシコの投資家による ISDS 手続（*CANACAR v. U. S.*）が提起されたが、中断されたため、先行する国家間手続における判断が、ISDS 手続を拘束するか否かの問題は未解決である。

4 – ISDS 手続との関係

IIA においても、ISDS 手続が開始された場合には、国家間手続を禁止するなど ISDS 条項と国家間手続条項の関係について明文規定をおく例も存在する（トルコ＝米国 BIT（1985）7 条など）。他方、ISDS 手続が国家間手続に影響しないと規定する IIA も存在する（中国＝シンガポール BIT（1985）13 条 12 項など）。

ISDS 手続と国家間手続の関係について IIA 上明確に規定している例は少ない。それぞれの手続の仲裁廷などフォーラムの判断に委ねられている。ただし、国家間手続の事例がいまだに少数に限られているため不明確な部分が多い。また、国家間手続は、IIA の枠外でも

提起しうる。

　ICSID 条約 27 条は、投資家国籍国である ICSID 条約の締約国による外交上の保護と国際請求を禁止する。国籍国による請求（国家間手続）は制限されることになるが、国家間手続が先行する場合にはどのように判断されるのか、前述の第 2、第 3 の類型の紛争についても国家間手続が制限されるのかなどについては明らかではない。

1 Gaukrodger, D. and K. Gordon (2012), "Investor-State Dispute Settlement: A Scoping Paper for the Investment Policy Community", *OECD Working Papers on International Investment*, 2012/03, OECD Publishing. http://dx.doi.org/10.1787/5k46b1r85j6f-en

2 *Yearbook of the International Law Commission*, 2001, vol. 2 (part 2).

3 *Factory at Chorzów* (Germany v. Poland), Merits, Judgment of 13 September 1928, *P.C.I.J. Series A*. No. 17, p.47.

4 ICSID を利用する場合の費用については、Cost of Proceedings | ICSID <https://icsid.worldbank.org/services/cost-of-proceedings>

5 最新版は 2022 年 7 月 1 日から適用されるものである。Schedule of Fees (2022) | ICSID <https://icsid.worldbank.org/services/cost-of-proceedings/schedule-fees/2022>

6 最新版は料金表と同じく 2022 年 7 月 1 日から適用されるものである。Memorandum on the Fees and Expenses (2022) | ICSID <https://icsid.worldbank.org/services/cost-of-proceedings/memorandum-fees-expenses/2022>

7 Fees and costs | PCA-CPA <https://pca-cpa.org/fees-and-costs/>

8 SCC, Arbitration Rules 2017 (Schedule of Costs applicable to arbitrations

commenced on 1 January 2020 or after) <https://sccinstitute.com/media/1407444/arbitrationrules_eng_2020.pdf>

9　Rules - The Arbitration Institute of the Stockholm Chamber of Commerce <https://sccinstitute.com/our-services/rules/>

10　2021 Arbitration Rules - ICC - International Chamber of Commerce <https://iccwbo.org/dispute-resolution-services/arbitration/rules-of-arbitration/>, see also, Costs and payments - ICC - International Chamber of Commerce <https://iccwbo.org/dispute-resolution-services/arbitration/costs-and-payments/>

11　Gaukrodger, D. and K. Gordon, "Investor-State Dispute Settlement: A Scoping Paper for the Investment Policy Community", *OECD Working Papers on International Investment*, No. 2012/03, OECD Publishing (2012), https://doi.org/10.1787/5k46b1r85j6f-en, p. 19.

12　ただし、仲裁規則41（3）の手続により、「明白にメリットがない」という迅速手続がとられた場合を除く。

13　Djanic, V., CIS Round-Up: An Update on New Developments in the Region, IAReporter, 7 August 2020, < https://www.iareporter.com/articles/cis-round-up-an-update-on-new-developments-in-the-region/>

14　Judgment of the US District Court for Southern District of New York - 12 Dec 1986、paras. 9-13.

15　Judgment of the Federal Court of Australia [2020] FCA 157 - 24 Feb 2020, paras. 89-176.

16　たとえば、日本の「外国等に対する我が国の民事裁判権に関する法律」も執行免除に関して制限免除主義に立っている（18条）。ただし、制限

免除主義といっても国によって免除の対象、非対象の基準は様々である点に注意が必要である。

17 アルゼンチン経済危機に関する諸事例（*CMS, Enron, Sempra, LG&E, Continental Casualty*）の取消し手続についても問題が指摘される。

18 インドについては、インド裁判所の介入権限がインド国外の仲裁に及ぶかという点について議論があったが、インド最高裁判所は、*Bharat Aluminum Co. v. Kaiser Aluminum Technical Service Inc.* 判決において、インド国外の仲裁に関して適用されないものと判示している。日本貿易振興機構（ジェトロ）ニューデリー事務所　ビジネス展開支援部・ビジネス展開支援課「インド改正仲裁法の概要と実務に対する影響」（2016年 11 月）<https://www.jetro.go.jp/ext_images/_Reports/02/2016/777f4bb0969fb156/rp-in-arbitration201611.pdf>

19 See, *Oxus Gold v. Republic of Uzbekistan*, Memorandum Opinion of the US District Court for the District of Columbia on Gretton's Petition to Enforce Arbitral Award, Civil Action No. 18-1755 (JEB).

20 the 2006 ILC Draft Articles on Diplomatic Protection with commentaries, *Yearbook of the International Law Commission*, 2006, Vol. II, Part Two.

伊藤一頼「国際投資法における責任の性格」江藤淳一 編『国際法学の諸相：
　到達点と展望：村瀬信也先生古稀記念』信山社（2015 年）。

小畑郁「国際投資協定と国家間請求」RIETI Discussion Paper Series 14-J-005
　（2014 年）。

小畑郁「国際投資協定における国家間手続の今日的機能」岩沢雄司・森川幸一・
　森肇志・西村弓（編）『国際法のダイナミズム：小寺彰先生追悼論文集』有
　斐閣（2019 年）。

黒田秀治「ICSID 仲裁判断の承認・執行の法構造」『早稲田法学会誌』44 号
　（1994 年）173-207 頁。

小寺彰・西村弓「投資協定仲裁における非金銭的救済」江藤淳一 編『国際法
　学の諸相：到達点と展望：村瀬信也先生古稀記念』信山社（2015 年）。

高杉直「国際投資仲裁判断の執行」『日本国際経済法学会年報』26 号（2017 年）
　52-73 頁。

玉田大「投資協定仲裁における補償賠償判断の類型」RIETI Discussion Paper
　Series 08-J-013（2008 年）。

玉田大「投資仲裁における精神的損害賠償」RIETI Discussion Paper Series
　14-J-013（2014 年）。

田村侑也「EU 加盟国における ICSID 仲裁判断の執行問題」『法学新報』126 巻 5・

6 号（2019 年）69-123 頁。

田村侑也「EU 域内外における ICSID 仲裁判断の執行問題（1）（2）」『法学新報』128 巻 1・2 号（2021 年）99-135 頁、128 巻 3・4 号（2021 年）239-267 頁。

田村侑也「豪州における ICSID 仲裁判断の承認・執行と主権免除」『比較法雑誌』55 巻 4 号（2022 年）139-172 頁。

道垣内正人「投資紛争仲裁へのニューヨーク条約（外国仲裁判断の承認及び執行に関する条約）の適用可能性」『投資協定仲裁研究会報告書（平成 21 年度）』93-114 頁。

中村達也「第三者資金提供と仲裁手続」『國士舘法學』50 号（2017 年）1-45 頁。

中村達也「仲裁費用について」『JCA ジャーナル』56 巻 4 号（2009 年）34-41 頁。

西村弓・小寺彰「投資協定仲裁における非金銭的救済」RIETI Discussion Paper Series 14-J-006（2014 年）。

濱本正太郎「投資協定仲裁の公的性質と ICSID 仲裁判断取消制度の新展開」『法学論叢』170 巻 4-6 号（2012 年）395-420 頁。

水島朋則「投資仲裁判断の執行に関する問題」RIETI Discussion Paper Series 13-J-078（2013 年）。

横島路子「ICSID 仲裁判断の承認・執行」『上智法學論集』53 巻 4 号（2010 年）307-350 頁。

Bernasconi-Osterwalder, Nathalie, *State-State Dispute Settlement Clause in Investment Treaties*, IISD Best Practices Series, October 2014,

International Institute for Sustainable Development (2014), https://www.iisd.org/system/files/publications/best-practices-state-state-dispute-settlement-investment-treaties.pdf.

Bishop, R. Doak and Silvia M. Marchili, *Annulment Under the ICSID Convention*, (Oxford Univesity Press, 2013).

Fouret, Julien, *Enforcement of Investment Treaty Arbitration Awards: A Global Guide*, (Globe Law & Business, 2015).

Franck, S.D., *Arbitration Costs: Myths and Realities in Investment Treaty Arbitration*, (Oxford University Press, 2019).

Gaukrodger, David, *State-to-State dispute settlement and the interpretation of investment treaties*, OECD Working Papers on International Investment 2016/03, OECD (2016), https://doi.org/10.1787/5jlr71rq1j30-en.

Huseynli, Kamal, *Enforcement of investment arbitration awards: Problems and Solutions*, (LAP LAMBERT Academic Publishing, 2019).

Marboe, Irmgard, *Calculation of Compensation and Damages in International Investment Law*, 2nd ed., (Oxford University Press, 2017).

Sabahi, Borzu, *Compensation and Restitution in Investor-State Arbitration: Principles and Practice*, (Oxford University Press, 2011).

付録 1

WTO 事例

WTO 事例

※「P」はパネル（小委員会）、「AB」は上級委員会、「21.3」は DSU21 条
　3 項仲裁、「21.5」は DSU21 条 5 項手続、「22.6」は DSU22 条 6 項仲裁、
　「25」は DSU25 条仲裁、ローマ数字（例えば II）は複数回の付託を示す。

米国－ガソリン基準事件（DS2、DS4）

P：Panel Report, United States - Standards for Reformulated and
　　Conventional Gasoline, WT/DS2/R, adopted 20 May 1996.

AB：Appellate Body Report, United States - Standards for Reformulated
　　and Conventional Gasoline, WT/DS2/AB/R, adopted 20 May 1996.

日本－酒税事件（DS8、10、11）

P：Panel Report, Japan - Taxes on Alcoholic Beverages, WT/DS8/AB/R,
　　WT/DS10/AB/R, WT/DS11/AB/R, adopted 1 November 1996.

AB：Appellate Body Report, Japan - Taxes on Alcoholic Beverages, WT/
　　DS8/AB/R, WT/DS10/AB/R, WT/DS11/AB/R, adopted 1 November
　　1996.

21.3：Award of Arbitrator, Japan - Taxes on Alcoholic Beverages, WT/
　　DS8/15, WT/DS10/15, WT/DS11/13, circulated 14 February 1997.

豪州－サケ事件 (DS18)

P：Panel Report, Australia - Measures Affecting Importation of Salmon, WT/DS18/R, adopted 6 November 1998.

AB：Appellate Body Report, Australia - Measures Affecting Importation of Salmon, WT/DS18/AB/R, adopted 6 November 1998.

21.3：Award of Arbitrator, Australia - Measures Affecting Importation of Salmon, WT/DS18/9, circulated 23 February 1999.

21.5P：Panel Report, Australia - Measures Affecting Importation of Salmon, Recourse to Article 21.5 by Canada, WT/DS18/RW, adopted 20 March 2000.

EC －ホルモン牛肉事件 (DS26、48)

P：Panel Report, European Communities - Measures Concerning Meat and Meat Products (Hormones) Complaint by the United States, WT/DS26/R/USA, adopted 13 February 1998; Panel Report, European Communities - Measures Concerning Meat and Meat Products (Hormones) Complaint by Canada, WT/DS48/R/CAN, adopted 13 February 1998.

AB：Appellate Body Report, European Communities - Measures Concerning Meat and Meat Products (Hormones) Complaint by the United States, WT/DS26/AB/R, WT/DS48/AB/R, adopted 13 February 1998.

21.3：Award of Arbitrator, European Communities - Measures Concerning Meat and Meat Products (Hormones), WT/DS26/15, WT/DS48/13, circulated 29 May 1998.

22.6：Decision by Arbitrators, European Communities - Measures Concerning Meat and Meat Products (Hormones), Original Complaint by the United States, Recourse to Arbitration by the European Communities under Article 22.6 of the DSU, WT/DS26/ARB, circulated 12 July 1999, Decision by Arbitrators, European Communities - Measures Concerning Meat and Meat Products (Hormones), Original Complaint by Canada, Recourse to Arbitration by the European Communities under Article 22.6 of the DSU, WT/DS48/ARB, circulated 12 July 1999.

EC －バナナ事件（DS27）（※一部割愛）

P：Panel Report, European Communities - Regime for the Importation, Sale and Distribution of Bananas, Complaint by Ecuador, WT/DS27/R/ECU, adopted 25 September 1997.

AB：Appellate Body Report, European Communities - Regime for the Importation, Sale and Distribution of Bananas, WT/DS27/AB/R, adopted 25 September 1997.

21.3：Award of Arbitrator, European Communities - Regime for the Importation, Sale and Distribution of Bananas, WT/DS27/15, circulated 7 January 1998.

22.6 (US)：Decision of Arbitrators, European Communities - Regime for the Importation, Sale and Distribution of Bananas, Recourse to Arbitration by the European Communities under Article 22.6 of the DSU, WT/DS27/ARB, circulated 9 April 1999.

21.5P (ECU)：Panel Report, European Communities - Regime for the Importation, Sale and Distribution of Bananas, Recourse to Article 21.5 by Ecuador, WT/DS27/RW/ECU, adopted 6 May 1999.

22.6 (ECU)：Decision of Arbitrators, European Communities - Regime for the Importation, Sale and Distribution of Bananas, Recourse to Arbitration by the European Communities under Article 22.6 of the DSU, WT/DS27/ARB/ECU, circulated 24 March 2000.

21.5(II)P (ECU)：Panel Report, European Communities - Regime for the Importation, Sale and Distribution of Bananas, Second Recourse to Article 21.5 of the DSU by Ecuador, WT/DS27/RW2/ECU, adopted 11 December 2008.

21.5P (US)：Panel Report, European Communities - Regime for the Importation, Sale and Distribution of Bananas, Recourse to Article 21.5 of the DSU by the United States, WT/DS27/RW/USA, adopted 22 December 2008.

21.5(II)AB：Appellate Body Report, European Communities - Regime for the Importation, Sale and Distribution of Bananas, Second Recourse to Article 21.5 of the DSU by Ecuador, European Communities - Regime for the Importation, Sale and Distribution of Bananas, Recourse to Article 21.5 of the DSU by the United States, WT/DS27/

AB/RW2/ECU, WT/DS27/AB/RW/USA, adopted 11 December 2008.

トルコー繊維事件（DS34）

P：Panel Report, Turkey - Restrictions on Imports of Textile and Clothing Products, WT/DS34/R, adopted 19 November 1999.

AB：Appellate Body Report, Turkey - Restrictions on Imports of Textile and Clothing Products, WT/DS34/AB/R, adopted 19 November 1999.

米国ー海老製品輸入禁止事件（DS58）

P：Panel Report, United States - Import Prohibition of Certain Shrimp and Shrimp Products, WT/DS58/R, adopted 6 November 1998.

AB：Appellate Body Report, United States - Import Prohibition of Certain Shrimp and Shrimp Products, WT/DS58/AB/R, adopted 6 November 1998.

21.5P：Panel Report, United States - Import Prohibition of Certain Shrimp and Shrimp Products, Recourse to Article 21.5 by Malaysia, WT/DS58/RW, adopted 21 November 2001.

21.5AB：Appellate Body Report, United States - Import Prohibition of Certain Shrimp and Shrimp Products, Recourse to Article 21.5 of the DSU by Malaysia, WT/DS58/AB/RW, adopted 21 November 2001.

米国一外国販売会社税制事件（DS108）

P：Panel Report, United States - Tax Treatment For "Foreign Sales Corporations", WT/DS108/R, adopted 20 March 2000.

AB：Appellate Body Report, United States - Tax Treatment For "Foreign Sales Corporations", WT/DS108/AB/R, adopted 20 March 2000.

21.5P：Panel Report, United States - Tax Treatment for "Foreign Sales Corporations", Recourse to Article 21.5 of the DSU by the European Communities, WT/DS108/RW, adopted 29 January 2002.

21.5AB：Appellate Body Report, United States - Tax Treatment for "Foreign Sales Corporations", Recourse to Article 21.5 of the DSU by the European Communities, WT/DS108/AB/RW, adopted 29 January 2002.

22.6：Decision of Arbitrator, United States - Tax Treatment for "Foreign Sales Corporations", Recourse to Arbitration by the United States under Article 22.6 of the DSU and Article 4.11 of the SCM Agreement, WT/DS108/ARB, circulated 30 August 2002.

21.5(II)P：Panel Report, United States - Tax Treatment for "Foreign Sales Corporations", Second Recourse to Article 21.5 of the DSU by the European Communities, WT/DS108/RW2, adopted 14 March 2006.

21.5(II)AB：Appellate Body Report, United States - Tax Treatment for "Foreign Sales Corporations", Second Recourse to Article 21.5 of the DSU by the European Communities, WT/DS108/AB/RW2, adopted 14 March 2006.

カナダー医薬品事件 (DS114)

P：Panel Report, Canada - Patent Protection of Pharmaceutical Products, WT/DS114/R, adopted 7 April 2000.

21.3：Award of Arbitrator, Canada - Patent Protection of Pharmaceutical Products, WT/DS114/13, circulated 18 August 2000.

米国ー著作権法 110 条 5 項事件 (DS160)

P：Panel Report, United States - Section 110(5) of the US Copyright Act, WT/DS160/R, adopted 27 July 2000.

21.3：Award of Arbitrator, United States - Section 110(5) of the US Copyright Act, WT/DS160/12, circulated 15 January 2001.

25：Award of Arbitrators, United States - Section 110(5) of the US Copyright Act, Recourse to Arbitration under Article 25 of the DSU, WT/DS160/ABR25/1, circulated 9 November 2001.

米国ー熱延鋼板 AD 事件 21 条 3 項仲裁裁定 (DS184)

P：Panel Report, United States - Anti-Dumping Measures on Certain Hot-Rolled Steel Products from Japan, WT/DS184/R, adopted 23 August 2001.

AB：Appellate Body Report, United States - Anti-Dumping Measures on Certain Hot-Rolled Steel Products from Japan, WT/DS184/AB/R, adopted 23 August 2001.

21.3：Award of Arbitrator, United States - Anti-Dumping Measures on Certain Hot-Rolled Steel Products from Japan, WT/DS184/13,circulated 19 February 2002.

米国－バード修正条項事件（DS217、DS234）（※一部割愛）

P：Panel Report, United States - Continued Dumping and Subsidy Offset Act of 2000, WT/DS217/R, WT/DS234/R, adopted 27 January 2003.

AB：Appellate Body Report, United States - Continued Dumping and Subsidy Offset Act of 2000, WT/DS184/AB/R, WT/DS234/AB/R, adopted 27 January 2003.

21.3：Award of Arbitrator, United States - Continued Dumping and Subsidy Offset Act of 2000, WT/DS217/14, WT/DS234/22, circulated 13 June 2003.

22.6：Decision of Arbitrator, United States - Continued Dumping and Subsidy Offset Act of 2000, (Original Complaint by Japan) Recourse to Arbitration by the United States under Article 22.6 of the DSU, WT/DS217/ARB/JPN, circulated 31 August 2004.

軟材事件（DS257）

P：Panel Report, United States - Final Countervailing Duty Determination with Respect to Certain Softwood Lumber From Canada, WT/DS257/

R, adopted 17 February 2004.

AB：Appellate Body Report, United States - Final Countervailing Duty Determination with Respect to Certain Softwood Lumber From Canada, WT/DS257/AB/R, adopted 17 February 2004

21.5P：Panel Report, United States - Final Countervailing Duty Determination with Respect to Certain Softwood Lumber from Canada, Recourse by Canada to Article 21.5, WT/DS257/RW, adopted 20 December 2005.

21.5AB：Appellate Body Report, United States - Final Countervailing Duty Determination with Respect to Certain Softwood Lumber from Canada, Recourse by Canada to Article 21.5 of the DSU, WT/DS257/AB/RW, adopted 20 December 2005.

カナダー軟材事件（DS264）

P：Panel Report, United States - Final Dumping Determination on Softwood Lumber from Canada, WT/DS264/R, adopted 31 August 2004.

AB：Appellate Body Report, United States - Final Dumping Determination on Softwood Lumber from Canada, WT/DS264/AB/R, adopted 31 August 2004.

21.3：Arbitrator Report, United States - Final Dumping Determination on Softwood Lumber from Canada, WT/DS264/13, circulated 13 December 2004.

国際経済紛争解決手続法

21.5P：Panel Report, United States - Final Dumping Determination on Softwood Lumber from Canada, Recourse by Canada to Article 21.5, WT/DS264/RW, adopted 1 September 2006.

21.5AB：Appellate Body Report, United States - Final Dumping Determination on Softwood Lumber from Canada, Recourse to Article 21.5 of the DSU by Canada, WT/DS264/AB/RW, adopted 1 September 2006.

米国一綿花事件（DS267）

P：Panel Report, United States - Subsidies on Upland Cotton, WT/DS267/R, adopted 21 March 2005.

AB：Appellate Body Report, United States - Subsidies on Upland Cotton, WT/DS267/AB/R, adopted 21 March 2005.

21.5P：Panel Report, United States - Subsidies on Upland Cotton, Recourse to Article 21.5 of the DSU by Brazil, WT/DS267/RW, adopted 20 June 2008.

21.5AB：Appellate Body Report, United States - Subsidies on Upland Cotton, Recourse to Article 21.5 of the DSU by Brazil, WT/DS267/AB/RW, adopted 20 June 2008.

22.6：Decision by Arbitrator, United States - Subsidies on Upland Cotton, Recourse to Arbitration by the United States under Article 22.6 of the DSU and Article 4.11 of the SCM Agreement. WT/DS267/ABR/1, circulated 31 August 2009; Decision by Arbitrator, United States -

Subsidies on Upland Cotton, Recourse to Arbitration by the United States under Article 22.6 of the DSU and Article 7.10 of the SCM Agreement. WT/DS267/ABR/2, circulated 31 August 2009.

メキシコーソフトドリンク事件 (DS308)

P：Panel Report, Mexico - Tax Measures on Soft Drinks and Other Beverages, WT/DS308/R, adopted 24 March 2006.

AB：Appellate Body Report, Mexico - Tax Measures on Soft Drinks and Other Beverages, WT/DS308/AB/R, adopted 24 March 2006.

EC 一航空機事件 (DS316)

P：Panel Report, European Communities and Certain Member States - Measures Affecting Trade in Large Civil Aircraft, WT/DS316/R, adopted 1 June 2011.

AB：Appellate Body Report, European Communities and Certain Member States - Measures Affecting Trade in Large Civil Aircraft, WT/DS316/AB/R, adopted 1 June 2011.

21.5P：Panel Report, European Communities and Certain Member States - Measures Affecting Trade in Large Civil Aircraft, Recourse to Article 21.5 of the DSU by the United States, WT/DS316/RW, adopted 28 May 2018.

21.5AB：Appellate Body Report, European Communities and Certain

Member States - Measures Affecting Trade in Large Civil Aircraft, Recourse to Article 21.5 of the DSU by the United States, WT/DS316/AB/RW, adopted 28 May 2018.

22.6：Decision of Arbitrator, European Communities and Certain Member States - Measures Affecting Trade in Large Civil Aircraft, Recourse to Article 22.6 of the DSU by the European Union, WT/DS316/ARB, circulated 2 October 2019.

21.5P(II)：Panel Report, European Communities and Certain Member States - Measures Affecting Trade in Large Civil Aircraft, Recourse to Article 21.5 of the DSU by the European Union and Certain Member States, WT/DS316/RW2, not yet adopted.

米国－譲許停止継続事件／カナダ－譲許停止継続事件 （DS320、321）

P：Panel Report, United States - Continued Suspension of Obligations in the EC - Hormones Dispute, WT/DS320/R, adopted 14 November 2008; Panel Report, United States - Continued Suspension of Obligations in the EC - Hormones Dispute, WT/DS321/R, adopted 14 November 2008.

AB：Appellate Body Report, United States - Continued Suspension of Obligations in the EC - Hormones Dispute, WT/DS320/AB/R, adopted 14 November 2008; Appellate Body Report, Canada - Continued Suspension of Obligations in the EC - Hormones Dispute, WT/DS321/

AB/R, adopted 14 November 2008,

ブラジルー再生タイヤ事件（DS332）

P：Panel Report, Brazil - Measures Affecting Imports of Retreaded Tyres, WT/DS332/R, adopted 17 December 2007.

AB：Appellate Body Report, Brazil - Measures Affecting Imports of Retreaded Tyres, WT/DS332/AB/R, adopted 17 December 2007.

21.3：Award of Arbitrator, Brazil - Measures Affecting Imports of Retreaded Tyres, WT/DS332/16, adopted 29 August 2008.

米国ー航空機事件（DS353）

P：Panel Report, United States - Measures Affecting Trade in Large Civil Aircraft (Second Complaint), WT/DS353/R, adopted 23 March 2012.

AB：Appellate Body Report, United States - Measures Affecting Trade in Large Civil Aircraft (Second Complaint), WT/DS353/AB/R, adopted 23 March 2012.

21.5P：Panel Report, United States - Measures Affecting Trade in Large Civil Aircraft (Second Complaint), Recourse to Article 21.5 of the DSU by the European Union, WT/DS353/RW, adopted 11 April 2019.

21.5AB：Appellate Body Report, United States - Measures Affecting Trade in Large Civil Aircraft (Second Complaint), Recourse to Article 21.5 of the DSU by the European Union, WT/DS353/AB/RW, adopted 11

April 2019.

22.6：Decision by Arbitrator, United States - Measures Affecting Trade in Large Civil Aircraft (Second Complaint), Recourse to Article 22.6 of the DSU by the United States, WT/DS353/ARB, circulated 13 October 2020.

米国－マグロ II 事件（DS381）

P：Panel Report, United States - Measures Concerning the Importation, Marketing and Sale of Tuna and Tuna Products, WT/DS381/R, adopted 13 June 2012.

AB：Appellate Body Report, United States - Measures Concerning the Importation, Marketing and Sale of Tuna and Tuna Products, WT/DS381/AB/R, adopted 13 June 2012.

21.5P：Panel Report, United States - Measures Concerning the Importation, Marketing and Sale of Tuna and Tuna Products, Recourse to Article 21.5 of the DSU by Mexico, WT/DS381/RW, adopted 3 December 2015.

21.5AB：Appellate Body Report, United States - Measures Concerning the Importation, Marketing and Sale of Tuna and Tuna Products, Recourse to Article 21.5 of the DSU by Mexico, WT/DS381/AB/RW, adopted 3 December 2015.

22.6：Decision by Arbitrator, United States - Measures Concerning the Importation, Marketing and Sale of Tuna and Tuna Products,

Recourse to Article 22.6 of the DSU by the United States, WT/DS381/ARB, circulated 25 April 2017.

21.5P(II)：Panel Report, United States - Measures Concerning the Importation, Marketing and Sale of Tuna and Tuna Products, Recourse to Article 21.5 of the DSU by the United States / Second Recourse to Article 21.5 of the DSU by Mexico, WT/DS381/RW/USA, WT/DS381/RW/2, adopted 11 January 2019.

21.5AB(II)：Appellate Body Report, United States - Measures Concerning the Importation, Marketing and Sale of Tuna and Tuna Products, Recourse to Article 21.5 of the DSU by the United States / Second Recourse to Article 21.5 of the DSU by Mexico, WT/DS381/AB/RW/USA, WT/DS381/AB/RW/2, adopted 11 January 2019.

中国ー GOES 事件（DS414）

P：Panel Report, China - Countervailing and Anti-Dumping Duties on Grain Oriented Flat-Rolled Electrical Steel from the United States, WT/DS414/R, adopted 16 November 2012.

AB：Appellate Body Report, China - Countervailing and Anti-Dumping Duties on Grain Oriented Flat-Rolled Electrical Steel from the United States, WT/DS414/AB/R, adopted 16 November 2012.

21.3：Award of Arbitrator, China - Countervailing and Anti-Dumping Duties on Grain Oriented Flat-Rolled Electrical Steel from the United States, WT/DS414/12, circulated 3 May 2013.

21.5P：Panel Report, China - Countervailing and Anti-Dumping Duties on Grain Oriented Flat-Rolled Electrical Steel from the United States, Recourse to Article 21.5 of the DSU by the United States, WT/DS414/RW, adopted 31 August 2015.

インドネシアー鶏製品事件（DS484）

P：Panel Report, Indonesia - Measures Concerning the Importation of Chicken Meat and Chicken Products, WT/DS484/R, adopted 22 November 2017.

21.5P：Panel Repot, Indonesia - Measures Concerning the Importation of Chicken Meat and Chicken Products, Recourse to Article 21.5 of the DSU by Brazil, WT/DS484/RW, not yet adopted.

米国ー OCGT 事件（DS488）

P：Panel Report, United States - Anti-Dumping Measures on Certain Oil Country Tubular Goods from Korea, WT/DS488/R, adopted 12 January 2018.

韓国ー放射性核種事件（DS495）

P：Panel Report, Korea - Import Bans, and Testing and Certification Requirements for Radionuclides, WT/DS495/R, adopted 26 April 2019.

AB：Appellate Body Report, Korea - Import Bans, and Testing and Certification Requirements for Radionuclides, WT/DS495/AB/R, adopted 26 April 2019.

中国－農業生産者事件（DS511）

P：Panel Report, China - Domestic Support for Agricultural Producers, WT/DS511/R, adopted 26 April 2019.

コスタリカ－生鮮アボカド事件（DS524）

P：Panel Report, Costa Rica - Measures Concerning the Importation of Fresh Avocados from Mexico, WT/DS524/R, adopted 31 May 2022.

インド－輸出関連措置事件（DS541）

P：Panel Report, India - Export Related Measures, WT/DS541/R, not yet adopted.

米国－関税措置事件（DS543）

P：Panel Report, United States - Tariff Measures on Certain Goods from China, WT/DS543/R, not yet adopted.

米国－太陽光発電設備セーフガード事件（DS562）

P：Panel Report, United States - Safeguard Measure on Imports of Crystalline Silicon Photovoltaic Products, WT/DS562/R, not yet adopted.

米国－スペイン産完熟オリーブ AD・相殺関税事件（DS577）

P：Panel Report, United States - Anti-Dumping and Countervailing Duties on Ripe Olives from Spain, WT/DS577/R, adopted 20 December 2021.

トルコ－医薬品事件（DS583）

P：Panel Report, Turkey - Certain Measures concerning the Production, Importation and Marketing of Pharmaceutical Products, WT/DS583/12, not yet adopted.

投資仲裁（投資家対国家）事例リスト

投資仲裁（投資家対国家）事例リスト

仲裁判断、決定などの原文は以下のサイトで入手可能

italaw　https://www.italaw.com/　ほぼ網羅的なデータベース

Investment Dispute Settlement Navigator | UNCTAD Investment Policy
Hub　https://investmentpolicy.unctad.org/investment-dispute-
settlement　投資条約を根拠とする仲裁

Search Cases | ICSID　https://icsid.worldbank.org/cases/case-database
ICSID 利用仲裁

Jus Mundi | Search Engine for International Law and Arbitration　https://
jusmundi.com/　有料サービスだが一部無料で利用可能

省略名	仲裁事例名・事件番号	判断・決定	該当章
AAPL v. Sri Lanka, Final Award (1990)	Asian Agricultural Products Ltd. v. Republic of Sri Lanka, ICSID Case No. ARB/87/3	Award dated 27 June 1990	9 章
Abaclat v. Argentina, Decision (2011)	Abaclat and Others v. Argentine Republic, ICSID Case No. ARB/07/5	Decision on Jurisdiction and Admissibility dated 4 August 2011	9 章
Aboukhalil c. Sénégal, Award (2019)	Ibrahim Aboukhalil c. Sénégal	Award dated 24 October 2019	9 章

ADM v. Mexico, Award (2007)	Archer Daniels Midland Company and Tate & Lyle Ingredients Americas, Inc. v. The United Mexican States, ICSID Case No. ARB (AF)/04/5	Award dated 21 November 2007	10章
Al Tamimi v. Oman, Submission (2014)	Adel A Hamadi Al Tamimi v. Sultanate of Oman, ICSID Case No. ARB/11/33	Submission of the United States of America dated 22 September 2014	8章
Al-Bahloul v. Tajikistan, Partial Award (2009)	Mohammad Ammar Al-Bahloul v. The Republic of Tajikistan, SCC Case No. V (064/2008)	Partial Award on Jurisdiction and Liability dated 2 September 2009	9章
Alps v. Slovakia, Award (2011)	Alps Finance and Trade AG v. The Slovak Republic, UNCITRAL	Award dated 5 March 2011	9章
Al-Warraq v. Indonesia, Final Award (2014)	Hesham T. M. Al Warraq v. Republic of Indonesia, UNCITRAL	Final Award dated 15 December 2014	9章
Ambiente Ufficio v. Argentina, Decision (2013)	Ambiente Ufficio S.p.A. and others v. Argentine Republic, ICSID Case No. ARB/08/9	Decision on Jurisdiction and Admissibility dated 8 February 2013	9章
Amco v. Indonesia, Decision (1986)	Amco Asia Corporation and others v. Republic of Indonesia, ICSID Case No. ARB/81/1	Ad hoc Committee Decision on the Application for Annulment - 16 May 1986	10章

Ampal v. Egypt, Decision (2016)	Ampal-American Israel Corporation and others v. Arab Republic of Egypt, ICSID Case No. ARB/12/11	Decision on Jurisdiction dated 1 February 2016	9章
AMT v. Zaire, Award (1997)	American Manufacturing & Trading, Inc. v. Republic of Zaire, ICSID Case No. ARB/93/1	Award dated 21 February 1997	9章
Ansung Housing v. China, Award (2017)	Ansung Housing Co., Ltd. v. People's Republic of China, ICSID Case No. ARB/14/25	Award dated 9 March 2017	10章
Apotex Holdings v. USA, Award (2014)	Apotex Holdings Inc. and Apotex Inc. v. United States of America, ICSID Case No. ARB(AF)/12/1	Award dated 25 August 2014	9章
Arif v. Moldova, Award (2013)	Mr. Franck Charles Arif v. Republic of Moldova, ICSID Case No. ARB/11/23	Award dated 8 April 2013	10章
Azurix v. Argentina, Decision (2003)	Azurix Corp. v. The Argentine Republic, ICSID Case No. ARB/01/12	Decision on Jurisdiction dated 8 December 2003	9章
Ballantine v. Dominican Republic, Award (2019)	Michael Ballantine and Lisa Ballantine v. The Dominican Republic, PCA Case No. 2016-17	Final Award dated 3 September 2019	9章
Bau v. Thailand, Award (2009)	Werner Schneider, acting in his capacity as insolvency administrator of Walter Bau Ag (In Liquidation) v. Kingdom of Thailand, UNCITRAL	Award dated 1 July 2009	9章

国際経済紛争解決手続法

Bear Creek Mining v. Peru, Submission (2016)	Bear Creek Mining Corporation v. Republic of Peru, ICSID Case No. ARB/14/21	Submission of Canada Pursuant to Article 832 of the Canada-Peru Free Trade Agreement dated 9 June 2016	8章
Belokon v. Kyrgiz Republic, Award (2014)	Valeri Belokon v. Kyrgyz Republic, UNCITRAL	Award dated 24 October 2014	9章
Benvenuti & Bonfant v. Congo, Award (1980)	S.A.R.L. Benvenuti & Bonfant v. People's Republic of the Congo, ICSID Case No. ARB/77/2	Award dated 8 August 1980	10章
Berschader v. Russia, Award (2006)	Vladimir Berschader and Moïse Berschader v. The Russian Federation, SCC Case No. 080/2004	Award dated 21 April 2006	9章
Biwater Gauff v. Tanzania, Award (2008)	Biwater Gauff (Tanzania) Ltd. v. United Republic of Tanzania, ICSID Case No. ARB/05/22	Award dated 24 July 2008	9章
Blue Bank v. Venezuela, Award (2017)	Blue Bank International & Trust (Barbados) Ltd. v. Bolivarian Republic of Venezuela, ICSID Case No. ARB 12/20	Award dated 26 April 2017	9章

Blue Bank v. Venezuela, Decision (2013)	Blue Bank International & Trust (Barbados) Ltd. v. Bolivarian Republic of Venezuela, ICSID Case No. ARB 12/20	Decision on the Parties' Proposals to Disqualify a Majority of the Tribunal dated 12 December 2013	8章
BSG Resources v. Guinea, Decision (2016)	BSG Resources Limited, BSG Resources (Guinea) Limited and BSG Resources (Guinea) Sarl v. Republic of Guinea, ICSID Case No. ARB/14/22	Decision on the Proposal to Disqualify All Members of the Arbitral Tribunal dated 28 December 2016	8章
Burlington v. Ecuador, Decision on Reconsideration and Award (2017)	Burlington Resources Inc. v. Republic of Ecuador, ICSID Case No. ARB/08/5	Decision on Reconsideration and Award dated 7 February 2017	10章
CAA and Vivendi v. Argentina, Decision (2005)	Compañiá de Aguas del Aconquija S.A. and Vivendi Universal S.A. v. Argentine Republic, ICSID Case No. ARB/97/3	Decision on Jurisdiction dated 14 November 2005	9章
Cairn v. India, Award (2020)	Cairn Energy PLC and Cairn UK Holdings Limited (CUHL) v. Government of India, PCA Case No. 2016-7	Final Award dated 21 December 2020	9章

国際経済紛争解決手続法

Canfor v. USA, Tembec v. USA and Terminal Forest v. USA, Order (2005)	Canfor Corporation v. United States of America; Tembec et al. v. United States of America; Terminal Forest Products Ltd. v. United States of America, UNCITRAL	Order of the Consolidation Tribunal dated 7 September 2005	9章
Çap v. Turkmenistan, Decision (2015)	Muhammet Çap & Sehil In_aat Endustri ve Ticaret Ltd. Sti. v. Turkmenistan, ICSID Case No. ARB/12/6	Decision on Respondent's Objection to Jurisdiction under Article VII(2) dated 13 February 2015	9章
Capital Financial Holdings c. Cameroun, Sentence (2017)	Capital Financial Holdings Luxembourg SA c. République du Cameroun, ICSID Case No. ARB/15/18	Sentence du 22 juin 2017	9章
Cavalum v. Spain, Decision (2022)	Cavalum SGPS, S.A. v. Kingdom of Spain, ICSID Case No. ARB/15/34	Decision on the Kingdom of Spain's Request for Reconsideration dated 10 January 2022	9章
CEF Energia v. Italy, Award (2019)	CEF Energia BV v. Italian Republic, SCC Case No. 158/2015	Award dated 16 January 2019	10章
Cementownia 'Nowa Huta' v Turkey, Award (2009)	Cementownia "Nowa Huta" S.A. v. Republic of Turkey, ICSID Case No. ARB(AF)/06/2	Award dated 17 September 2009	10章

Champion Trading and Wahba v. Egypt, Decision (2003)	Champion Trading Company, Ameritrade International, Inc. v. Arab Republic of Egypt, ICSID Case No. ARB/02/9	Decision on Jurisdiction dated 21 October 2003	9章
Chevron v. Ecuador, Interim Award (2008)	Chevron Corporation (USA) and Texaco Petroleum Company (USA) v. The Republic of Ecuador, UNCITRAL, PCA Case No. 34877	Interim Award dated 1 December 2008	9章
Churchill Mining v. Indonesia, Award (2016)	Churchill Mining PLC and Planet Mining Pty Ltd v. Republic of Indonesia, ICSID Case No. ARB/12/14 and 12/40	Award dated 6 December 2016	9章
City Oriente v. Ecuador, Decision (2008)	City Oriente Limited v. Republic of Ecuador and Empresa Estatal Petróleos del Ecuador, ICSID Case No. ARB/06/21	Decision on Revocation of Provisional Measures and Other Procedural Matters dated 13 May 2008	9章
CME v. Czech Republic, Partial Award (2001)	CME Czech Republic B.V. v. The Czech Republic, UNCITRAL	Partial Award dated 13 September 2001	9章
CMS v. Argentina, Award (2005)	CMS Gas Transmission Company v. The Republic of Argentina, ICSID Case No. ARB/01/8	Award dated 12 May 2005	10章

国際経済紛争解決手続法

Corn Products v. Mexico and Archar Daniels v. Mexico, Order (2005)	Corn Products International, Inc. v. United Mexican States, ICSID Case No. ARB (AF)/04/1	Order of the Consolidation Tribunal dated 20 May 2005	9章
Dede v. Romania, Decision (2013)	Ömer Dede and Serdar Elhüseyni v. Romania, ICSID Case No. ARB/10/22	Award dated 5 September 2013	9章
Deutsche Telekom v. India, Final Award (2020)	Deutsche Telekom v. India, PCA Case No. 2014-10	Final Award dated 27 May 2020	9章
Duke Energy v. Ecuador, Award (2008)	Duke Energy Electroquil Partners & Electroquil S.A. v. Republic of Ecuador, ICSID Case No. ARB/04/19	Award dated 18 August 2008	9章
Eiser v. Spain, Judgment (2020)	Eiser Infrastructure Limited and Energía Solar Luxembourg S.à r.l. v. Kingdom of Spain, ICSID Case No. ARB/13/36	Judgment of the Federal Court of Australia [2020] FCA 157	10章
El Paso v. Argentina, Decision (2006)	El Paso Energy International Company v. The Argentine Republic, ICSID Case No. ARB/03/15	Decision on Jurisdiction dated 27 April 2006	9章
Elsamex c. Honduras, Laudo (2012)	Elsamex, S.A. c. la República de Honduras, ICSID Case No. ARB/09/4	Laudo de 16 de noviembre de 2012	9章

Elsamex y Honduras, Decisión (2014)	Elsamex, S.A. v. Republic of Honduras, ICSID Case No. ARB/09/4	Decisión sobre la excepción preliminar de Elsamex S.A. contra la solicitud de anulación del laudo presentada por la República de Honduras	9章
Enkev v. Poland, First Partial Award (2014)	Enkev Beheer B.V. v. Republic of Poland, PCA Case No. 2013-01	First Partial Award dated 29 April 2014	9章
Enron v. Argentina, Decision (2004)	Enron Corporation and Ponderosa Assets, L.P. v. Argentine Republic, ICSID Case No. ARB/01/3	Decision on Jurisdiction dated 14 January 2004	9章
EURAM Bank v. Slovakia, Award on Jurisdiction (2012)	EURAM v. The Slovak Republic, UNCITRAL	Award on Jurisdiction dated 22 October 2012	8章
Europe Cement v Turkey, Award (2009)	Europe Cement Investment & Trade S.A. v. Republic of Turkey, ICSID Case No. ARB(AF)/07/2	Award dated 13 August 2009	10章
Fábrica de Vidrios Los Andes v. Venezuela, Award (2017)	Fábrica de Vidrios Los Andes, C.A. and Owens-Illinois de Venezuela, C.A. v. Bolivarian Republic of Venezuela, ICSID Case No. ARB/12/21	Award dated 13 November 2017	9章

国際経済紛争解決手続法

Feldman v. Mexico, Decision (2000)	Marvin Roy Feldman Karpa v. United Mexican States, ICSID Case No. ARB(AF)/99/1	Interim Decision on Preliminary Jurisdictional Issues dated 6 December 2000	9章
Flughafen Zürich v. Venezuela, Decisión (2012)	Flughafen Zürich A.G. and Gestión e Ingenería IDC S.A. v. Bolivarian Republic of Venezuela, ICSID Case No. ARB/10/19	Decisión sobre la inhabilitacion del Sr. Ricover como experto en este procedimiento, sobre la exclusión del Informe Ricover-Winograd y sobre la Peticion Documental	8章
Fraiz y. Venezuela, Laudo (2022)	Fernando Fraiz Trapote y. República Bolivariana de Venezuela, PCA Case No. AA737	Laudo de 31 de enero de 2022	9章
Fraport v. Philippines, Award (2014)	Fraport AG Frankfurt Airport Services Worldwide v. Republic of the Philippines, ICSID Case No. ARB/11/12	Award dated 10 December 2014	9章
Generation Ukraine v. Ukraine, Award (2003)	Generation Ukraine, Inc. v. Ukraine, ICSID Case No. ARB/00/9	Award dated 16 September 2003	9章
Goetz c. Burundi, Sentence (2012)	Antoine Goetz et autres c. République du Burundi	Sentence du 21 juin 2012	9章

Gran Colombia v. Colombia, Procedural Order No. 11 (2021)	Gran Colombia Gold Corp. v. Republic of Colombia, ICSID Case No. ARB/18/2	Procedural Order No. 1 dated 24 June 2019	9章
Grymberg and RSM v. Grenada, Award (2010)	RSM Production Corporation and others v. Grenada, ICSID Case No. ARB/10/6	Award dated 10 December 2010	9章
Heemsen y Venezuela, Laudo (2019)	Enrique Heemsen y Jorge Heemsen c. República Bolivariana de Venezuela, PCA Case No. 2017-18	Laudo de Jurisdicción de fecha 29 de octubre de 2019	9章
HEP v. Slovenia, Tribunal's Ruling (2008)	Hrvatska Elektroprivreda d.d. v. Republic of Slovenia, ICSID Case No. ARB/05/24	Tribunal's Ruling regarding the participation of David Mildon QC in further stages of the proceedings dated 6 May 2008	8章
Herzig (Unionmatex) v. Turkmenistan, Decision (2020)	Dirk Herzig as Insolvency Administrator over the Assets of Unionmatex Industrieanlagen GmbH v. Turkmenistan, ICSID Case No. ARB/18/35	Decision on Security for Costs dated 27 January 2020	9章
Hochtief v. Argentina, Decision (2011)	Hochtief AG v. The Argentine Republic, ICSID Case No. ARB/07/31	Decision on Jurisdiction dated 24 October 2011	9章

国際経済紛争解決手続法

Hulley v. Russia, Veteran v. Russia and Yukos v. Russia, Final Award (2014)	Hulley Enterprises Limited (Cyprus) v. The Russian Federation, UNCITRAL, PCA Case No. 2005-03/AA226	Final Award dated 18 July 2014	9章
Hulley v. Russia, Veteran v. Russia and Yukos v. Russia, Final Award (2014)	Veteran Petroleum Limited (Cyprus) v. The Russian Federation, UNCITRAL, PCA Case No. 2005-05/AA228	Final Award dated 18 July 2014	9章
Hulley v. Russia, Veteran v. Russia and Yukos v. Russia, Final Award (2014)	Yukos Universal Limited (Isle of Man) v. The Russian Federation, UNCITRAL, PCA Case No. 2005-04/AA227	Final Award dated 18 July 2014	9章
Iberdrola v. Guatemala, Final Award (2020)	Iberdrola Energía S.A. v. Republic of Guatemala, ICSID Case No. ARB/09/5	Final Award dated 24 August 2020	9章
ICS v. Argentina, Award (2012)	ICS Inspection and Control Services Limited (United Kingdom) v. The Republic of Argentina, UNCITRAL, PCA Case No. 2010-9	Award on Jurisdiction dated 10 February 2012	9章

InfraRed v. Spain, Decision (2021)	InfraRed Environmental Infrastructure GP Limited and others v. Kingdom of Spain, ICSID Case No. ARB/14/12	Decision on Claimants' Objection under ICSID Rule 41(5) to Respondent's Application for Revision dated 8 March 2021	9章
Invesmart v. Czech Republic, Award (2009)	Invesmart v. Czech Republic, UNCITRAL	Award dated 26 June 2009	9章
Kim v. Uzbekistan, Decision (2017)	Vladislav Kim, Pavel Borissov, Aibar Burkitbayev and others v. Republic of Uzbekistan, ICSID Case No. ARB/13/6	Decision on Jurisdiction dated 8 March 2017	9章
Kirghizstan c. Belokon パリ 控訴院判決 (2017)	République kirghize c. Valeri Belokon	Arrêt de la cour d'appel de Paris du 21 février 2017	9章
Klöckner v. Cameroon, Decision (1985)	Klöckner Industrie-Anlagen GmbH and others v. United Republic of Cameroon and Société Camerounaise des Engrais, ICSID Case No. ARB/81/2	Ad hoc Committee Decision on Annulment	10章
Komaksavia v. Moldova, Award (2020)	Komaksavia Airport Invest Ltd. v. Republic of Moldova, SCC EA 2020/130	Emergency Award on Interim Measures dated 2 August 2020	9章

国際経済紛争解決手続法

Krederi v. Ukraine, Award (2018)	Krederi Ltd. v. Ukraine, ICSID Case No. ARB/14/17	Award dated 2 July 2018	9章
Lauder v. Czech Republic, Final Award (2001)	Ronald S. Lauder v. The Czech Republic, UNCITRAL	Final Award dated 3 September 2001	9章
LESI-Dipenta c. Algérie, Sentence (2005)	Consortium Groupement L.E.S.I.- DIPENTA c. République algérienne démocratique et populaire, ICSID Case No. ARB/03/08	Sentence du 10 janvier 2005	9章
LETCO v. Liberia	Liberian Eastern Timber Corporation v. Republic of Liberia, ICSID Case No. ARB/83/2	Judgment of the US District Court for Southern District of New York - 12 Dec 1986	10章
Levy v. Peru, Award (2015)	Renée Rose Levy and Gremcitel S.A. v. Republic of Peru, ICSID Case No. ARB/11/17	Award dated 9 January 2015	9章
LG&E v. Argentina, Decision (2004)	LG&E Energy Corp., LG&E Capital Corp., and LG&E International, Inc .v. Argentine Republic, ICSID Case No. ARB/02/1	Decision of the Arbitral Tribunal on Objections to Jurisdiction dated 30 April 2004	9章
LG&E v. Argentina, Award (2007)	LG&E Energy Corp., LG&E Capital Corp., and LG&E International, Inc .v. Argentine Republic, ICSID Case No. ARB/02/1	Award dated 25 July 2007	10章

Littop v. Ukraine, Award (2021)	Littop Enterprises Limited, Bridgemont Ventures Limited and Bordo Management Limited v. Ukraine, SCC Case No. V 2015/092	Award dated 4 February 2021	9 章
Lotus v. Turkmenistan, Award (2020)	Lotus Holding Anonim Şirketi v. Turkmenistan, ICSID Case No. ARB/17/30	Award dated 6 April 2020	9 章
Lucchetti v. Peru, Award (2005)	Empresas Lucchetti, S.A. and Lucchetti Peru, S.A. v. The Republic of Peru, ICSID Case No. ARB/03/4	Award dated 7 February 2005	9 章
Lucchetti v. Peru, Decision (annulment) (2007)	Empresas Lucchetti, S.A. and Lucchetti Peru, S.A. v. The Republic of Peru, ICSID Case No. ARB/03/4	Decision on Annulment dated 5 September 2007	9 章
Mabco v. Kosovo, Decision (2020)	Mabco Constructions SA v. Republic of Kosovo, ICSID Case No. ARB/17/25	Decision on Jurisdiction dated 30 October 2020	9 章
Maffezini y España, Decisión (2000)	Emilio Agustín Maffezini y. El Reino de España, ICSID Case No. ARB/97/7	Decisión del Tribunal sobre Excepciones a la Jurisdicción del 25 de enero de 2000	9 章
Maiman v. Egypt	Mr. Yosef Maiman and Others v. Egypt, UNCITRAL		9 章
Mainstream v. Germany, Decision (2022)	Mainstream Renewable Power Ltd and others v. Federal Republic of Germany, ICSID Case No. ARB/21/26	Rule 41(5) Decision dated 18 January 2022	9 章

国際経済紛争解決手続法

Malaysian Historical Salvors v. Malaysia, Decision (annulment) (2009)	Malaysian Historical Salvors, SDN, BHD v. The Government of Malaysia, ICSID Case No. ARB/05/10	Decision on the Application for Annulment dated 16 April 2009	9章
Manuel García Armas y Venezuela, Laudo (2019)	Domingo García Armas, Manuel García Armas, Pedro García Armas y otros c. República Bolivariana de Venezuela, PCA Case No. 2016-08	Laudo sobre Jurisdicción de fecha 13 de diciembre de 2019	9章
Masdar v. Spain, Award (2018)	Masdar Solar & Wind Cooperatief U.A. v. Kingdom of Spain, ICSID Case No. ARB/14/1	Award dated 16 May 2018	9章
MCI v. Ecuador, Decision (2009)	M.C.I. Power Group L.C. and New Turbine, Inc. v. Republic of Ecuador, ICSID Case No. ARB/03/6	Decision on Annulment dated 19 October 2009	10章
Metal-Tech v. Uzbekistan, Award (2013)	Metal-Tech Ltd. v. Republic of Uzbekistan, ICSID Case No. ARB/10/3	Award dated 4 October 2013	9章
Methanex v. USA, Final Award (2005)	Methanex Corporation v. United States of America, UNCITRAL	Final Award of the Tribunal on Jurisdiction and Merits dated 3 August 2005	9章

Micula v. Romania, Decision (2008)	Ioan Micula, Viorel Micula, S.C. European Food S.A, S.C. Starmill S.R.L. and S.C. Multipack S.R.L. v. Romania [I], ICSID Case No. ARB/05/20	Decision on Jurisdiction and Admissibility dated 24 September 2008	9 章
Min v. Republic of Korea, Decision (2021)	Fengzhen Min v. Republic of Korea, ICSID Case No. ARB/20/26	Decision on the Respondent's preliminary objections pursuant to ICSID Arbitration Rule 41(5) dated 18 June 2021	9 章
MOL v. Croatia, Decision (2014)	MOL Hungarian Oil and Gas Company Plc v. Republic of Croatia, ICSID Case No. ARB/13/32	Decision on Respondent's Application under ICSID Arbitration Rule 41(5) dated 2 December 2014	9 章
MTD v. Chile, Decision (2007)	MTD Equity Sdn. Bhd. and MTD Chile S.A. v. Republic of Chile, ICSID Case No. ARB/01/7	Decision on Annulment dated 21 March 2007	10 章
Munshi v. Mongolia, Award (2018)	Mohammed Munshi v. Mongolia, SCC CASE No. 2018/007	Award on Emergency Measures dated 5 February 2018	9 章
Nissan v. India, Decision (2019)	Nissan Motor Co., Ltd. v. Republic of India, PCA Case No. 2017-37	Decision on Jurisdiction dated 29 April 2019	9 章

国際経済紛争解決手続法

Nordzucker v. Poland, Partial Award (2008)	Nordzucker v. Poland, UNCITRAL	Partial Award (Jurisdiction) dated 10 December 2008	9章
Occidental Exploration v. Ecuador, Final Award (2004)	Occidental Exploration and Production Company v. The Republic of Ecuador, LCIA Case No. UN3467	Final Award dated 1 July 2004	9章
OIEG v. Venezuela, Decision (2018)	OI European Group B.V. v. Bolivarian Republic of Venezuela, ICSID Case No. ARB/11/25	Decision on Application for Annulment dated 6 December 2018	10章
Olguín c. Paraguay, Laudo (2001)	Eudoro Armando Olguín c. República del Paraguay	Laudo de 26 de julio de 2001	9章
Orascom v. Algeria, Award (2017)	Orascom TMT Investments S.à r.l. v. People's Democratic Republic of Algeria, ICSID Case No. ARB/12/35	Award dated 31 May 2017	9章
Orascom v. Algeria, Award (2017)	Orascom TMT Investments S.à r.l. v. People's Democratic Republic of Algeria, ICSID Case No. ARB/12/35	Award dated 31 May 2017	9章
OTH v. Algeria, Award (2015)	Orascom Telelcom Holding v. Algeria, UNCITRAL	Award on Agreed Terms dated 12 March 2015	9章
Oxus Gold v. Uzbekistan, Final Award (2015)	Oxus Gold v. Republic of Uzbekistan, UNCITRAL	Final Award dated 17 December 2015	9章

Pac Rim Cayman v. El Salvador, Decision (2012)	Pac Rim Cayman LLC v. Republic of El Salvador, ICSID Case No. ARB/09/12	Decision on the Respondent's Jurisdictional Objections dated 1 June 2012	9 章
Pan American v. Argentina, Decision (2006)	Pan American Energy LLC and BP Argentina Exploration Company v. The Argentine Republic, ICSID Case No. ARB/03/13	Decision on Preliminary Objections dated 27 July 2006	9 章
Pantechniki v. Albania, Award (2009)	Pantechniki S.A. Contractors & Engineers (Greece) v. The Republic of Albania, ICSID Case No. ARB/07/21	Award dated 30 July 2009	9 章
Paushok v. Mongolia, Order (2008)	Sergei Paushok, CJSC Golden East Company and CJSC Vostokneftegaz Company v. The Government of Mongolia, UNCITRAL	Order on Interim Measures dated 2 September 2008	9 章
Perenco v. Ecuador, Decision (2009)	Perenco Ecuador Ltd. v. Republic of Ecuador and Empresa Estatal Petróleos del Ecuador (Petroecuador), ICSID Case No. ARB/08/6	Decision on Provisional Measures dated 8 May 2009	9 章
Petrobart v. Kyrgys Republic, Award (2005)	Petrobart Limited v. The Kyrgyz Republic, Arbitral Award	Award dated 29 March 2005	9 章

Pey Casado c. Chili, Décision (2001)	Víctor Pey Casado y Fundación Presidente Allende c. República de Chile	Decisión sobre la Adopción de Medidas Provisionales Solicitadas por las Partes	9章
Philip Morris v. Australia, Award (2015)	Philip Morris Asia Limited v. The Commonwealth of Australia, UNCITRAL, PCA Case No. 2012-12	Award on Jurisdiction and Admissibility dated 17 December 2015	9章
Philip Morris v. Australia, Procedural Order No. 8 (2014)	Philip Morris Asia Limited v. The Commonwealth of Australia, UNCITRAL, PCA Case No. 2012-12	Procedural Order No. 8 (redacted) dated 14 April 2014	9章
Phoenix v. Czech Republic, Award (2009)	Phoenix Action, Ltd. v. The Czech Republic, ICSID Case No. ARB/06/5	Award dated 15 April 2009	9章
Plama v. Bulgaria, Decision (2005)	Plama Consortium Limited v. Republic of Bulgaria, ICSID Case No. ARB/03/24	Decision on Jurisdiction dated 8 February 2005	9章
Plama v. Bulgaria, Award (2008)	Plama Consortium Limited v. Republic of Bulgaria, ICSID Case No. ARB/03/24	Award dated 27 August 2008	9章
Planet Mining v. Indonesia, Decision (2014)	Churchill Mining PLC and Planet Mining Pty Ltd v. Republic of Indonesia, ICSID Case No. ARB/12/14 and 12/40	Decision on Jurisdiction dated 24 February 2014	9章

Poštová Banka v. Greece, Award (2015)	Poštová Banka, a.s. and ISTROKAPITAL SE v. Hellenic Republic, ICSID Case No. ARB/13/8	Award dated 9 April 2015	9章
Rawat v. Mauritius, Award (2018)	Dawood Rawat v. The Republic of Mauritius, PCA Case 2016-20	Award on Jurisdiction dated 6 April 2018	9章
Renta 4 v. Russia, Award (2009)	Renta 4 S.V.S.A, Ahorro Corporación Emergentes F.I., Ahorro Corporación Eurofondo F.I., Rovime Inversiones SICAV S.A., Quasar de Valors SICAV S.A., Orgor de Valores SICAV S.A., GBI 9000 SICAV S.A. v. The Russian Federation, SCC No. 24/2007	Award on Preliminary Objections dated 20 March 2009	9章
RFCC c. Maroc, Décision (2001)	Consortium RFCC c. Royaume du Maroc, ICSID Case No. ARB/00/6	Décision sur la Compétence du 16 juillet 2001	9章
Rios c. Chile, Laudo (2021)	Carlos Ríos y Francisco Ríos c. República de Chile, ICSID Case No. ARB/17/16	Laudo de 11 de enero de 2021	9章
Rompetrol v. Romania, Award (2013)	The Rompetrol Group N.V. v. Romania, ICSID Case No. ARB/06/3	Award dated 6 May 2013	9章
Roussalis v. Romania, Award (2011)	Spyridon Roussalis v. Romania, ICSID Case No. ARB/06/1	Award dated 7 December 2011	9章

RREEF v. Spain, Decision (2018)	RREEF Infrastructure (G.P.) Limited and RREEF Pan-European Infrastructure Two Lux S.à r.l. v. Kingdom of Spain, ICSID Case No. ARB/13/30	Decision on Responsibility and on the Principles of Quantum dated 30 November 2018	9章
RSM v. Grenada, Award (2009)	RSM Production Corporation v. Grenada, ICSID Case No. ARB/05/14	Award dated 13 March 2009	9章
RSM v. Saint Lucia, Decision (2015)	RSM Production Corporation v. Saint Lucia, ICSID Case No. ARB/12/10	Decision on Saint Lucia's Request for Provisional Measures dated 12 December 2013	9章
Rusoro c. Venezuela フランス破毀院判決 (2021)	Rusoro Mining Ltd. c. République bolivarienne du Venezuela, ICSID Case No. ARB(AF)/12/5	Arrêt de la Cour de cassation française du 31 mars 2021	9章
S.D. Myers v. Canada, Partial Award (2000)	S.D. Myers, Inc. v. Government of Canada, UNCITRAL	Partial Award dated 13 November 2000	8章
Saipem v. Bangladesh, Decision (2007)	Saipem S.p.A. v. The People's Republic of Bangladesh, ICSID Case No. ARB/05/07	Decision on Jurisdiction and Recommendation on Provisional Measures dated 21 March 2007	9章
Salini Costruttori c. Maroc, Décision (2001)	Salini Costruttori SpA et Italstrade SpA c. Royaume du Maroc [I], ICSID Case No. ARB/00/4	Décision sur la compétence du 23 juillet 2001	9章

Saluka v. Czech Republic, Decision (2004)	Saluka Investments B.V. v. The Czech Republic, UNCITRAL	Decision on Jurisdiction over the Czech Republic's Counterclaim dated 7 May 2004	9章
Saluka v. Czech Republic, Partial Award (2006)	Saluka Investments B.V. v. The Czech Republic, UNCITRAL	Partial Award dated 17 March 2006	9章
Sénégal c. Aboukhalil パリ控訴院判決 (2021)	Ibrahim Abou Khalil c. Senegal, UNCITRAL	Arrêt de la Cour d'appel de Paris du 12 octobre 2021	9章
Serafín García Armas y Venezuela, Decisión (2014)	Serafín García Armas y Karina García Gruber y. República Bolivariana de Venezuela, PCA Case No. 2013-3	Decisión sobre Jurisdicción del 15 de diciembre de 2014	9章
SGS v. Philippines, Decision (2004)	SGS Société Générale de Surveillance S.A. v. Republic of the Philippines, ICSID Case No. ARB/02/6	Decision of the Tribunal on Objections to Jurisdiction dated 29 January 2004	9章
Standard Chartered Bank v. Tanzania, Award (2019)	Standard Chartered Bank (Hong Kong) Limited v. United Republic of Tanzania, ICSID Case No. ARB/15/41	Award dated 11 Oct 2019	9章
Strabag v. Libya, Award (2020)	Strabag SE v. Libya, ICSID Case No. ARB(AF)/15/1	Award dated 29 June 2020	9章

Suez v. Argentina and AWG v. Argentina, Decision (2010)	Suez, Sociedad General de Aguas de Barcelona S.A., and InterAguas Servicios Integrales del Agua S.A. v. The Argentine Republic, ICSID Case No. ARB/03/17	Decision on Liability dated 30 July 2010	9章
Sumrain v. Kuwait, Procedural Order No. 2 (2021)	Ayat Nizar Raja Sumrain and others v. State of Kuwait, ICSID Case No. ARB/19/20	Procedural Order No. 2 dated 1 February 2021	9章
Supervisión y Control v. Costa Rica, Award (2017)	Supervisión y Control S.A. v. Republic of Costa Rica, ICSID Case No. ARB/12/4	Award dated 18 January 2017	9章
TECO v. Guatemala, Decision (2016)	TECO Guatemala Holdings, LLC v. Republic of Guatemala, ICSID Case No. ARB/10/23	Decision on Annulment dated 5 April 2016	10章
Teinver v. Argentina, Decision (2012)	Teinver S.A., Transportes de Cercanías S.A. and Autobuses Urbanos del Sur S.A. v. The Argentine Republic, ICSID Case No. ARB/09/1	Decision on Jurisdiction dated 21 December 2012	9章
Tenaris and Talta v. Venezuela, Award (2016)	Tenaris S.A. and Talta - Trading e Marketing Sociedade Unipessoal Lda. v. Bolivarian Republic of Venezuela, ICSID Case No. ARB/12/23	Award dated 12 December 2016	9章

Tethyan v. Pakistan, Decision (2017)	Tethyan Copper Company Pty Limited v. Islamic Republic of Pakistan, ICSID Case No. ARB/12/1	Decision on Jurisdiction and Liability dated 10 November 2017	9 章
Tethyan Copper v. Pakistan, Award (2019)	Tethyan Copper Company Pty Limited v. Islamic Republic of Pakistan, ICSID Case No. ARB/12/1	Award dated 12 July 2019	10 章
Tidewater v. Venezuela, Decision (2016)	Tidewater Inc., Tidewater Investment SRL, Tidewater Caribe, C.A., et al. v. The Bolivarian Republic of Venezuela, ICSID Case No. ARB/10/5	Decision on Annulment dated 27 December 2016	10 章
Tokios Tokelės v. Ukraine, Decision (2004)	Tokios Tokelės v. Ukraine, ICSID Case No. ARB/02/18	Decision on Jurisdiction dated 29 April 2004	9 章
Transban v. Venezuela, Award (2017)	Transban Investments Corp. v. Bolivarian Republic of Venezuela, ICSID Case No. ARB/12/24	Award dated 22 November 2017 (English)	9 章
Transglobal v. Panama, Award (2016)	Transglobal Green Energy, LLC and Transglobal Green Energy de Panama, S.A. v. The Republic of Panama, ICSID Case No. ARB/13/28	Award dated 2 June 2016	9 章
Tulip Real Estate v. Turkey, Decision (2015)	Tulip Real Estate and Development Netherlands B.V. v. Republic of Turkey, ICSID Case No. ARB/11/28	Decision on Annulment dated 30 December 2015	10 章

国際経済紛争解決手続法

Urbaser v. Argentina, Decision (2012)	Urbaser S.A. and Consorcio de Aguas Bilbao Bizkaia, Bilbao Biskaia Ur Partzuergoa v. The Argentine Republic, ICSID Case No. ARB/07/26	Decision on Jurisdiction dated 19 December 2012	9章
Urbaser v. Argentina, Award (2016)	Urbaser S.A. and Consorcio de Aguas Bilbao Bizkaia, Bilbao Biskaia Ur Partzuergoa v. The Argentine Republic, ICSID Case No. ARB/07/26	Award dated 8 December 2016	9章
Uzan v. Turkey, Award (2016)	Cem Cengiz Uzan v. Republic of Turkey, SCC Case No. V 2014/023	Award dated 20 April 2016	10章
Venoklim c. Venezuela, Laudo (2015)	Venoklim Holding BV c. República Bolivariana de Venezuela, ICSID Case No. ARB/12/22	Laudo de 3 de abril de 2015	9章
Vivendi v. Argentina (I), Decision (2002)	Compañiá de Aguas del Aconquija S.A. and Vivendi Universal S.A. v. Argentine Republic, ICSID Case No. ARB/97/3	Decision on Annulment dated 3 July 2002	10章
von Pezold v. Zimbabwe, Award (2015)	Bernhard von Pezold and Others v. Republic of Zimbabwe, ICSID Case No. ARB/10/15	Award datcd 28 July 2015	9章

Waste Management v. USA, Decision (2002)	Waste Management, Inc. v. United Mexican States ("Number 2"), ICSID Case No. ARB(AF)/00/3	Mexico's Preliminary Objection concerning the Previous Proceedings, Decision of the Tribunal dated 26 June 2002	9章
Wena v. Egypt, Decision (2002)	Wena Hotels Ltd. v. Arab Republic of Egypt, ICSID Case No. ARB/98/4	Decision (Annulment Proceeding) dated 5 February 2002	10章
Wena Hotels v. Egypt, Decision (2005)	Wena Hotels Ltd. v. Arab Republic of Egypt, ICSID Case No. ARB/98/4	Decision on the Application by Wena Hotels Ltd. for Interpretation of the Arbitral Award dated 31 October 2005	10章
Westmoreland Mining Holdings v. Canada, Procedural Order No. 1 (2020)	Westmoreland Coal Company v. Government of Canada, ICSID Case No. UNCT/20/3	Procedural Order No. 1 dated 22 April 2020	9章
World Duty Free v. Kenya, Award (2006)	World Duty Free Company v Republic of Kenya, ICSID Case No. Arb/00/7	Award dated 4 October 2006	9章

国際経済紛争解決手続法

索引

英字

AfCFTA 198

CJEU 195

CPTPP 197, 198, 223, 245, 292, 316

de novo review 91

DSU 21 条 3 項 c 号に基づく

　仲裁手続 115

DSU 22 条 6 項仲裁 122

DSU 25 条仲裁 178

DSU 改革 178, 184

fork-in-the-road 202

ICSID 32, 224

ICSID 事務局（長） 234, 250, 251

ICSID 条約 226, 307, 312, 319,
　320, 321, 322, 323, 324, 325,
　326, 327, 328, 329, 330, 337

ICSID 仲裁 33, 223, 226,
　229, 231, 244, 248

ICSID 仲裁規則（2022） 225, 228,
　231, 239, 240, 241, 244, 248,
　307, 315, 316, 326, 327, 328, 329

ICSID 追加的措置 226

ICSID 追加的措置規則 228

ILO 199

ISDS 194

NAFTA 195, 197, 198, 200, 203,
　206, 210, 245, 264, 292, 332, 336

PCA 事務局 251

RCEP 197

RPT 114

RRLM 200

S・クラズナー 45

TPP(CPTPP) 197, 265, 316

UNCITRAL 仲裁 33, 223, 233,
　239, 241, 286, 298, 316

UNCITRAL 仲裁規則 225, 228, 230,
　233, 234, 239, 241, 282,
　286, 287, 290, 313, 315, 330

UNCITRAL 透明性規則 228

USMCA 195, 197, 198,
　199, 200, 203, 204

USTR 26, 28, 182, 183

winner/loser solution　10

あ行

あっせん、調停、仲介　140

後からの慣行　16, 18

アドホック仲裁　224

アミカス・キュリイ　245

アミカス・キュリエ・ブリーフ
　(*Amicus Curiae* Briefs)　93

「一応の（*prima facie*）推定」　19

一応有利な事件（*prima facie*
　case）　19, 72

一括受諾　125

逸失利益　309

違反申立　19

大矢根聡　46

か行

外交官の情緒　21

外交的解決　7

外交的保護　319, 335

外国仲裁判断の承認及び執行に
　ニューヨーク条約

外国投資家と投資受入国の間の

紛争解決
　環境保護　199, 206
　関税同盟　192, 207
　機関仲裁　224
　忌避　241
　協議　83, 138, 201, 204, 206

グランドバーゲン　125

グローバル・ガバナンス　42

クロス・リタリエーション　125

経済法規の可鍛性　11

「契約の国際法」理論　222

交渉　7

抗弁（affirmative defense）　73

国際コントロール　15, 24

国際商業会議所 (ICC)　225, 250

国際商事仲裁　33, 316

国際投資協定 (IIA)　29, 33, 257,
　258, 264, 267, 269,
　312, 319, 333, 334, 336

国際レジーム　42

国内裁判所　319, 320, 321,
　328, 330, 331

国連国際商取引法委員会
　（UNCITRAL）　225

国際経済紛争解決手続法

国家契約　　　　　　　　　　31

国家責任条文　　　　　307, 320

国家と他の国家の国民との間の

　投資紛争の解決に関する条約

　(ICSID 条約)　　　　　　226

個別意見　　　　　　　　　180

コンストラクティヴィズム　　49

さ行

差戻し制度　　　　　　　　175

暫定上訴仲裁制度　　28, 146, 152,

　　　　　　　　173, 179, 184

シークエンス問題　　　　　126

失格提案　　　　　　　　　231

実施確認手続　　　　　　　117

実施監視手続　　　　　　　116

実質的な会合　　　　　100, 102

実施のための妥当な期間　　114

司法的解決　7, 8, 22, 35, 70, 136

事務局　　　　　　　　　　249

周旋　　　　　　　　　　　　7

自由貿易協定　　　　　　　192

手段選択の自由　　　　　　7, 9

上級委員会　　　　　　　　193

上級委員会改革案　　　　　173

上級委員会問題　　　　　　128

上級委員の選定　　　　　　170

譲許その他の義務の適用の停止　121

常設投資裁判所　　　　　　34

上訴　　　　　　　　　　　205

上訴制度　　　　　　　　　196

状態申立　　　　　　　19, 76

証明責任　　　　　　　　　72

条約法条約　　　　　　　　320

除条約　　　　　　　　　　323

審査　　　　　　　　　　　　7

セーフガード　　　　　　　11

説明責任　　　　　　　　　164

先決的抗弁　　　　　　　　201

専門家パネル　　　　　　　207

相互主義　　　　　　　12, 122

相互に合意された解決　　　139

た行

対抗措置　　　　　　　　　120

第三国参加　　　　　　85, 93

代償　　　　　　　　　　　119

多数国間暫定上訴仲裁制度

(Multi-party Interim Appeal
Arbitration Arrangement)
　暫定上訴仲裁制度
多数国間投資条約　　　　222
たすき掛け　　　　　　　125
「多辺化」現象　　　　　14
仲裁人の開示と忌避　　　233
仲介　　　　　　　　　7, 200
仲裁　　　　　　　　　8, 142
仲裁裁判　　　　　　　　194
仲裁人　　　　　　　　　229
仲裁人の失格　　　　　　230
仲裁廷任命鑑定人　　　　240
仲裁費用　　　　　　312, 315
調停　　　　　　　　　7, 200
直接投資　　　　　　　　30
通商政策条項　　　　　　13
手続の公開　　　　　　　166
手続濫用　　　　　　　　309
投資協定仲裁　　　　29, 192
投資条項付き条約　　　　31
投資紛争解決国際センター
　ICSID　　　　　　　　224
同等性原則　　　　　　　122

透明性　　　　　　　　　164
ドーハラウンド　　　　　128
特別委員会　　　　　　　230
匿名性　　　　　　　　　181

な行
二国間投資条約 (BIT)　30, 222, 307
ニューヨーク条約　227, 321, 322,
　　　　　　　　　323, 330, 331
任命機関　　　　　　　　230
ネガティブ・コンセンサス　68, 117,
　　　　　　　　　　121, 164

は行
覇権安定論　　　　　　　44
パネル　　　　　　　196, 204
パネル設置要請　　　　　87
非違反申立　　　19, 20, 75, 76
非紛争当事者　　　　　　243
ヒュデック　　　　　　9, 22
紛争解決機関　　8, 21, 69, 93,
　　　　　　　　105, 110, 198
紛争解決の「内部化」　　13
紛争処理モラトリアム　　201

米国通商代表部（USTR）　　28, 182

法的三段論法　　71, 72

法的制度化（legalization）　　43

法務費用　　312, 313, 314, 315,
316, 317, 318, 329

ま行

マリンベルニ　　13

や行

山本吉宣　　46

ら行

リアリズム　　48

利益の無効化又は侵害　　12, 19,
75, 83, 122

リベラリズム　　48

レジーム・コンプレックス　　42

労働基準　　197, 206

わ行

割引キャッシュフロー
（DCF）法　　309, 310, 311

執筆者一覧

（〈 〉内は執筆章、執筆順）

柳 赫秀 〈第 1 章〉

和田 洋典（わだ ひろのり）〈第 2 章〉

現職：青山学院大学　国際政治経済学部　教授

最終学歴：一橋大学大学院　法学研究科　博士後期課程修了　博士（法学）

主要著作・論文：「日本における国際政治経済研究の特徴と課題」『国際政治』第 199 号（2020 年）110-122 頁；「対外経済上の「攻勢」のもつ潜在性――AIIB は多角主義と地域主義に何をもたらすか」『国際問題』第 649 号（2016 年）16-26 頁；『グローバル・ガバナンス学 II ――主体・地域・新領域』（法律文化社、2018 年）（共著）：『制度改革の政治経済学―なぜ情報通信セクターと金融セクターは異なる道をたどったか？』（有信堂、2011 年）ほか。

末 啓一郎（すえ けいいちろう）〈第 3 章〉

現職：ブレークモア法律事務所　パートナー弁護士

最終学歴：一橋大学大学院　国際企業戦略研究科　博士課程修了　法学博士

主要著作・論文：「米国年齢差別禁止法に基く差別訴訟事件の実際（要件事実及びその立証方法の研究）」『季刊労働法』（1996 年）；"Guatemala-Definitive Anti-Dumping Measures on Grey Portland Cement from Mexico" in *Selected GATT/WTO Panel Reports*, Vol. 8 (July 2003)；"United States-

Tax Treatment for "Foreign Sales Corporation" Recourse to Article 21.5 of the DSU by the European Communities" in *Selected GATT/WTO Panel Reports* Vol. 9 (December 2003)；「域外適用・国際的な執行」『独占禁止法の手続きと実務』 第6章（中央経済社、2015年）

川島　富士雄（かわしま　ふじお）〈第4章〉

現職：神戸大学大学院　法学研究科　教授

最終学歴：東京大学法学士

主要著作・論文：「WTO紛争解決手続における司法化の諸相－DSU運用の10年を振り返って－」『日本国際経済法学会年報』14号（2005年）92-117頁；「『貿易と環境』案件における履行過程の分析枠組みと事例研究」川瀬剛志＝荒木一郎編『WTO紛争解決手続における履行制度』（三省堂、2005年）313-359頁；日本国際経済法学会編『国際経済法講座Ⅰ－通商・投資・競争』（法律文化社、2012年）（部分執筆）；「中国における市場と政府をめぐる国際経済法上の法現象と課題：自由市場国と国家資本主義国の対立？」『日本国際経済法学会年報』21号（2012年）124-146頁

張　博一（ちょう　はくいち）〈第5章〉

現職：小樽商科大学商学部　准教授

最終学歴：京都大学法学研究科　博士後期課程　博士（法学）

主要著作・論文：「WTO法体制における「共通利益」概念」『同志社法学』69巻1号（2017年5月）；「WTOにおける輸出制限規制と有限天然資源の保存の相克 - GATT第20条(g)号の「実質的関連性基準」」『同志社法学』68巻6号（2017年1月）；「WTO紛争解決手続におけるDSU25条仲裁の位置づけ」『日本国際経済法学会年報』24号(2015)；「论国际法中对抗措施的均衡性原则」『澳門研究』77号（2015年8月）

関根豪政（せきね　たけまさ）〈第6章〉

現職：横浜国立大学大学院　国際社会科学研究院　教授

最終学歴：慶應義塾大学大学院法学研究科　後期博士課程修了　博士（法学）

主要著作・論文：関根豪政「外国補助金を受けた企業結合に対する規制
－EUにおける取組と日本への示唆－」『日本国際経済法学会年報』第
31号（2022年）；Y. Abe and T. Sekine, 'Non-Commercial Assistance
Rules in the TPP: A Comparative Analysis with the SCM Agreement' J. A.
Huerta-Goldman and D. A. Gantz, *The Comprehensive and Progressive
Trans-Pacific Partnership: Analysis and Commentary* (Cambridge
University Press, 2021) 542-558；関根豪政「我が国の政府調達苦情処
理体制における WTO 政府調達協定の解釈の展開」柳原正治その他編『国
際法秩序とグローバル経済』（信山社、2021年）381-403頁

小林友彦（こばやしともひこ）〈第7章〉

現職：小樽商科大学商学部企業法学科　教授／米国ニューヨーク州弁護士

最終学歴：カリフォルニア大学バークレー校 LL.M.

主要著作・論文：佐藤・石垣・小林・坂巻（共著）『ここからはじめる
国際法』（有斐閣、2022年）；"Can We Secure Consistency Between
Rules of Origin and Measures to Prevent Circumvention of Anti-Dumping
Measures Under the WTO Framework?: With Special Focus on the Recent
Administrative and Judicial Trends in the U.S.," 16(5) *Public Policy Review*
(2021)；「米国の政府調達に関する国産品優遇条項における原産地規則の
運用の WTO 政府調達協定との整合性」柳原・森川・兼原・濱田（編）『国
際法秩序とグローバル経済（間宮勇先生追悼）』（信山社、2021年）所収；
小林・飯野・小寺・福永（共著）『WTO・FTA 法入門（第2版）』（法律
文化社, 2020年）；"Sustainable Resource Development in the Arctic: Using
Export Trade Agreements to Restrict Environmentally Harmful Subsidies,"

56 *Polar Record* (2020);「近年のアメリカの自由貿易協定の特徴」
『論究ジュリスト』30 号 (2019)

玉田　大（たまだ　だい）〈第 8 章〉

現職：京都大学大学院法学研究科　教授

最終学歴：京都大学大学院　法学研究科 博士（法学）

主 要 著 作・論 文：'Assessing Damages in Non-Expropriation Cases before International Investment Arbitration', *Japanese Yearbook of International Law*, vol.52 (2009), pp.309-334；'Must Investments Contribute to the Development of the Host State? The Salini Test Scrutinised', in Piotr Szwedo, Richard Peltz-Steele and Dai Tamada (eds.), *Law and Development: Balancing Principles and Values* (Springer, 2019), pp.95-114；「COVID-19 パンデミックと投資仲裁」『国際法外交雑誌』120 巻 1・2 号（2021 年 8 月）177-188 頁

濱本正太郎（はまもと　しょうたろう）〈第 9 章〉

現職：京都大学大学院法学研究科　教授

最終学歴：パリ第 2 大学 法学博士

主 要 著 作・論 文："Judicial Cross-Referencing", *Max Planck Encyclopedia of International Procedural Law* (Oxford University Press, 2022, online publication); "Independence and Impartiality of Adjudicators in Investment Dispute Settlement ", *Journal of World Investment and Trade*, vol. 21, 2020, pp. 441-474 (co-authored with Chiara Giorgetti et al.); « L'État situé dans le droit international de l'investissement », in Shotaro Hamamoto, Akiho Shibata & Hironobu Sakai eds., *"L'être situé", Effectiveness and Purposes of International Law: Essays in honour of Professor Ryuichi Ida* (Brill/Nijhoff, 2015), pp. 3-22.

猪瀬　貴道（いのせ　たかみち）〈第 10 章〉

現職：北里大学一般教育部　教授

最終学歴：東北大学大学院　法学研究科　博士課程　博士（法学）

主要著作・論文：「EU の拡大・深化の投資条約への影響」柳原正治・森川幸一・兼原敦子・濱田太郎　編『国際法秩序とグローバル経済（間宮勇先生追悼）』（信山社、2021 年）551-574 頁；"The Evolution of Investment Liberalization under the recent Investment Treaties", *Public Policy Review*, vol. 16 no. 5 (2020)；「投資紛争における並行的手続」『国際私法年報』22 号（2020 年）126-152 頁；「国家による行政に対する投資条約制度の影響」『国際法外交雑誌』118 巻 1 号（2019 年）120-143 頁

柳赫秀（ゆ　ひょくす）（編著者）

現職：神奈川大学　国際日本学部　教授

最終学歴：東京大学大学院　法学政治学研究科　博士（法学）

主要著作・論文：『講義国際経済法』（編著）（東信堂、2018 年）；「戦後国際貿易体制における韓国と日本の間の協調と葛藤：1990 年代以後を中心に」（ハングル）『日本批評』24 号（2021 年）162-189 頁；「RCEP と日中韓」『日本国際経済法学会年報』第 30 号 (2021)129-154 頁；「国際経済秩序の変動と国際通商・投資法」『横浜法学』第 29 巻第 2 号 (2020)1-80 頁："Development issues in the discourse of Global Constitutionalism", in T. Suami et al. eds., Global Constitutionalism from European an East Asiaperspectives (Cambridge Unibersity Press, 2018) pp. 351-376

国際経済紛争解決手続法

初版発行　2023年3月31日

編　著　柳赫秀

発行人　中嶋啓太

編　集　金善敬

発行所　博英社
　　　　〒 370-0006 群馬県 高崎市 問屋町 4-5-9 SKYMAX-WEST
　　　　TEL 027-381-8453 / FAX 027-381-8457
　　　　E・MAIL hakueisha@hakueishabook.com
　　　　HOMEPAGE www.hakueishabook.com

ISBN　　978-4-910132-47-1

＊乱丁・落丁本は、送料小社負担にてお取替えいたします。

＊本書の全部または一部を無断で複写複製(コピー)することは、著作権法上での例外を除き、禁じられています。

定　　価　2,970円（本体 2,700円）